TANIGAWA KENICHI COLLECTION 1

谷川健一コレクション 1

小さきものへ

Ⅰ 民俗の眼―初期評論 1
Ⅱ 無告の民―初期評論 2
Ⅲ 人間イエス―少年期・習作期の作品

谷川健一

冨山房
インターナショナル

目次

Ⅰ　民俗の眼［初期評論1］

Ⅱ　無告の民　［初期評論2］

Ⅲ　人間イエス［少年期・習作期の作品］

I 民俗の眼

［初期評論1］

民衆の顔を描くもの――聞書きの系譜

思うにこの世には自分の思想や感情を文字で表現しようとは毛頭考えない人たちが少なくとも半分はいる。自分を語りたがらない人たちもこのなかに含めてよい。残り半分の世界でさらに半分は、文字で表現された資料や記録も消滅している。とすれば最後のわずか四分の一だけが、歴史がわたし達に与えた文化遺産であり、文字につながる意識の世界ということになる。このわたし達の知り得るわずかな意識の世界をふつう文化とよびならわしているだけのことである。意識をとりかこむ厖大な沈黙の領域、いわば反意識の世界は、パスカル流にいえば、私を畏怖させる。人間は自然にたいして卑小である前に、人間の世界にふくまれる沈黙の領域にたいして、まず卑小である感じがする。

民衆の世界に穿たれてきた一条の路

しかし仔細にみれば反意識の世界はけっして眠ってきたのではない。文字をもたない民衆の世界にも一条の通路は穿たれてきた。口から耳へとつながる一本の記憶の糸で、過去を死に絶やさないようにする努力がそれである。周知のように東北にはイタコと呼ぶ口よせ巫女から自分の死んだ夫や息子の話を聞こうとあつまる多くの女達がいるが、死者がこうした形で消息を伝えることを民衆はなんら怪しまないばかりか、そこに限りない親しみをよせてきた。

彼女らは過去を思い出すだけでなく、過去から語りかけられることを欲したのである。それはまた自分が次の世代に語りかけようとする願望にもなるだろう。

こうした伝承の形式は、民衆の世界に文字がなかったばかりに、最もありふれた記憶保存の方法であったが、近代に入ると文字文化の影響を受けて急激に退化した。といって、文字による自己表現の習慣を民衆は身につけてはいない。民衆は自分の手で自画像を描くことをまったくやめてしまったかと疑われる。このことに注目したのは、いうまでもなく民俗学者たちであった。彼らは伝承の形式が絶滅してしまわないうちにそれを保存しようと追いもとめた。民衆の言葉を手帳に書きつけた。こうしてはっきりと聞書きの系譜が誕生した。

しかしここに問題なのは、民俗学者たちの努力にもかかわらず彼らが民衆の沈黙をとき、凍りついた唇を動かすことを考えなかったことである。彼らの目は民衆の過去にむけられ、かならずしも民衆の将来にむけられたものではなかった。

他人の手で自画像を描いてほしいという民衆の直接の要求に応えて、新しい聞書きの系譜がおこってこなければならない理由がここにあるのである。

あらためて愕然とすべき諸事実

そう考えてみれば、今まさに日本におけるあらゆる民衆の大地が凍りついている。一見動きだしたかにみえる民衆の河の背後には砂に埋められたまま救いに背をむけている多くの民衆がある。傷だらけになりしかもその傷口をふさごうとしない多くの人たちの歴史がある。

たとえば、たびかさなる台風や飢饉に見舞われ狂気と紙一重になっている沖縄先島の不幸な女たちの歴史が描かれたことがあるか。十勝平野のそこここに新しい町が建設されてゆく過程の苦闘が聞書きされたことがあるか。わたし達は壮大な北海道開拓史の歴史的光景を書きとどめた聞書きのたぐいがほとんど存在しないことにあらためて愕然とすべきなのである。

あらゆる事実は伝説として風化しいつしか忘れられてゆく運命をもっている。どんな記録も過去をよみがえらせることはできない。過去を再現できるのは、過去を保存しているもののひとすじの記憶と思い出にたよるほかないことは、まえにのべたとおりである。

一見ひからびた事実も、すぐれた語り手の話しぶりにおかれるとき、それはあたかも水中花のようにとつぜんみずみずしさをとりもどす。掘りおこしたばかりの聞書きは、地表にさらされて錆びつくことのまだない新鮮さと、それが民衆の口をつうじて語られる民衆の歴史という親しみを与えてくれる。

内側から認識すべき文明意識

いま日本人の意識を重層的に捉えるべき段階にきている。これまでの啓蒙的な姿勢はことごとく破産した。最も遠まわりの道がじつは最も近道だということがやっと再認識されはじめた。わずか二戸の集落がつくる社会意識から出発し、できる限りの民衆意識をつみかさねそれを互いに干渉しあわせてみなければならない時がきたのである。すなわち、近代意識というよりも文明意識といったほうが正確に日本の民衆社会の態度を指向している。どんな辺鄙な民衆社会にも、近代意識は存在しないが、文明意識の指標は厳として存在するということはとくに留意しておかなければならぬことである。

このとき外側からの認識方法よりも、民衆自身に民衆社会の認識の方法があることを考えたがよい。その唯一のものが、ここにいう聞書きである。それこそ第三者が一人称のスタイルにそって描く民衆の自画像にほかならない。

この私なりの定義にしたがえば、これまで聞書きといわれたもののなかで、その名に価するものはおどろくほどすくない。

これを語りて平地人を戦慄せしめよ

日本民俗学の書物のうち、どれか一冊ということになれば、わたしは『遠野物語』（明治四十三年刊、増補版昭和十年）をえらぶだろう。いまから半世紀まえ、岩手県遠野在の青年たちは、佐々木喜善を中心として、吹雪の夜を徹しいろりの薪の煙に目を傷めながら方々の家の話を聞いたものだという。これが佐々木の口から収録者柳田国男に伝えられたものである。当時、佐々木はかぞえ年わずかに二十四五、柳田は佐々木より十歳の年上でしかなかった。

この書物には若い激流をめざしておしあいへしあいのぼる鮭の群さながらの事実のもどかしさがある。そしてこの書物にあふれ出た多くの事実は、さらに柳田の夢をおしひろげて、「広遠野物語」の企画へとかり立てていくことになったが、不幸にしてこの企画は挫折した。

しかし『遠野物語』にはもう一つの道がかくし残されていた。

柳田が初版序文に「国内の山村にして遠野より更に物深き所には又無数の山神山人の伝説あるべし。願はくはこれを語りて平地人を戦慄せしめよ」とのべた道は、それから二十年後、やはり柳田の手で切り開かれ『山の人生』（大正十五年刊）に到達した。この書の文体はそぎ立った猟犬の耳のようであり、その鼻はもうほとんど匂いのない最も遠い時代の追跡にむけられている。

『遠野物語』が東日本を代表する聞書きならば西日本を代表するものに『石見日原《にちはら》村聞書』（昭和三十年刊）がある。『遠野物語』が人間生活に重苦しくのしかかる自然の神秘を捉えようとしたものであったのにたいして『日原村聞書』は封建の世に生きてゆかねばならぬ小さき民の営為を描いている。島根県鹿足郡日原村の大庭《おおば》良美が昭和十年代に七十から九十をこえた古老二十数人を相手に聞書きしたもので、古老のほとんどが明治以前の生れである。

したがって、御一新まえの話が多いが、しかもそれが川をへだてて対岸の部落風景を見るのと変りないほど、あざやかにわたしたちの目にしみる。柳田国男は、この書の読後感を「こんな楽しい本は久しく見たことがない」と書きつけているが、ここに登場する人物たちは、威張りくさる侍もまぬけな庄屋も紙を納めることができずに逃亡する農民たちも、すべてがいと小さき群である。

家のほとりに古い小さなハゼの木が一本あって、あまり鳥がきて食うのでもいでおいたら、検見のすまないうちにもいだというので、庄屋のために隣村へ流罪にされた――という話をよむと、封建時代についてのわたし達の知識があまりにも大まかすぎて、民衆生活の細部を思い描くにはけっして適していなかったことを痛切に思い知らされるのである。

やけつくような人間への関心こそ

この二つの聞書きを見て感じることは、たとい個人の思い出話にせよ、手さぐりしながら過去に後ずさりしてゆくときの手がかりになるもの、つまりキープのように記憶の結節点となるものが、つねに家や村につながりのある事柄だということである。古老の話が現代人のいわゆる身上話や打明話といったたぐいの告白と大きく変っているのは、個人の恣意的な感情が社会的な篩《ふるい》にかけられるという点である。その篩の目が細かければ細かいほど、個人の回想としても村の年代記としても価値を高めてゆく。しかし聞書きが民衆の肖像画であるためにはそれだけではなお完全ではないであろう。

社会的な篩にかけたものを、もう一度、個人的な篩の目にとおし返さねばならないだろう。いわば最後的にはやけつくような人間への関心が光っていなければならないはずである。

民俗学者のうちすぐれた採訪者の一人である瀬川清子は、海女や行商女など庶民の女の運命に後半生を燃やしつくしながら、その聞書きの多くは民俗学的関心にはばまれて、人間への関心の核心に肉迫できず敗退しているのはいたましい。瀬川とおなじく、いや瀬川よりもはるかに、書斎に落ちつかない民俗学者としての面目を保っているのは宮本常一である。彼の三千日におよぶ国内大旅行は、民衆生活への愛情と知識について、他の学者と比較を絶する深さをつくっている。

豊富な蓄積に立ちながら『河内国滝畑左近熊太翁旧事談』（昭和十二年刊）ではまだ断片的なよせあつめであり、最近刊の『忘れられた日本人』（未来社）で聞書きの一部が美しく結実しているものの期待すべき多くを将来に負うている。

民俗学者に忘れられていた階級意識

むしろ新しい聞書きの系譜は、民俗学者以外の人たちの手で孤独にはじめられている。たとえば九州「サークル村」の女の一人森崎和江は、筑豊炭坑の坑内で働く女たちや石炭船の船頭の話を聞書きにし、日本近代労働史の側面資料として評価さるべき仕事をつづけている。またおなじサークル村の女の一人、中村きい子は、南九州のシラス台地で地べたをはうようにして封建的なものとたたかいながら生きる女たちの聞書きをいくつかとっている。

両者の仕事はまだ未完成ながら、民俗学者に忘れられていた階級の意識をはっきりもっているという点に注目すべきものが萌されている。

民衆が血を代償に払った貴重な経験はいつしか忘れられてゆくだろうが、それを保存する聞書きの新しい系譜がはじまるならば、それは近代日本における民衆の伝説として残り、あるいはまた民衆の民話として昇華し、新しい生命を獲得することになるのである。

（「日本読書新聞」一九六〇年八月八日）

島の個性的な顔——宮本常一『日本の離島』

利潤追求を鉄則とする資本主義体制からみれば、離島は面倒を見るだけの甲斐のないもの、抹殺されても苦情のいえないものなのである。しかし資本主義社会に背を向けて生きているだけに古風を残している離島への関心の飛石となる書物は、これまで『海南小記』『島の人生』をはじめいくつかあった。本書がそれらと違う特色を示すのは、孤立し棄てられている人達をどうしたら現下の離島苦から解放することができるかという実践的な立場から出発していることである。

さてこれを読んで感じたことは、離島の問題はまことに厄介だということであった。どだい自立できない島に自立せよと要請するのは残酷なはなしである。しかも著者は、島の困窮や惨状を訴えるよりも、島民自体の努力と知恵をはたらかせて、はっきりしたプランをもつことが有効であると力説する。具体的な設計図をひっさげて要路の政治家や役人を動かせという。そのための調査の必要を説く。

だがそれであの巨大で冷淡な壁はくずれるだろうか。いな離島に真の解決が訪れるのは、おそらく政治の機構が根本から改められた時である。それまでは、その日のためにも、しないよりはましであろうと思うことを、少しずつやってゆくほかはない。

こうした考えに立って、著者は日本の離島を東西南北に見渡し問題点を指摘しながら、島の個性的な顔をつぎつぎに紹介してゆく。著者の日頃の足早の癖が出ており、また「伊豆諸島巡回報告」や「拾島状況録」のところは記述の年代に錯雑が見られる。しかし、佐渡の「小木岬」の漁村の印象は独特な光をおび「怒りの孤島に生きる人々」は実証が倫理的な美しさを放ち、「対馬の農民」には中世世界の残存を目のあたり見るような見事なデッサンがある。

離島の運命はどうなるか。社会主義社会になっても、離島の限界性は残るであろう。つまり体制の影響を受けながら、体制に蔽いつくされない面が離島にはつねにある。ここから日本文明論の力学といったものの手がかりを考えようとする人達に、日本の離島は多くの暗示を与える。島と島、島と本土の間には目に見えぬが、あきらかな斥力と牽引力がはたらき、文明の海図といったものを形成している。離島の社会構成を分析し、基本的な共通因子を再組成する試みによって、われわれは日本文明の底にある原型を発見できるかも知れないのである。

（「日本読書新聞」一九六〇年一〇月一〇日）

「物質」創刊号 編集後記

この編集後記を書くことは、私にとって意外の喜びである。というのも、私達の間で同人雑誌が計画されてからすでに幾年か経っているが、ひとえに私の多忙と怠惰によって発刊が遅延されつづけてきたからである。それが今日果たせるようになったのは、私達の年齢が、友達がいく人か集まれば同人雑誌をやるといった時期をすでに越え、人生の半ばもまた越えていて、前途にあるものが石ころだらけの道であるから歩きつづけるかどうかは自分の意志によるといった時点にさしかかっているだけにいっそう意味深いといわねばならない。この同人雑誌が中絶することがあれば、それは芸術創造に関する自分の意志をなかば放棄したことを物語ると見做しても差支えないであろう。芸術創造の道がけわしいことは私達も知っている。しかし芸術創造を拋擲《ほうてき》した場合の道も、それにおとらずけわしいものであることもまた知っておかねばならぬことである。所詮やさしい道がこの世にあろうはずはない。だから私達は、自分が文学に適しているからという理由だけで、文学をえらんだのではない。才能とか衝動とかいったものは、それなくしては文学活動は無意味なのであるが、しかしそれだけでは偶然の所産たることを免がれない。文学による必然性とは何か、その問いが私達に文学の道を歩ませる。おそらくこの道の果ては文学の不毛性という壁に遮ぎられるであろうという気がするが、しかしそこまで辿ってゆく道程はこれからのことである。

＊

歩いてゆくまえに一度ふりかえる必要はあろう。それは二度とふりかえらないためである。そこでまず私達の過去の作品をさらけ出して見ることにきめた。一種の気恥かしさに耐える訓練としての意味もそこにはあった。創刊号につづく数号は、各同人の作がそれぞれ一巻を占領するといった破格のやり方で私達は出発する。文芸同人雑誌は、そこに何等の芸術上もしくは思想上に一致した主張がある場合は別として、要するに習作の溜り場としての気楽さがある。このくつろいだ楽しさが失われるとき、同人雑誌は意義を喪失すると私は考える。なかば外にむきなかば内にむいた開閉自由の場所であるから、かならずしも妍《けん》を競う必要はないわけである。むしろ一歩一歩、慎重に氷の足場をこしらえながら雪山をのぼってゆく、あの俯向きがちな烈しい燃焼の姿勢こそ、私達が文学において試みたいと願うところのものである。つまり作家や文芸評論家の眼を意識するよりも、このほうが私達にはずっと気楽なのである。自分にとっての楽しみがなくなれば、だれが文学なんぞやるものか。他人の不幸をテーマに作家が傑作を書いて、それで幸福でない筈があろうか。それは茶の間のテレビで、炭坑や台風の罹災者に接するのと、少々わけがちがうのだ。

創刊号は、松浦君の詩作で埋めることにした。彼の詩の誕生には、私はかなり立会っている。彼に詩を書くことをすすめたのも、私であったが、それからすでに十年が経っている。私は彼の詩が厳しい眼つきに耐えることを疑わないが、評価は大方の批評にまかせる。（昭和三十五年九月一日記）

（一九六〇年一一月一五日）

近代と前近代

周知のように『渋江抽斎』は幕末の一知識人の生き方にたいする鷗外の濃密な親近感から生まれた作品である。日常のおだやかだがたしかな楽しみにかこまれて自足した一藩医の姿は、鷗外が前近代に生きたならばこうであったろうとみずから承認して受け取った似顔であり、その限りでは鷗外の合理性に逆う何物も残していなかったように見えた。しかも鷗外は『渋江抽斎』の筆稿を進めるにしたがって、つぎのような奇怪な挿話を記さない訳にはゆかぬ破目になった。

「渋江氏の若党の一人中条勝次郎は、弘前に来てから思いも掛けぬ事に遭遇した。

一行が土手町に下宿した後二、三月にして暴風雨があった。弘前の人は暴風雨を岩木山の神が祟を作《な》すのだと信じている。神は他郷の人が来て土着するのを悪《にく》んで、暴風雨を起すと云うのである。此故に弘前の人は他郷の人を排斥する。就中《なかんずく》丹後の人と南部の人とを嫌う。なぜ丹後の人を嫌うかと云うに、岩木山の神は古伝説の安寿姫で、己を虐使した山椒大夫の郷人を嫌うのだそうである。又南部の人を嫌うのは、神も津軽人のパルチキユラリスムに感化せられているのかも知れない。

暴風雨の後《のち》数日にして、新に江戸から徙《うつ》った家々に沙汰があった。若し丹後、南部等の生《うまれ》のものが紛れ入っているなら、厳重に取り糺して国境の外に逐《お》えと云うのである。渋江氏の一行では中条が他郷のものとして目指された。中条は常陸生だと云って申し解いたが、役人は生国不明と認めて、それに立退を諭した。五百《いおや》は已むことを得ず、中条に路用の金を与えて江戸へ還らせた。」

これは鷗外にとっても「思いも掛けぬ事」であったにちがいない。しかし丹後の人が津軽にはいると災があるという伝説は、津軽藩の公儀すじでは相当まじめに信じられていたと思われ、いくつかの記録に残されている。

古川古松軒《ふるかわこしょうけん》は、天明八年に幕府の御巡見使の随員にくわわって東北地方へおもむいたときのことを、『東遊雑記』につぎのように書いている。御巡見使御下向につき、江戸において御三所に津軽侯の使者がきていうのに、このたび召し給う御家来のうち、もし丹後生まれの人があったら御無用なるべしとのことであった。しらべてみると川口久助という人の士に丹後の人がいたので、お供から除いたという。

また橘南谿《たちばななんけい》の『東遊記』には彼がたまたま奥州津軽の外ヶ浜にいあわせたころ、そこの役人が丹後の人はいないかとしきりに吟味したと述べてある。南谿がいったときも天気が不良続きで、海上は風波を生じ船の出入がなくなっていたので役人がきびしく吟味した。丹後の人が見つかると領外へ追放したので、津軽領から一歩外へ出ると天候が回復したという。

鷗外が「思いも掛けぬ事に遭遇」したと見ることは、かならずしもわたしの独断ではない。なぜなら先にあげた文の少し前、抽斎の遺家族が江戸からまさに津軽にむけて出発する時の条で、鷗外自身「わたくしはこれを記するに当って、当時の社会が今と殊なることの甚だしきを感ずる」と困惑の情を表白しているからである。鷗外の眼前を封建意識の魔が、霧のように横切った。もちろんそのために鷗外の眼が曇ったわけではなかろうが、彼は一瞬合理主義では理解しにくいものをはっきり感じたろう。鷗外の告白を誘ったのは、抽斎の死にまつわる事実である。

抽斎はかつて飾屋長八という職人の病気を治療したことがある。そのとき抽斎は長八が病気のために失業し、妻と三人の子どもをやしなうことができないでいることを知り、長八一家を暫時じぶんの長屋に住まわせて衣食を与えてやった。その恩を深く感じた長八は、抽斎がなくなるとそのあとを追って殉死した。またあるとき、妙了という六十三歳の老尼が抽斎のもとに眼病の治療を請いにやってきたことがある。抽斎の妻五百は妙了尼の境遇に同情し、八十八歳になるまで二十五年間渋江家に食客としてとどめてやった。抽斎が死に、渋江氏の一家が弘前にひきあげることになって、旅行のできぬ老尼の身柄は江戸に残された。またこの下国のとき、鮓屋久次郎という六十六歳の老人が、五百を慕って単身供をすることを願い出た。久次郎は長年五百の実家と婚家渋江氏とに出入していた料理店の主人であったが、家業の料理店も息子にゆずりわたして、五百のあとを追おうと決意したのである。

こうした事実から主従の間を結びつける封建道徳の糸をぬきとって見せることはたやすい仕業である。鷗外自身も肯定的な筆で、殉死や献身をいくつかの作品にとりあげているところからみれば、それは彼の信ずる合理性とかならずしも背反するものではなかった。

しかし鷗外が『渋江抽斎』のなかであえて示した困惑の表情は、近代と前近代とをはかるのに別々の物差が必要であることを自認したからであったろう。そう考えるとき、最初に述べた津軽藩の挿話が周到な配置のもとに生きてくるのをおぼえるのであり、それだけにわたしの注意をひかずには済まないのである。

民衆の社会にくらべてみて、われわれに比較的に近いと思われる武士社会の意識と論理にも、なお推測しがたいものが含まれていた。旅行家として第一人者であった菅江真澄は、蝦夷松前に渡ろうとして、渡海の可否を神占にただしたところ、なお三年を待てという託宣があったので、その通りに実行をおくらしている。真澄のように大胆な知識人をも支配し動かしていた封建社会の意識の波長とはどんなものであったか。封建道徳を社会の機能から切りはなして自律的に扱おうとするとき、鷗外が『渋江抽斎』を書いた大正五年と抽斎の生きた幕末との間に理解を妨げる断層があったとは思われない。だが気まぐれと見える美徳、かたくなで無用と思える報恩の行為も、当時の社会機能のはたらく場に置くときに、現代とちがう波長にしっかりと捉えられる。このとき「当時の社会が今と殊なることの甚しきを感」じないわけにはゆかないのである。

例を封建時代にとらないでも、つい今から三、四十年位まえまでは、東北地方から関東地方、中部地方の一部にかけて、女は葬礼には裾模様を着たり白無垢を着るのがふつうだったといわれる。黒い喪服を着るようになったのは終戦後のことという。葬式に晴衣を着るのは、一家の主人夫婦どちらの葬式であったにしたところで、それで代がかわることになっていたからである。息子夫婦にしてみればつぎの主人夫婦になるときであった。嫁がはじめて晴衣を着るというのも、葬式がとりもなおさず主婦就任の式となるからで、嫁入でただちに主婦になるという考え方は、夫婦単位の家ができてからのことである。もとは嫁になっても主婦見習期間というものがあった。そこで嫁入にはふだん着で盃をし、それにひきかえて葬式には晴衣を身につけたのである。

民衆社会の意識は、葬礼における嫁の心事というごく卑近な事柄でも近代的な解釈では分りにくい面をもっているのがふつうである。まして封建時代の民衆感情は、儒教の形式道徳に秩序づけられた武士の倫理とは正反対にあったといってよく、近代の社会心理ではいっそう捕捉しがたいものであったことが容易に察せられる。すなわち現在と過去、近代と前近代とでは、記号とその意味が逆になる場合が少なくない。ではそのような正負の関係を成立させる前近代社会とは、いったいどのような意識のからくりをもっていたであろうか。

＊

進歩的文化人たちの前近代または封建時代にたいするつよい誤解がある。それは近代的解釈や近代の社会心理を過去に浅薄に適用して、それでもって過去を解釈し証明し得たとすることである。このとき、過去の正しい意味は切り捨てられる。過去は現在の、前近代は近代のつごうのよい戯画でしかなくなる。時代を庭園にたとえると、封建社会または前近代という庭園には、その時代特有の小路がつけられている。その小路を辿ってはじめて封建時代または前近代の風景が見える。庭園のこしらえにそうした約束があることを無視して、勝手気ままに近代風の小路を庭園につけることは、取り違えの喜劇を演じて失笑を買う以外の何物でもない。

その例として、過去に郷愁を抱く人でもその熱情のいくぶんかを冷《さ》まさずにはすまない荒涼たる風景を紹介しよう。

「明治初年の不況のときのことであるが、河内（大阪府）滝畑というところでは、何百人というほど旅人のゆき倒れがあったといわれる。そのころのことを記憶している老人の話によればそうした死者があると、正式にはいちいち役所へ届け出なければならない。するといちいち役人がきて検死する。それがめんどうだというので、村人たちは死者があるとそれをかついで、紀州の国境まで捨てにいった。村里から国境までは五十里あまりある。そして国境の峠の南側は急崖の深い谷になっている。そこへ投げおとしてかえってくるのである。そうして捨ててきた死骸だけでも三百人をこえたという。そのうち村の山中から出た白骨だけでも六十ほどあったという。これらの人は郷里ではただ行方不明とか失踪とかのみ記されているのであろうが、その死にあたっては邪魔物として、人のいない谷間に投ぜられて白骨となったのである。」

（宮本常一『河内国滝畑左近熊太翁旧事談』による）

「明治になっても（中略）人が死んでたといえば名主から役場へ届ける、役場から人夫が来て、どこでもかまわない、穴掘って埋める。それだけです。検死も何もありゃしません。どうして死んだ、どこの誰だなんて誰も考えてもみやしません。今（註―昭和十八年頃）とは違いますからね。まあこの辺（註―戸塚）でなくても、街道筋から七、八丁ぐらいの村なら、どこだって野たれ死の屍体が埋まっていない所はないでしょう。そりゃ若え者もないことはなかったが、大体年寄ですよ。食えない年寄がどこへ行くんだか、途中でぶっ倒れてしまうんですね。昔てえもんは全くえれえもんでしたよ。」（山川菊栄『わが住む村』）

ここにあげられているのは明治初年の事例であるが、これを見ても、それに膺接する封建時代の背景が飢餓の絵具で塗られていたことは想像に難くはない。問題はそうした凄惨な事実の横行をただちに人命軽視といった意味にむすびつけてよいかどうかということにかかわる。ここではそのように断定することがどのように危険な仕業であるかを示すために、前例とはまったく矛盾する事実を類推させる例をあげておく必要がある。

「現在はもはや責任もなくなったが、もとは少なくとも餓死だけはさせぬこと、これが地親の暗黙の約諾であって、貧しき年季奉公人の親々は、それをせめてもの心の慰めとしていた。あるいは庭子抱え百姓を飢えさせることを、家の外聞として恥じる感じもあったかと思う。信州伊那谷の親方衆の中には、つい近年（註―大正年間）まで凶年用意の籾倉をもっていた者をわたしも知っている。」（柳田国男『都市と農村』）

「岩手県江刺郡福岡村水押《みずおし》部落にも、大麦と籾とを二百俵以上も貯える備荒倉がずっとのちまであり、昭和九年の飢饉のときも、この倉をこわさずにいたので、たいそうたすかったそうである。ここでは平時でも年に三石ずつにかぎって貯穀の貸出をしていたが、それを借りられるのは飯米不足の場合にかぎられ、ほかのことに融通することは許されなかった。部落の四三戸の家すべてこれに加入し、脱退することはみとめられなかったという。」（『日本残酷物語』第一部）

このように相互に否定し犯しあう矛盾、すなわち人命を外がわの災害から保護防衛しようとする強烈な願望と路傍の飢死者を平然と放棄する心情とが、現実にはなんの不都合も意識されないで成立してきた社会とはどのようなことを意味するか。それをつぎの文章は的確な言葉で要約する。

「郷党の利害は純一であり、それを協力して守護することが、一つしかない生存の道であったかも知れぬが、その代りには是非とも認めなければならぬ服従というむつかしい条件が一つあった。中世人の考えでは、これを条件といわんよりも、むしろ服従は保護の別名であったというほうがあたっている。いかなる場合でも二者はあわせ保ち、またあわせてこれを棄てなければならなかった。ただ天然と人為の外部の危難が、今よりもはるかに避け難かったために、とくにこの中心ある団結の必要を感じ、またこれを自然が指定した唯一の手段とみとめて、満足して生をその間にやすんじていたのであった。」（柳田、前掲書）

日本の前近代社会は、単子のように窓のない小宇宙を無数の細胞として成り立っていた。明治初めには七万一千をかぞえるこの小宇宙社会は相互に関連もなく孤立しながら、自給自足の生産を一切の軸として回転していた。そこでは、保護と服従とはシャム双生児のように深い運命的な連帯を、出生から背負っていた。それぞれの共同体にとどまるかぎり、疎外孤立の生活におびやかされることはなかったが、ひとたび服従の世界を脱却すればどこにも保護の掟はなく、自然と人為の危難にたたかえる団結の武器はなかった。部落の閾を出れば異郷であり、藩境を越えればそこは他国であった。

しかしだからといって前近代社会に人命尊重の意識が無視されていたと考えることは差し控えなければならないだろう。なぜなら部落共同体においても、また共同体の核心となる家においても、他を排斥する力よりも相互に牽引しあって協同しようとする力のほうの強いのが前近代社会であった。つまりそれだけに自立する能力の脆弱な社会が保護服従の願望配慮を軸として成り立っていたかぎり、そこには逆の情実が動いていたと見るほうが適当であろう。縁由もない人々をふとした機会に引きとって長くやしなった渋江家の挿話は、こうした時代意識を背景にせずしては、真に理解することができないであろう。それを今となっては実行困難な人道的措置というふうに美談めかして見るのは、なんとも近代的解釈にすぎるというものであろう。

＊

封建社会の権力機構は、間接的でしかも分散的な民衆支配をめざしており、近代のそれとはまったく倒立関係にあった。一匹の昆虫でも幼虫と蛹と成虫とでは形態も機能もいちじるしくちがっていると同様のことが、人間の歴史社会においても適用される。近代主義者の取りちがえの喜劇は、日本近代社会に含まれる前近代的風景が、現在の時点を遡れば遡るほど明瞭な姿を呈するという推論上の誤謬から出発する。彼らの思考発想の致命的な弱点は直接的しかも集中的な民衆支配をめざす近代の資本主義機構に捉われすぎていることである。その尺度にあわない一切のものを封建的として切り捨て、近代の問題としての関心からとりのぞくことである。しかし、近代主義者が「封建的」もしくは「封建遺制」の名で呼んでいるものがともかく日本近代社会の現象であり意識であるからには、封建体制下の現象と意識は、それら「遺制」とは正反対にあるとしてみるほうがまず考えの順序である。たとえば禁令がむしろ禁令の実行されなかったことを裏書するものであり、また禁令を発布した時期が、しばしば禁令不実行の時点を物語るものであるとするならば、前近代的要素とよばれるものが、近代になってなぜとくに問題にされはじめたかという理由については、もっと慎重さをめぐらした検討が必要であろう。つまり封建時代あるいは封建意識を問題にするまえに、まず近代それ自体を疑ってみる必要があるのである。

たとえば封建意識とか封建遺制とかの名でよばれている部落意識、村ハチブ、男尊女卑、親分子分、家父長制などが、はたして封建時代の残滓であるかどうか。

村ハチブについてはあとでもふれるが、「共同体の崩壊過程においてのみ生じるものである。明治の村などで、もっとも生じやすいものである。それをもって、本来の共同体の性格とみるのは、やはり歴史的、具体的ではない」と中村吉治氏はいう（『日本の村落共同体』）。すなわち前近代の村落共同体では、生産プランと人口プランが不可分な一体をなしていた。成員をみだりにふやしたりへらしたりすることはただちに生産に差支えることだったので、村ハチブの起りようがなかった。村の掟にそむいたような場合には、とりなしをたのみ詫《わび》を入れてそれで事が結着していた。それが封建制下の生産共同体は崩壊して一応独立農民となってもなお、部落の共通習俗や共通意識が農民に強制力をもつ。この強制力が強化され操作されて農民に苦痛を与える村ハチブの起る可能性が生れる。つまり農業をやめさせたり学校へゆかせなかったりすることはできないが、交際の仲間からはずして苦痛を与える制裁が成り立つ。その条件としては交際を拒否されても、ともかく村で生活することはできるということがある。前近代の村落共同体ではそのような条件はまだ生まれなかった。まえにものべたように、前近代社会では保護と服従とは切り離すことのできないものだったからである。

村ハチブの特殊な例として「憑《つ》きもの筋《すじ》」にたいする迫害がある。この迫害がおこったのは、封建時代の中期以降、商品経済の波が農村におしよせ、ふるい惣百姓、草分けの支配がくずれて寄生的な地主の支配がうちたてられたころだと速水保孝氏はいう（『憑きもの持ち迷信』）。村の先住の旧家や百姓たちは、富力をもつ新興階級によって村の支配権をうばわれはしまいかとの怖れから、新来の敵対者と対抗するために、人狐や犬神にとりつかれた家すじという悪質のデマを放ったのだとする。はたしてそうなら、この恥ずべき人身攻撃の陥穽も、それがいかに反近代的に見えようと、発生の基盤を身分秩序にのっとった封建社会にもとめるのは、いささか早計というべきである。むしろ身分社会を否定する階級関係の顕在化によって噴出したと見るべきである。その証拠にはこの迷信が明治になってなお猖獗《しょうけつ》の温床を見出していることでも分る。終戦後にいたってさえ、新しく「憑きもの筋」の指定がしばしばおこなわれている。

家父長制についてもおなじように、家長の気ままな専断の面だけが補強され、家族の桎梏となるのが目立ってくるのは、明治になってからのことで（明治民法の成立過程を見よ）、前近代の家父長の専制には家長個人の恣意とばかり見ることのできない重大な責務がふくまれていた。家の統轄管理者としての責務が家長一身に集約されていたが、家産は家長自身の財産ではなく、家長が手をつけるわけにはゆかなかった。と有賀喜左衛門氏はいう（『村落共同体の構造分析』）。

吾子を自殺の巻添えにすることで非近代的な情動をはげしく非難されている親子心中にいたっては、明治末まではせいぜい年に十件位しかなかったものが、大正末には五、六十件に達し、昭和初には二百件、昭和六年には三百件を越えている。昭和六年の一年だけで、大正時代十四年間と匹敵し、明治五年から末年まで四十年間の二倍となっている（『小峰研究所紀要』）。そしてそれがほとんど貧困階級によって占められ、なかでも母子心中が父子心中の三倍に達していることは注目に価する。この数字を見れば、親子心中と封建性との関係を論ずるよりも、親子心中と恐慌あるいはファシズム発生との関係を論じたほうがまだもっともらしいという気にもなろう。

進歩的文化人は過去にたいして蔑視をまじえた幻影を抱くことによって、それだけで未来にむかって進歩していると錯覚している。こうした心情を背景にして、封建意識の擬制として日本近代社会に新しく登場したものが、封建意識の遺制としてとりあつかわれる。しかし、前近代と近代との意識が原則として背反する方向性をもつことを思い起すならば、近代社会における非近代的要素が、権力階級の操作によってたくみにつくり出されたと考えるのは不当ではない。つまり「擬制」と「遺制」のわずかな開きこそは——かつて使徒信経の中の語句の一字違いが中世カトリック教会に異端論争をまきおこしたとおなじように——近代人の生き方を越えて、近代社会そのものにかかわる問題となるのである。

＊

開国以来一世紀たった今日、あいもかわらぬ近代化が叫ばれているのを見ると、日本の進歩的知識人はよくよく文明開化の申し子だという気がする。「封建的」という名の贖罪羊がすべての悪徳を背負ってうろうろと追放されている文明開化劇を、どんなに欠伸をかみころしてみていても、進歩的文化人の取り違えの喜劇はなかなか終幕になりそうにない。しかも明治以来一貫して近代化の国策に飼い馴らされてきたわが国の知識人ほど、「近代」とのたたかいを苦手とするものがあろうか。封建遺制を問題にする限り、それからの解放を民衆におしつけて知識人は安泰である。自分は封建意識から解除されているという自信がある。しかし近代とたたかうとなれば、彼らは国家や社会が与えた知識人の特権をかなぐり捨てねばならぬ。啓蒙主義的立場を降りて、民衆とともに泥にまみれねばならなくなる。ここに責任が民衆にあるのか権力階級にあるかをあいまいにしたまま地域の後進性だとか農村の停滞性だとかを論ずる知識人の残酷さがある。ムラ意識とかムラ状況とかはそこに追いつめられた民衆の責任か、そこに追いつめた権力の責任か、下手人の追求はなおざりにされているのに、見捨てられた農民たちが鏡に映し出された醜悪な顔を、自分の原像として受けとるわけにはゆかないのは当然である。

　日本の近代はいつも野の不幸な虹を背負って歩みつづけてきた。ユダヤ人がかぶらされる黄色い帽子のように「封建意識の残留」をかぶらされて農民の似顔が描かれるとき、わたしは霾《よな》の色をした暗い眼をとおして農民の見つめた近代の不条理、首に巻いた安物の青いハンカチのようにひるがえる彼らの実存を思い浮べる。戦後知識人のあいだで、不条理とか実存とかいう言葉が輸入流行するすでに半世紀まえ、農民たちは、体験の上でつぶさにその言葉を知っていた。知識人が農民意識の近代化をしきりにとなえているときに、農民たちは近代こそ不条理の別名にほかならぬことを身に沁みていた。知識人ならば、社会の矛盾を近代化の方向に整序することで自分を正当化することもできたが、論理の整序をはじめから放棄しなければ生き難い世界の農民たちは日本近代の不条理をもっともあざやかに肌に刺青して生きるほかなかった。そこにはみずからの不幸を近代社会の論理の矛盾として提示するまえに、論理の矛盾をそのままに生きねばならない生活者の悲劇があった。

　では農民たちが直面しつづけた不条理の現実とはいったいどんなものであるか、それは一口にいえば絶対主義体制のイデオロギーが、偽装された前近代性と近代性の割れ目に農民の意識を挟撃し、追いつめ、しめあげていった時代である。明治になって国家権力が生産共同体を歩一歩解消してゆくにしたがって農民の自己疎外意識はつよまる。いっぽう部落自治の名の下に民衆支配を確立しようとして、冠婚葬祭など行事慣習面での共通意識はかえって温存強化してゆく。すなわち共同体が偽装される。そこでは農民が自分の利益に忠実であろうとすれば、私益よりも部落の利益のほうを優先するこれまでの共同体社会の慣行を利用して、じつは地主たちの利益に奉仕させる巧妙きわまる回路が、つくりあげられる。

こうして自己疎外の意識はどす黒い皮下出血のように農民の痛覚として内攻したまま、捌け口をうしなう。この痛覚を内がわに利用して地主の利益に反対するものは部落自治をやぶるものとして、祭や集会の仲間からはずして苦痛を与える村ハチブが可能になる。

またこの内攻する農民の痛覚を外がわに利用して、地主たちは閉鎖的ではあるがかならずしも自足するものでなくなった部落意識を独善的な方向にさしむけながら、明治中期の町村合併以後は、それを地方抗争の具に濫用する。地方政治家であり同時に部落の有力者でもある地主の権力濫用によって部落自治は名目さえもふみにじられ、町村間部落間の泥沼のような地方政争をつうじ、親分子分のつながりがすべてを支配してゆく。

せまい部落内で土地をひろげようとすれば、他家の地所を犯すほかなく、犯さなければ貧窮を脱する道はない。このとき自分または自家の幸福は、他の兄弟または他家の不幸である。この恐ろしい土地飢餓《ランドファミン》をつうじて、部落内の土地の大半は地主に兼併されてゆく。地主の意見にそむけばいつなんどきでも小作地をとりあげられるから、そこではどのように烈しい徳米の収穫でも、地主の恩恵の埒を越えることはないとされる。

つまり知識人にとっては農民の非論理もしくは錯乱としか見えない論理こそ、じつは出口のない世界の論理であり、脱出路をふさがれて混乱した宇宙の文脈にほかならない。それは農村内部にとどまれば、無限の分割の危険にさらされ、外部の資本流動の社会に脱出をもとめれば、無限に解体の恐怖に遭遇しなくてはすまされぬ人格の告白なのだ。農民の怯懦《きょうだ》がしばしば勇気の形をとり、その勇気が怯懦として表現されるのはこのためである。しかし権力の強制した矛盾律を逆手にとって、この混乱した論理こそ彼らを最後には生かすものにほかならぬことを自覚したとき、あいまいな表現を意識的に利用して、どちらが利益かを見きわめようとする農民の擬態が生まれた。したがって、わざと脈搏をへらし呼吸をおとし冬眠を気どるといった農民の政治的な擬態にむかって、小悪党呼ばわりする農民観が、じつは地主階級の色あせたロマネスクにすぎないことはいうまでもないだろう。

日本の農民はかつて近代社会の安全弁の役目をはたしてきた。日本近代の矛盾を顕在化しないための任務が農村に背負わされており、それに照応して農民の痛覚も社会の表面に顕在化し噴出することを許されなかった。農村を土台として日本近代社会の経済の二重構造が成立したと考えてよいのであったが、それに照応して近代の意識の二重構造も農村に孕まれていたのである。

前近代ならば権力からの完全な疎外があったかわりに、いっぽうに自足した民衆の共同社会があった。むろん意識は幼弱であったが自己疎外といったものはかえって少なかったろう。また現在ならば資本の独占形態が民衆の日常生活の様式をつくるまでに滲透しているだけに、自己疎外意識をもちつづけることはかえって困難となっているだろう。ここにもはや自分の苦悩を知覚するだけで、明確に指摘することのできにくくなった近代人の地獄があるわけだが、しかし前近代社会の権力の二重構造と独占資本下の経済の二重構造とにはさまれた時代では、農民の意識はまだしも生きた痛覚として存在し得たろう。

この農民の痛覚を利用するための必要な措置として、一見封建遺制と見えるものが、明治の絶対主義国家によって創出された。前近代の枠組を利用して、行政組織の最下部を見せかけただけの自治体として温存することによって、歴史の彼方に退化してゆくべきものを逆に強制再登場させ、新しい装をこらした役を振ったのである。それは絶対主義の人工の産物、あえていえばその傑作であった。

つまりムラ意識は、村ハチブも親分子分も、まがいの共同体、みせかけの部落意識という二重の底をもった絶対主義の沼が放つ悪臭にほかならない。したがって封建遺制という「偽膜」をいくら攻撃してみたところで、沼にひそむ真の敵を殺すことにはならないだろう。そこには近代という酷烈な時間の照射が、封建的と見える農民の意識の襞に変質作用をおよぼしている。歴史の干渉を受けて、農民の意識は瑪瑙《めのう》の縞目のような切断面をもっている。

＊

しかしまた絶対主義によって造出されたムラ意識とは別のムラ意識、つまり民衆共同体の残像はなかったであろうか。

たとえばかつて東北地方は全国の国有林の半ばを占めるといわれるほど部落林や入会地の収奪がはげしかったところで、国有林野の盗伐のために処罰されたものが、一村最低四十名から最高百六十名にのぼったといわれる。これから推定すれば盗伐犠牲者は明治中期から大正初にかけて二十万をこえるだろうという(大野峯治『東北の主張』)。またほぼおなじ時期に、濁酒密造のかどで検挙されたものが六百人をこえると官庁統計でさえはっきりいっている。しかもこれら犠牲者の多くが、発見されたときに検挙される順番をあらかじめきめていた人々であった。年をとって田畑ではたらけない老人たちがたいていこのイケニエの役を引き受けたという。じじつ東北の監獄を巡回視察した中央の役人は、東北の牢獄という牢獄が一家の柱石である戸主の身代りとなった老婆たちで充満している光景につよい驚きを見せている(『酒類密造矯正沿革誌』)。

ここに日々の生産の場と労苦からのなぐさめを奪われて必死に抵抗するムラ意識を見ることができる。それは裏を返せば、国家施策のむざんな強行によって、荒廃にさらされ自立できなくなってゆく部落そのものの姿であった。すなわち破壊された共同体から疎外された村人たちが孤独な砂となって流亡する過程、何万という村が蒼ざめ、うちのめされ、資本主義によって再編成されてゆく過程こそは、日本の近代社会の展開に見られる唯一の叙事詩にほかならない。

民衆自治の社会の解晶作用が惹起する疎外の感情、人格の解像にともなう腐蝕感。それはそれからの超脱をこれまでの多くの日本文化論や日本文学史があやまって「近代自我確立の苦闘」と名づけてきたところのものである。しかし近代日本においては、社会を逃れて個人的な自我の確立は何人たりとも成功しなかった。社会矛盾の裂け目を促進させようと試みる革命家も、もともと社会の展開自体が解晶の方向にあるのだから、彼らの目ざす結果が民衆の勝利となることはできなかった。彼らの誤りはいずれもヨーロッパ近代の尺度で日本の近代化をプラスと計量したからである。だが過渡期とは、社会の「展開」が社会の「解体」と同義語の時代である。そして日本近代社会もまさしくその過渡期にあるとわたしは考える。つまりわれわれの近代社会が前進しているように見えてじつは後退を重ねているという理由が発見できるならば、このとき解決の道はただ一つしかない。社会の解晶作用にさからってそれをもう一度結晶させようとすることである。社会の流れを遡行しようという断乎とした姿勢をもつことである。濡れ手拭を鼻におしつけて、それでなお窒息しないで生きてゆけというのは無法ではないか。しかも日本近代万歳を叫ばせるのはあまりにむごたらしい演出ではないか。人間の復位をめざす一切のことは、近代への告発、近代への復讐から始まらねばならぬ。このとき歴史の彼方に起源をもつ前近代社会は、われわれのまえに歴史の新しい啓示をもたらす。それはわれわれが普遍的連帯的な思想の最小単位からつねに出発しなければならぬことを教えるであろう。土着の思想と呼ぶところのものは民族的契機を醗酵させる要素でありながらそれを破産させるだけの力をもち、近代の克服に役立ち得るであろう。

これを芸術に即していえば、近代的自我がもたらした知性、感情、意志をもう一度、土着の思想に含まれる普遍的連帯的な砥《とぎ》にあててみることが必要であろう。そうすることによって近代人の目に見える自我は否定され、近代芸術を、それが囚われている個人の知性、感情、意志などのスタイルから解放することができるであろう。目に見える自我のスタイルは日常性のスタイルであり、それに対して日常生活の拡大、日常生活からの解放が芸術なのである。芸術は、すべて日常的なもので組み立てられなければならないが、反日常的なものでなければならないのである。近代人の芸術がまさしくこの正反対にあることについては多言を要すまい。

（「物質」二号、一九六一年七月三一日）

日本民俗学の極点——柳田国男『海上の道』

柳田国男の民俗学はここにいたって一つの極点に達した。もはや日本民俗学がこれ以上遡ることの不可能な時点まで追いつめていった感がある。つまり日本民俗学の核心である稲作習俗を集約しつくせば、そこには稲の信仰の原型と稲の渡来の問題だけが残るはずである。そのむこうは縄文時代であり日本民俗学の取り扱う範囲の外にある。

われわれ日本人が南海の風物にふれてそこに知識以上の何物かを感じたとしたならば、われわれは学ぶまえにすでにそれを知っていたといわねばならない。だがわれわれの脈搏の中に溶けこんだ悠久な祖先の体験をどのようにしたら学問として認知実証できるか。柳田はこの難問に一切の精力をあげて取り組んだ。半世紀まえにまいた民俗学の種を、自分の手で刈りとってしまおうとする決心がそこにはある。自分の発した問いになんとしてでも解答を与えねばならぬ。稲の渡来について彼はつぎのようにいう。

沖縄には海のすれすれぐらいの珊瑚礁の上に宝貝が棲んでいる。夜、灯をともしてすくい取るのでたいへん面倒だが肉は美味といわれている。この宝貝のうち形の小さな、黄に光るシプレア・モネタと称する種類は、殷帝国から春秋戦国時代にいたるまで中国大陸の人たちの利欲羨望の中心であった。

しかも大陸沿海には、沖縄をのぞいてその産地は北は朝鮮からマライ、インドのはてまでも見あたらない。沖縄だけが中国人をひきつけるのに充分すぎる宝貝の魅力をもっていた。

欲望の最短距離はその必然的なコースである。宝貝をもとめてきた人たちがやがて稲作の技術や籾種をもたずさえて沖縄列島に渡来した。それが証拠には、沖縄には西表《いりおもて》島の古見《こみ》や久米《くめ》島があり、内地にも古見、久米、久見といった同音の地名が残っている。これは珊瑚礁の上のとぼしいコメ作りに満足できなかった稲作民族が、舟で海岸づたいに低湿な沼地をさがしながら北上していった跡なのであるまいか。

柳田はこれを説明するのに、宝貝と形状光沢が似ていて近頃まで沖縄で頸飾りの珠にしていたズズタマの例をあげている。ズズタマの頸飾りは大昔、宝貝の頸飾りをしていたその代用品として今日に残ったろうというのである。また日本列島と海彼の民とのあいだにごく早くから交通が開かれていた証拠として、伊勢湾に漂着した椰子の実を目撃した話や、常世の国からの招かれざる客人として島人に待遇されるネズミの話をあげている。

永遠に立証され得ないがしかも無限に近づけるかも分からない実証への願望がこの論文を一篇のみごとなロマネスクに仕立てている。しかも北方騎馬民族説のようにアジア政治社会の衝迫といったものをよりどころにしてはいない。宝貝やズズタマや椰子の実やネズミといった、人間よりも早くから存在し人間よりも生きのびる物、それでいて人間生活にごく卑近な物から出発している。この唯物的とさえいえる手ざわりが彼の仮説の支柱となっているところに他と隔絶した特色がうかがえる。

では稲の習俗についてはどうか。稲の生産と信仰という二つの河をさかのぼって、それを分けることのできないもっとも微かな分水嶺が発見できれば、それこそ日本民俗学の源流であるにちがいない。それを柳田は、稲の産屋《うぶや》、つまり野積された稲穂が子供を産むという穀霊信仰にもとめる。人間の死と復活や世代交替の観念もこれに暗示されて触発したものであるという。それはまた朝廷の古い儀式である新嘗祭の起源でもあった。

以上要約した問題を縦横に論じつくしながら、それにしても今月末で満八十六歳を迎えた老翁の文章のなんという若々しさであろう。この異様なみずみずしさは、疲れを知らぬ知識欲が一個の人間の脳髄を借りて奏でる無限旋律といった風に思えてくる。「よその国の学問の現状を熟知し、それを同胞の間に伝えることをもって、学者の本務の極限とするようなあわれな俗解」と冷笑する柳田国男が、身をもって提起した学問の指標、それが『海上の道』である。

（「日本読書新聞」一九六一年七月三一日）

近代畸人伝　土方久功

パラオを後に

中江《なかえ》藤樹《とうじゅ》や貝原益軒《かいばらえきけん》のような道学者を筆頭にかかげた『近世畸人伝』の先例にならって、私が最初に土方《ひじかた》久功《ひさかつ》を紹介するのは、彼が藤樹、益軒両先生におとらぬ道徳家だと信じているからだ。それが証拠には、土方は南洋の孤島にくらした七年間、その島の土人たちのタブーを守ってバナナ一本もたべなかった。しかも精神の喜びの斜面を滑走することだけに自己のおきてを見出そうとするきびしい養生訓の持主である。『近世畸人伝』はその題言に、物事に酔っぱらった人間たちの眼には、自分の信ずるあたりまえの道を徹底して歩くものの方が奇人と見えるといっているが、この事情は今も少しも変っていない。それがわたしたちに逆説としか映じないとすれば、それこそ現代社会の病状を物語る以外の何物でもない。致死量にいたらない劇毒が不眠症の薬剤として用いられるように、ハイボールのように薄められた「死」が生きた民衆に必要となった時代が近代である。書物の外観はキャラメルの外函になんとなく似てきた。その精神ですらが口内をさわやかにする薄荷にひとしい香料にすぎなくなった。

土方久功は昭和六年九月、丁度二年半をすごしたパラオをあとにして、百五十トンの小さな汽船にのりこんだ。どこでおりるかあらかじめきめた航海ではなかったが、とにかく最も文明の影響の少ない土人が昔ながらの生活をつづけている島をさがして、そこに住みつくことだった。しかし彼は四十をすぎ、爛熟した文明に絶望したゴーガンではなく、近代美術のなかにながれる未開性へのあこがれをまのあたりにつきとめたいと念ずる三十歳の青年であった。島はみつかった。それはパラオからやってくる船が年に四度、それも半日だけ寄るので、一年にみつもってもまる二日とはいない上、ほとんどけっして船員たちが夜をすごすことがないという島であった。もちろん学習用の地図帳を開いてみても島名はみつからない、海抜三メートルの、周囲をひとめぐりしても一時間とかからないテーブルリーフのその島は、ミクロネシアのソロール諸島とトラック島のほぼまんなか、ヤップ島から六百マイルの東にあった。

そこではクルカーク、キャキー、アマ等の海鳥が啼きしきっていた。まわりに島影一つみえない孤島には、海の蛸と鼠と蜥蜴と椰子蟹と岡蟹とやどかりのなかまにまじって、わずかな、どこからどこへとも知れない、何千年の彼方から今へと流れてきた二百八十人の裸の土人たちが住んでいた。土方はその島に上陸すると、パラオではまだ身につけていたシャツや帽子や靴や日本語など文明のすべてをかなぐりすてた。召使にとささげられた土人の女と二人で森のなかに住み、サルマタ一つにはだしのままで土人部落をおとずれては昔がたりや氏族組織を聞き、それをその島サテワヌ（サトワル）の土語で書きつけた。

タロ芋やパンの実をたべ、天水や椰子実で渇きをいやし、島と堡礁《ほしよう》とのあいだをみたす一町ばかりの浅い海で蛸やウニをさがす。ときには堡礁をこえて外海で釣をすることもある。耳目は大自然のなかでとぎすまされた。朝はニッチョクという小鳥の第一声でかならずめざめ、夜は椰子油を入れたシャコ貝に灯をともした。日課のトエル（機織り）に余念のない女のかたわらで、土方は土人の手斧をつかってごく堅い木にむかい彫刻にはげんだ。彼の題材はすべて果てしない時空の額縁にかこまれた土人の男女、花、小鳥であり、ときにはサテワヌ島独特の妖怪ヤニューが木目から顔をのぞかせることがあった。

そしてその手斧の先は鉄刃になっているが、記憶もない昔には、貝または石の刃を棒切に結びつけた粗末な道具だったのだ。しかし彼が拘束のない原始の楽園に遊んでいたといえば、それでは現実ばなれしたつくり話を伝える危険がある。つまり自由という言葉の内容、またはその使用法がサテワヌ島と文明社会とではかけはなれていたのだ。そこではタブーの蔓草でがんじがらめにお互いをしばりあっている奇怪きわまる土人社会の風景があった。男の土人たちのまえでは女たちはけっしてまっすぐに立つことができず、家鴨のかっこうでいざり歩くほかないのだった。

土佐と薩摩の血

サテワヌ島の土人は雨季を西の年、乾季を東の年とよんでいた。西の年になると西風が吹き空は曇りがちで、踊りがさかんにおこなわれ集団生活が強調されタブーがうんとかかる。それが東の年になるとスコールがおとずれ陽はかがやき、タブーがいっぺんにはずれる。生活も食物も豊富になるからである。タブーの迷路は単調な集団生活に緊張とリズムを与える。しかしそれ以上に物質的な意味をもっていた。カツオや正覚坊にやかましいタブーがついているのは、これら土人の好物がたまにしかとれず、またすぐとりつくされる危険があるからだ。土人たちは一寸汽船が寄港でもするとたちまち風邪が流行したり腹痛や下痢をおこしたりするものが続出して、外界にたいする抵抗力はきわめてもろいのだった。そこには不屈な生命力とそれを維持するための原罪ともいうべき無慈悲さがあった。

無慈悲さ、それは自然の詭計であるというよりは、生物が生在するのにまぬがれがたい原罪であった。土方は南海の孤島に原始の楽園の幻を追いもとめながら、そこに原罪の姿をはっきりと肯定しなければならなかった。彼は「孤島」と題する詩のなかでいう。

……二百八十人の土人たちはそのようにして裸で生きていた
このあたりの小島で嵐のために全滅した口碑をもたないものはない
私もサテワヌの嵐と　それに立ち向う土人たちの姿を見た
彼らは恋をし　踊り狂い　そして充分に生を享受する
それにもかかわらず私に飛びかかる考え「彼らは蟻だ」
何千何万年来　生きて死んできた虫けらの大ものだ
文明にも動物的無慈悲と葛藤が　無情が　一切空が
慣れて麻痺しているにしても確かにある
けれどもこの島とはまるで桁がちがうのだ……

桁のちがう大自然に膚接した七年余の生活をおえて、土方は復活したラザロのように、昭和十四年パラオへもどり、そこでもとの土俗調査の仕事にかえった。明治三十三年生れの彼は三十九歳になっていた。このころ中島敦がパラオにきていて、毎日土方の部屋に入りびたった。自分の短命を予知してか異常な好奇心と博識の持主だったこの作家は、土方を南洋での唯一の友人として頼った。彼の『南島譚』のなかの作品のいくつかは土方の日記や話をもとにしてできたものだ。

さて、もとにもどって土方の南洋行の金をつくってくれたのは土方与志である。与志の祖父は土佐藩の志士で、後に宮内大臣となった土方久之である。久之の末弟の久路が土方久功の父であり、久功の母は柴山大将の娘で薩摩の出である。土佐と薩摩の血を受けた久功がさらにいっそう純粋な南にあこがれたのは当然である。与志の父は久明といいドイツに留学して文学書をたくさん仕入れてきていたが、与志はそれを売って旅費をつくってくれた。だが南洋についたとき久功には僅か百円しか残っていなかった。それでも南方ではあまり生活に心を労しなくて気ままに研究や芸術にいそしむことができる有利さをもっていた。

じじつ土方はパラオ支庁のなかの公学校の生徒と青年団とに、土産物をつくる技術を教授しながらコロール島やペリリュー島、アンガウル島などを巡回調査した。北方だったらきびしい生活に立ちふさがれて、そうもゆかなかっただろう（また土方は美校時代―大正十三年彫塑科卒―にヨーロッパ美術の影響とともに鳥居龍蔵氏の土俗学に関心をよせてそれが刺激となっていた）。

しかし他面、家庭の問題もあった。彼の父は若いときドイツに留学した陸軍大佐で、弾道学の権威であり、それに関する論文をドイツの軍事雑誌に発表したりした。また日本におけるエスペランチストの先駆であり、新しい文字のかくれた発明者でもあった。またすこぶるダンスがうまかったという。久功の幼時家庭はきわめてハイカラで、父母はたえず上流社会の舞踏会に出入した。

しかし不幸にして家庭内の不和があった。家族のうち父の最後を二年間みとったのは、久功ひとりであり、父が死ぬと彼ははじめて美術学校を志した。やがて美術学校を卒業すると母が亡くなり、土方はまったく孤独のなかに解放され、南洋行の決心をかためたのだった。

くずれた夢

東京世田谷にある土方のアトリエに一歩足を踏み入れると、その扉のまえで世間の騒音は死に絶え、別の静寂が支配する。アトリエのなかには日々の煩労から解き放たれた何物かが羽搏き、永遠の「現存」を感じる。そこには赤道ちかい南半球の陽になめされた顔と、手斧を使って彫刻するのに衰えを見せぬ腕力、そして眼鏡の奥につねに絶えない微笑がある。

彼の背後の棚には大学の人類学教室に寄付したくなるようながっしりしたブロンズの蛮人の首がのっている。と思えば、一枚板の浮彫がアバイ（パラオの集会所）の壁画のように飾られてある。板の裏側をできるだけ深くほりくぼめ、表面をできるだけ薄くした平たい浮彫である。そうすることで絵画風の背景をあしらい、装飾的な趣向をうまく出した土方の独特な手法なのだ。

しかし土方は画家彫刻家であるばかりでなく、民俗研究家としては『パラオの神話伝説』（大和書房）、『サテワヌ島民話』（三省堂）をのこしてその業績を外国人学者にも知られ、詩と生活を一体化した記録『流木』（小山書店）、『文化の果にて』（龍星閣）、それから詩集『青蜥蜴の夢』（大塔書店）をあらわしてすぐれたエッセイストのひとりにかぞえられる。数ヵ月外国を旅行しただけであちらの印象や文献をかきあつめ、臆面もなく「探検記」とか「紀行文」とか銘うった書物とこれら土方の著書とを読みくらべてみるがいい。いずれにしても流星群のような書物が最近多すぎることはたしかであろう。

土方はミクロコスモスに徹底することで、学問が概念化しまた生活が芸術と遊離することを避け得た、現代では稀有な幸福の実例である。しかし敗戦は残酷にも彼と南洋との交渉を断ち切った。ミクロネシアから土方が帰ったのは昭和十七年のことであり、のち陸軍の調査団の民族班をうけもって北ボルネオ各地をあるいたが、十九年に病気で帰国して以来、彼は一度も南に帰ってみたことがない。南洋と日本との間を自由に往来し、文明と野蛮とをかねた半獣神でありたいと願った土方の長年の夢はむざんにもくずれた。

アトリエの主は流謫《るたく》地の王のように客にむかっていう。今日は朝空が晴れていた。それが昼近くなると曇ってさむくなったが、午後二時頃にはもう霙でもふるかと思えた。それが夕方になるとまた……。

それはかつて天空の変化のなかに地上の生活の予知を凝視しつづけ、そして、寒さに極度に敏感な生活をいま送らされている者の言葉である。土方にとって、のべつに猥雑でトゲトゲしい現代文明はなによりもまず寒さに翻訳されて肌に感じられるのである（彼はパラオでも夜、窓をしめて寝ていた）。

それよりも悲惨なことは、波うち際でたわむれる親しい土人のシルエット、森の夢のなかで彼の肩をたたきにきたいたずらっぽい妖怪ヤニューを南方にのこしたまま老年を迎えねばならなかったことではないか。「死の追い出し」に費やされた半生はどこへいったか。彼はアトリエの庭先におとずれる鵯《ひよどり》に託して自分の気持ちをうたう――。

突然　鵯が鳴く
鳴くと言うよりは泣き叫ぶ
あの叫びは何を言つているのだろうか
あの叫びは何ときんきんと
胸の中に腹の底にこたえることだろう
私の胸の中の　腹の中の

何かがむづむづと覚め
起きあがつて　それから
あの声をまねでもするのか
はじめは歌うようだつたが
ぢきに、それは次第に
歌から叫びに変つて行く
泣き叫びにかわつてゆく
叫びは怒つた鶫からはなれ
叫びは悲しい私からはなれ
叫びは遠い近い
恨みじみた　歎きじみた
呪いじみた　やけじみた
もろもろの主体からはなれて
彼方のもろもろの叫びと合体する
藪の叫びと　風の叫びと
雲の叫びと　大空の叫びと
そして私の中から　何かしら
肉のような　髄のようなものを引抜いて

はるかな海の彼方へと
叫び叫び　行ってしまう……

（「日本読書新聞」一九六二年一月一日、一月八日、一月一五日）

虚心な旅人の眼――加藤秀俊・米山俊直『北上の文化――新・遠野物語』

本郷弥生町や大森が日本考古学にとって発生の地であるという以上に、岩手県遠野は日本民俗学のふるさとと呼ぶことができる。かつて柳田国男は若い情熱をかたむけて、この地一帯に伝わる口碑ととりくみ、『遠野物語』を残した。「一字一句も加減しないで感じたままを書きつけた」この簡潔な名文にひかれて半世紀のあいだ、遠野を訪れた人は少なくなかった。折口信夫、桑原武夫がそうであり、いま本書の著者たち加藤秀俊と米山俊直もそうである。

遠野の土を踏むと『遠野物語』に含まれる多くの地名を眼前に指呼できる。そして透明な盆地の風景の縁に沈む「物語」をあらためてつよく感じる。遠野は、初めて訪れる旅人がはやくも郷愁をおぼえる土地なのだ。本書は、遠野にたいする多くの先人たちのこうした郷愁を追体験しようとする興味ぶかい試みである。

本書にふれてわたしは、著者たちとさしてかわらぬ心情のもとに昭和三十二年秋に遠野を訪れたことを思い出した。柳田国男が泊った宿屋が残っていて、その部屋から六角牛山《ろっこうし》を眺めたり、著者たちとおなじように、三浦栄や佐々木喜善の未亡人を訪ねたりした。秋祭の笛にひたされた遠野は、す枯れた菊のわびしい匂いがした。寒戸《さむと》のババァやデンデラ野を探してあるく好奇な旅人の目にも、生きた民俗博物館のおもかげがどこにも残っていないことが分った。

こうした意味あいで本書の著者たちが序章で遠野へのあこがれを熱烈に告白してみても、終章で、幾変転した遠野の「現在の事実」を力説するにとどまった事情は理解できる。その間に、遠野の歴史や環境やいく人かの生涯の聞書きが、素朴につまっている。素朴というわけは、ときには『南部叢書』が、ときには森嘉兵衛の『岩手を作る人々』や彼の三閉伊一揆の研究（それについては森嘉兵衛の『三浦命助伝』が平凡社から出版されている）が、またときには『遠野町誌』や『附馬牛村誌』が大幅に援用されているからである。

本書からこれらを除いたら、差引き著者たちの往復の汽車賃しか残らないのではないかと思われるフシもあるが、その一方、わたしはきわどい思いつきを意味あり気にふりまわす日本文化論によくよく飽きているので、著者たちのその虚心なまでの受入れ方にむしろ好感を示すことができる。

その虚心さは著者たちの人柄によるものであろう。他方、本書を触発した『遠野物語』が男らしい記録精神につらぬかれていることに影響されたのかも知れぬ。新しい郷土誌は、伝統に埋もれた同郷人よりもこうした旅人の虚心の眼が参画してはじめてできるのではないだろうかと考えさせるものが本書にはある。『北上の文化』という題は漠然としていただけないまでも本書は新しい郷土読本の試作品である。

とはいえ、柳田国男が『遠野物語』の序文で「この書のごときは陳勝呉広のみ」といい放った強烈な客観精神、いわば二重の眼が本書にないことが惜しまれる。そして遠野の歴史をものがたるのならもっと「遠野古事記」など利用したらよかったろうに。そこにはアイヌの乞食が江戸時代遠野にあらわれたというような興味ぶかい記事もあるのだから。

（「日本読書新聞」一九六三年四月二九日）

アウトロウの生活史――羽原又吉『漂海民』

「舟の上に生涯を浮べ……日々旅にして旅をすみかとした」海のジプシーたちの話である。瀬戸内海では、こうした水上生活者のことを家船《えぶね》と呼んでいた。海外でも南シナ海の蛋民《たんみん》は知られている。

いま三原市に属する能地《のうじ》の家船は、海面にテグリ網をひくだけで、それを生活の資とするつつましいものであったが、エビや雑魚が海面にえがく波紋とひとしい小さき民の日常の中に、爆発的な繁殖力がかくされていた。百姓はもとより、彼らは、一般の漁師たちからも低くあつかわれて通婚の対象からはずされていた。それがかえって内部の団結をつよく求めることにもなった。生活程度が低いので税を納めないですんだ。百姓のように耕地の制約になやむこともなかった。海は分割自由であり、また無限であった。漁業の慣行はあったが、それにしたがって、自由に海を開くだけのことができた。能地の家船が、瀬戸内の沿岸にくりひろげていった枝村は百ヵ村をこえるという。こうしたアウトロウの生活史は、権力史とほとんど関係がないだけに、歴史学者の手ではあつかわれず、もっぱら民俗学者の情熱にゆだねられてきた。

日本の家船には、瀬戸内の能地や二窓《ふたまど》のほかにいくつかの系統がかぞえられる。福岡県鐘ヶ崎の漁民のように、日本海を北上し、山口県・島根県をへて能登輪島まで進出し、いっぽうでは壱岐、対馬にも枝村をのばしたものと、長崎県瀬戸を親村として五島、対馬に枝村をもつものがあった。本書の著者は、これら三系統とはべつに、大分県の津留《つる》系統をかぞえている。

家船の漁法としてはアワビのすくない瀬戸内では、能地のウタセ網や二窓のハエナワのように網や釣がおもになり、鐘ヶ崎や瀬戸の家船のように俵物のアワビをもとめて海にもぐり、また魚を突くというちがいがみられた。

ではこうした家船はいつの時代から出現したか。海上小民の歴史は数百年さきの伝説をわずかに残したまま埋もれてしまっている。したがって家船の漂泊生活と漁民の移動の歴史とをくらべあい、家船が海底の腔《こう》腸《ちょう》動物や棘皮《きょくひ》動物をとるのにたくみであるのは、日本のアマの歴史をなぞってゆくほかはない。

日本漁業史の第一人者である著者は、民俗学者の宮本常一、瀬川清子、桜田勝徳、河岡武春などの業績を援用しながら、古代へとさかのぼってゆく。そこでは先史時代の漁撈採集とはっきり区別される条件がみられる。一つには家族を常時のせるだけに船が大型になり、二つには農村生活が確立されて海産物との物々交換が可能になる。これが家船を出現させる歴史の条件であると著者はみる。

家船の分布は、東は瀬戸内海東端、北は能登半島東岸をかぎって西日本にひろがっている。それはさらに、漂海民の分布をおしひろげ、南海の舞台へと読者の眼をさそってゆくことになろう。家船の記述のあと、マライ半島のマウチン族や珠江の蛋民についての親切な解説がつづいている。しかし全体としていえば、解説に終始しているため読物としては散漫である。また糸満漁夫についてもう少し頁を割くことがのぞましかったろう。知るとおり糸満漁夫は、沖縄本島の根拠地から先島や奄美大島などに独特な生活を展開しているだけでなく、南九州の西海岸にもその影響が波及していると推測される。糸満漁夫のサバニ漁法叙述は一般読者の関心を引くことが大きかったろう。

（「日本読書新聞」一九六二年一二月九日）

日本人の夢とおそれ

1　三角と円

動物が円座することとは、宮沢賢治の書いた「なめとこ山の熊」や、「鹿踊のはじまり」という童話がつたえています。それは遊びのすがたです。盆踊が輪をつくること、またそれに先立つ念仏踊がやはり勇躍歓喜の足どりで、無限の輪をもとめていったことを思いあわせるならば、けものも人間も、生きるための努力から解放されたとき、自然に円形を形づくるといえます。

新石器時代に東北や北海道の一部につくられたストン・サークルのまわりで、縄文時代の人たちが輪舞したという想像はひとまず置くことにして、放射軸を中心として日時計のかっこうに石組を構築しようとする行為自体に、すでに効用をはなれた遊びがみられます。

円は人間の精神を解放するとともに、また呪縛する観念でもあります。地面に白墨で輪を描いて、そこから出ていけないと言われると、誰かの助けを呼ばねばならなかった幼児の体験をわたしは思い出します。

古代に話をさかのぼらして言えば、円は鏡や太陽のかたどりだというだけでは充分ではありません。円はひとつの観念なのですから。いやむしろ観念の表象が円なのです。だからわたしたちの精神を呪縛する力をもっているのです。

熊本市を西に貫流して有明海にそそぐ白川の河口近く干潟の彼方に沈む夕陽を真下に見おろす山の中腹に、千金甲《せごんこう》と呼ばれる古墳があります。そこは夕陽が直射するものさびしい山です。その千金甲古墳の内壁をかざる円の群は、そこをおとずれたもの好きな旅人に、あるきつい感情をよびおこさせます。

千金甲の古墳は、腕のたしかな指物師がつくった岩乗《がんじょう》な函そのものです。そこには幾何学の技術がもっとも幼稚な形でめばえています。あきらかにぶん廻しを使って描かれている円の形は、それでいて、現代の抽象絵画をしのぐ迫力をもっています。その岩乗な函の形式が、現代抽象絵画の弱さとは異質のものであることも見のがしてはなりません。

千金甲は、ほとんど道らしいもののない急な傾斜をのぼりつめた場所にあって、わたしたちの安易な観賞をにべもなく拒絶しています。しかしそれだけに、石室に下ると、円の豪華な孤独さが、かがやき出してきます。そこには、円のものすごい饗宴が人知れず展開しています。

胸を衝く山が、悪霊のすみ処《か》なのです。石室のなかに侵入してくる悪霊を退散させなければなりません。死者の眠りを妨げにやってくる無作法な闖入者を追っぱらうために、そこには、ものすごい円の役割がきめられていています。円は石室の暗やみに目を開いています。まるで物見の番兵のように。悪霊が死者の眠りを妨げないように円は不寝番に立っている、といったかっこうです。

装飾古墳のなかには、直線の交叉軸に弧をからませたふくざつな文様が、きめられた約束にしたがって、石棺の蓋や内壁に描かれているのも少なくありません。アイヌのアッシ文様や、大礼服の金モールのかざりが、もともとは袖口とか襟とかからしのびこむ悪霊を防ぐための模様だったことを知るならば、この直弧文《ちょっこもん》と呼ばれる文様が、悪霊たちにはすこぶる効き目をもっていたと考えることは、しごくもっともなことであります。紐をかたくむすんでその意味を解きがたくしたような入り組んだ文様は、悪霊どもを愚弄したり感歎させたりして、ついに侵入口を発見させないで撃退するだけの呪力をもつと古代人は信じたのです。

直弧文は、しかし、それがスイジ貝の裏面を模写したものだとする魅惑的な説をのぞけば、直線と弧に分解できます。旧石器時代からみられる人類のもっとも原始的で単純なしるしは、X型かV型といわれますが、要するに直線は交錯するとき、はじめて意味をおびます。そして交叉する直線の完成したかたちが三角形であることは誰でも気づくところです。

四角形は相対的なものですが、三角には動かしがたい絶対性があります。たとえば、埴輪の人物のかぶる帽子や王冠に好んで三角文がつけられているのでもわかるように、三角形からみちびき出される絶対性の観念は威厳にみちた王者のかざりに、もっともふさわしいものでした。

その神聖な呪力が、古墳時代に三角文様を盛んにする大きな原因であったにちがいありません。三角文は円よりいっそう抽象的です。その抽象性の連続使用が、いったい、どのような効果をあらわすかをたしかめたいなら王塚古墳の内部に立つだけで充分です。石室いちめんに彩色された三角文は、星空に見まがうばかりのまばゆい死者の宇宙を、そのおかしがたい実在感のもとに示します。

いっぽう円形はさらに進化します。呪縛すると同時に解放する円の特質は、珍敷塚《めづらし》ではそこを訪れる旅人を、捉えながらしかも自由にします。円は太陽神をかたどるものとなり、石室の宇宙に君臨しています。珍敷塚の壁画には、太陽とゴンドラ型の舟と鳥が描かれています。太陽はしずかに照らすだけで、いっこうに動く気配がありません。人間の霊魂を示す鳥は、反りかえった舳にとまったままで、船のすすむままにまかせています。

古墳で感ずるこの奇妙な錯視は、わたしたちが海中につき出た崖にたたずむときしばしば経験するものです。不定形な波がおしよせてくるのを見つめていると、いつか崖の方が海中にすすみはじめる気がします。「産の褥《しとね》、死の塚穴、常世《とこよ》の海原」と『ファウスト』のなかで歌われたように、ここ死者の国には、永遠の時間だけが支配しています。

永遠とは生者にとって、要するに「不確実なものの留保」なのです。

太陽と、死者のたましいをはこぶ舟との組合わさったテーマは海洋にまつわる普遍的な主題であります。

そうだとすれば、わが国の古墳に描かれた舟は、おそらくふなばたに目をもっていたにちがいありません。船の目はインドのマスラ板の縫合船に、ビルマのサンパン型漁船に、中国のジャンク船に、台湾紅頭嶼《こうとうしょ》のヤミ族の船に、沖縄の山原《やんばる》船に、奄美大島のマルキ船にそれぞれ描かれ、太古のエジプトからモンスーン地帯への旅を、はるばるつづけてきたといわれています。

日本の漁船にもこの目はときたまみられることがあります。船の舳に描かれた目は、おそいかかる悪霊をしりぞけるためのしるしなのですが、船を生物だと見なした古代人の世界が、はしなくも現代に生き残っているのです。

古墳のなかで古代に思いを馳せるもうひとつの例はヘビの室、ムカデの室の神話です。オオクニヌシは一人前の若者となるためのさまざまな試練を背負わされて、そのはてに、スサノオから石室のなかに閉じこめられてしまいました。この気味悪い虫類のわざわいになやまされる室が、ヘビやムカデの巣ごもりするのに絶好な古墳であったことを否定する証拠はどこにもありません。オオクニヌシをたすけ出したスセリヒメの領巾《ひれ》は、ギリシア神話のなかで洞窟のテセウスをみちびいたアリアドネの糸にほかならないのです。

またユーラシア大陸の縁に類似の伝承をもつといわれるイザナギの呪的逃走のドラマも、この横穴式古墳を舞台におこなわれました。イザナミは産の苦しみのなかで死に、金銅の王冠は重たく死者にのしかかっていました。彼女の筋肉をつなぐ腱は石棺のなかで溶け、骨に膠着しようとしています。そこはもはや殯宮ではありません。死者の黄泉《よみ》がえりをねがって生者が歌舞することはおろか、火を焚くなどとはもってのほかのことです。

それなのにイザナギは櫛を欠いて火を点したのです。封印された石棺の影が、壁に映って大きくゆれうごきました。石壁に刻まれた円は、孔雀の怒った羽のように、イザナギにおそいかかりました。イザナギは思わずあと退りします。しかし屍姦《しかん》したいとさえ思う愛する女への愛着が、イザナギをふたたび捉えます。彼は思い切って石棺の蓋を開けました。ところがどうだったでしょうか。

屍体には、死臭にとりかこまれて蛆や蛇がたのしげに這っていました。イザナギは顔をそむけて逃げ出しました。躓《つまず》いた拍子に、石棺の蓋が轟然と鳴って、石室の天井に反響しました。イザナミは眠りをさまされて、激怒しました。石壁のなかの円や三角形も、玄室から羨道へと逃げるイザナギを追っかけます。横穴式古墳は、イザナギとイザナミの愛を、生と死の葛藤に引き裂きました。死者を守る円や三角形の番人たちは、日本最初の逃走劇を古墳の入口や内壁に刻みつけられて、したしく目撃していたはずです。

三角形が神聖な観念をあらわすのは、古墳時代から始まったのではありません。すでに縄文時代に三角形の土板がわたしたちの祖先の護符《ごふ》の役目をはたしています。この逆三角形はおそらく人体の上半身をあらわしたと思われており、単に抽象的な意匠なのではありません。

逆三角形といえば、お供え餅が中高になっており、にぎりめしが三角であるのは、それが心臓をかたどったからではないかという柳田国男の大胆な仮説を思い起さずにはすみません。なるほど、心臓は立体的にみれば円錐形であり平面的にみれば三角形であります。この説と符合するように、節句のチマキや鹿児島のアクマキも三角形をしています。ただ食物の三角形は尖ったほうが上で心臓のように逆三角形ではありません。

志賀義雄はこの点に異議をとなえて、食物の三角は伊勢神宮の懸稲の神事などで垣にかける稲束のかっこうをあらわしたものだ、と反論しました。その年とれたばかりの新しい稲束を垣にかけると、実のついた穂はふくれて下にさがり、茎の方は上にすぼまります。これならば逆三角形になりません。米を材料にした食物の精霊は、つまり稲霊《いなだま》であり、稲霊という言葉は稲束から変化したとするのが志賀説です。

しかし稲霊に似せたというのならば、かならずしも懸けた稲でなく、積んだ稲でもよいわけです。地面に積んでおく新しい稲束をニホと呼んでいる地方があります。この稲づみは、多くの田んぼでみられるもので、別にめずらしくありません。このニホの初穂を天子が食べるのがニイナメで、ニイナメのニイはもともとニホなのだとはやくから説えたのが折口信夫です。ニホは稲に霊がはいる時期の稲づみなのです。ですから食物の三角形は志賀説のように新稲を懸けたときの形状ではなく、新稲を地面に積んだときの、立体的にみれば円錐形、平面的にみれば三角形が、食物のかたちの原型でなかったかと考えられもするのです。

またそれと同時に、有名な餅の的の伝説にあるように、食物の精霊が鳥とつながりのあるのもたしかです。それに狩猟を主に生活していた大昔の人たちは、鳥獣の心臓を直接に見る機会は、ほとんど毎日に近いものだったと考えねばなりません。

志賀説には、柳田の心臓説にたいして、唯物論者の立場からの微妙な反撥がみられます。しかし心臓といっても先史時代や古代には、現代のように心とか愛とか精神とかを想像せず、血まみれな生ま生ましい三角形を考えていたにちがいありません。

それにたましいの容れ物としては、三角形ではなく円形を想定していたと推測されるふしがあります。朝鮮には卵やひさごから生まれる説話がありますが、わが国でも、天や空の枕詞「ひさかたの」は「ひさごがたの」と解するのが通説です。炭入れにする冬瓜のようなのをふたつに切った半球が天空とみなされていたのです。そしてそれが、たましいを容れて動かぬようにする器物でもあったのです。

三角や円が日本人の生命のもっとも本質的な部分と密接な関連をもつもうひとつの例には、ふしぎにも塩を入れる容器がことごとく三角形だということがあります。九州などで、塩を入れて台所の柱にかけておく塩テゴはおそらくその底からニガリを出させるためにでしょうか、底の尖った三角形をしています。瀬戸内海で発見されている師楽式土器の形は、それが砂浜に安定して置かれるように三角形です。この土器でもとは塩を煮つめたのです。また伊勢神宮では夏の土用のうちに海水をはこび入れて塩を作りますが、そのできあがった塩は、三角形の土器に詰めてかまどに入れて、焼きます。この三角形の土器は毎年あたらしく作るものです。この容器のかたちを機能の上から説明することはできますが、それにもかかわらず塩が神聖さを保つためにはどうしても三角形でなければならない気が、わたしにはします。

三角形にともなう神聖な呪力は、たとえば沖縄の女たちがかつて指にほどこした入墨にも見られます。成女式に関係があると思われるこの入墨は、女たちが一定の年齢に達したとき、彼女らに人々を指導する力があたえられることを意味する印にほかなりません。沖縄にかぎらず内地でも古代にさかのぼるほど、女たちが予言し指導する能力をもつと信じられたものでした。指す力、それが沖縄の女の指にほられた三角の矢羽《やばね》のしるしだったのです。

矢に呪力があると信じられたのは、狩猟の能力が古代においてもっともすぐれたものとして祝福されていたからです。海幸山幸の神話は、サチという言葉が漁猟の獲物をさすと同時に、それをとることのできる威力をもった弓矢や釣針などであることを物語っています。現在でも狩人はシャチだまといって鉄砲の玉をひとつ残しそれにつぎたすことをしないと猟がないといいます。黒曜石のするどい三角の矢じりが猟銃の玉にかわっても、それに呪力があると信じられてきたことに変りはありません。

シャチは鯨をおそって仕止める勇猛な動物です。アイヌはシャチが鯨という最大の海の幸をもたらすからというので、シャチを海の神としてあがめています。このシャチの名が矢玉同様にサチの変化したものであるかどうか断定できませんが、鯨を浅瀬や砂浜に追いあげてくれる動物にシャチの名がつけられていることに、おのずから興味が湧きます。

さいごに三角は蛇の鱗の形でもあります。女が十九の厄のときには、鱗模様の着物を着ます。蛇が皮を脱ぐように、厄をぬぎ捨て再生するという説があります。しかしまた厄は災難でなく、神役を意味するのだともいいます。江戸時代、宮中や将軍家に仕えた女房は三十三歳で役を退ったのです。つまり女の厄である十九歳からつぎの厄がくる三十三歳までが、女の盛りだったわけです。そこで女が女としての一人前になる十九のときに三角の文様の着物を着るというのは、沖縄の女たちが三角の矢羽を指に入墨するとおなじように、人を指す力、つまり指導力が与えられたことを物語るものではないでしょうか。

2　動物達と人間

あなたがたは知っていますか。関西では寒のころ野施行《のせぎょう》といって、女たちが夜間村の辻や祠のまえなど狐の出そうなところへ、油揚や赤飯を供えてまわる風習のあることを、また一世紀近くまえまでは、狼が仔を産んだと聞いては、産見舞に好物の塩などをもっていく習慣が各地の山村にあったことを。奥多摩の山中には丈夫に育つようにと、赤ん坊のとき狼の乳をのまされた百歳近くの老人がまだ生きているというおどろくべき報告があります。

狼はおそろしい害獣であり、狐は悪賢い動物であるときめてかかっているわたしたちにとって、祖父母の時代までは彼らに親愛の情をよせることが多かったというのは、当惑に値する事実です。

送り狼というのは、人のあとをどこまでもついてくる狼なのですが、転んだりしないかぎり、けっして人を襲うことはないと、わたしたちの祖先は信じていました。東北ではむかしは狼をすべてオイヌと呼び、夜中狼にあうときは、油断なく鹿を追うて下され、とていねいに挨拶しておるものだということになっていました。これは鹿の害が狼への恐怖心を上廻るほどに大きかった一面をつげるものです。しかし人間と狼や狐などの間に形成されてきた親和力は、そうした現実的な理由からばかりではありません。

月夜の道をついてくる狼の影や夕ぐれどきに聞える狐の鳴声には、人間の運命を予知する能力がそなわっていることを思わせる何物かがありました。狐の鳴声で、その年の豊凶をうらなう習俗は、東北にながく見られたところです。狼や狐が、すばしこい動作、賢明な顔つき、彼らに特有な好奇心などから人智を解するかに見える神秘的な野獣と考えられていたことが想像できます。

古代人が狼を大口の真神《まかみ》と呼んで畏敬したことは、『風土記逸文』や『万葉集』がつたえています。今でも狼を眷属神として祭るものに、秩父の三峯神社や御岳神社、遠州の山住神社があります。そこでは狼をオイヌサマと呼んでおり、そのお札は、火難盗難や狐落しにあらたかな効験があるとされています。また芥川龍之介の「芋粥」の素材となった『今昔物語』の一節には、客の到来を知らせる役を命じられた枯野の狐が、館に飛んでいって、奥方に憑き、款待《かんたい》の支度をさせたとあります。

後世の犬神つきや狐つきは、信仰の対象であった神の零落したすがたです。これら動物神も、怜悧であるだけになおさら、予祝者が門付の乞食に、巫女が売女になるのとおなじ過程をたどらずにはすまなかったのです。

人間と動物の切りはなせない関係を物語るものに、空也上人が、鹿の角を杖の先につけ鹿皮をまとって諸国を行脚したという伝説があります。その鹿は空也が山林の庵室で修行していたとき、夜ごと窓辺を訪れていたのですが、平定盛に殺されたのを憐れんで、空也が皮衣にしたということです。これがたんなる仏教説話でなかった証拠には、空也のながれをひく遊行僧たちのあいだに、鹿杖をつき鹿皮をまとって念仏してあるくことが一種の流行となったことでわかります。問題は鹿杖にあります。

ふるくは鹿をカセギと呼んだそうですが、老人のつく杖で土にあたるところが二股になっているのをカセ杖といいます。狩人をマタギというのは、股になっている木の枝を利用して獲物を追ったことから起った呼称だとされています。鹿の枝角が股になった木の根や枝とおなじことと考えるならば、空也系の念仏行者たちのもつ鹿杖は、もともと狩人仲間が野獣を防いだり捕えたりするための杖ではなかったか、と思われるのです。

空也系の念仏集団である鉢屋《はちや》、茶筅《ちゃせん》のうち鉢屋は野伏山伏のたぐいから起り、茶筅は竹細工をつくっていた人びとだということです。念仏踊には狩人仲間の漂泊生活が色濃く影を落しているのではないでしょうか。殺生を事として賤民扱いにされた人たちの間には、逃れるすべもない身の業《ごう》を、ただ念仏によってすくわれようとする心がひとしお強く、日頃殺生を禁ずる宗教も、彼らを無視することができなかったことを、空也像は語っているのです。

これに似た聖ジュリアンの物語は、フロオベルの作品でわが国にも知られています。射殺した鹿の一族の呪詛にあって自分の両親を殺し、そのあげく贖罪の生活をおくった中世の聖者伝説の底をながれるものは、人間の血管に巣くう背徳といえるほどの狩猟本能の烈しさです。

狩猟の快楽がどんなに強いものであったか。それをしのばせるのが、阿蘇大宮司家につたわる阿蘇下野《しもの》の狩の絵です。天正年間に鉄砲が入って衰える前の、阿蘇火口原でくりひろげられた巻狩の様子を、後世になって狩野守供が描いたものです。勇壮なこの狩猟図は人間も動物たちも生活の場を共有していた時代の二度と還ってこない郷愁をつたえています。追い詰められた野獣との格闘がどんなに原始の血をかき立てたか。それにしても当時の野獣の群のおびただしさは、わたしたちの想像を超えたものがありました。対馬藩では、元禄十三年、「生類憐れみの令」の只中、陶山《すやま》鈍翁を先頭とする家臣たちが生命をなげうつ覚悟で、猪鹿退治を敢行しました。それほど猪と鹿の被害になやまされていたのです。北海道では明治六、七、八年の三年間に、毎年鹿皮六万枚を生産したといいます。一頭一枚とみて、一年に六万頭の鹿が殺されていたことになります。ついには官営の鹿肉罐詰工場がつくられたほどでした。このころ北海道開拓は急速にすすみ、鹿たちは安住の地を求めて、津軽海峡を泳ぎわたり、下北半島に上陸しました。そしてあちこちの林や谷にあふれ、地元の猟師の手にあまって、アイヌを呼んで毒矢で殺させたくらいです。

明治十二年は、北海道は例をみない大雪のために、十勝川の流域だけでも数十万の鹿が餓死しました。この鹿の減少で甚大な打撃を受けたのは狼で、いままでそうした習性がなかったにもかかわらず人里の家畜をおそうようになって、村民のにくしみを買いました。こうしてエゾ狼は明治二十二年頃に下北の鹿は明治二十七、八年頃に姿を消しました。つまり日本における資本主義の確立期に人間と鹿や狼との交渉史に終止符をうたれたのです。今からまだ七十~八十年前のことです。

しかしそれに先行する幾千幾万年とつづいた彼我の親和力がたやすく消滅するはずはありません。子どもたちが大人にたいしてよりも、動物にたいしてはるかに親愛の感情をよせるからには、人間の原始時代はわたしたちのなかに生きています。禁止と障害とからなりたった城砦である気むずかしい人間社会からみれば、動物の世界はいかにも純潔と優雅にみちていることを、子どもたちの本能は知っています。善悪の区別を知らずしたがって死を知らなかったエデンの楽園は、人間の羨望が動物の世界に投影した幸福調和のユートピアなのです。動物たちの世界が人間の描くユートピアの中にしばしば借りてこられる理由がここにあります。

動物に身近に接する機会が多かった昔には、人間と野獣とのあいだを、隔絶した敵対関係におくことは不可能でした。たとえ害獣にしたところで、両者の間に脈打つ親近感を否定することはできませんでした。さきにのべた鹿にしたところで、害獣としてばかりあつかわれていたのではありません。明治初年までは三河の奥につぎの光景がみられたと早川孝太郎はつたえています。

「入梅が明けて山の色が一段と濃くなった頃には、朝早くそこを幾組かの引鹿が通ったそうである。引鹿とは、夜の間麓近く出て餌を漁ったのが、夜明けとともに山奥へ引き揚げるそれを言うたのである。あたかもその頃は鹿が毛替りして、赤毛の美しい盛りであった。それが朝露のおいた緑の草生を行っただけに、ことに目を惹いたのである。五つ六つあるいは一五、六も一列になって、山の彼方此方を引いて行った光景は、たとえようもない見事だったと言うた。なかには子鹿を連れているのもあった。それらの歩きぶりを見ていると、まるでビッコ（子馬）を曳くようだったそうである。ある時など、全体どれだけいるかと言うて、目に入るだけを数え立てると、四十幾ついたと言うた。毎朝のことだったが、門に立って全部が引き揚げるまで眺め暮らしたもので、なかには朝日が赤く峯に映ってから、ゆうゆう引いて行くものもあった。」

と、猟師すら感動させる絵のような光景を描いています。まして牝鹿の肢体のしなやかな動きは、見ほうけさせるものがあったにちがいありません。光明皇后や浄瑠璃姫が牝鹿の胎内から生まれたという伝説がそれを物語っています。

また鹿たちは、年に二、三度、夜なか広い野原に大群し、円形の陣をつくって舞い、たわむれ遊ぶのが見られるそうです。あくる朝、その跡をみると草が丸くふみ荒らされて、神秘な物語を感じさせたそうです。それを真似て東北の鹿踊がはじまったといわれます。しかしそれだけでなく、鹿踊には、鹿が生贄《いけにえ》の動物であるという敬虔な感情が、その底に流れているのではないでしょうか。生贄の動物にたいする哀憐供養の心がはたして動いていないでしょうか。

狩猟の神である諏訪の信仰では、七十五頭の鹿の頭を神にささげるならわしですが、そこには片耳の裂けた鹿がかならず一頭だけまじっていたといいます。鹿頭のうち十二個は信州の遠山谷あたりから毎年諏訪社の祭に送るならわしだったのです。遠山谷では、鹿にかぎらず、獲物をとったとき、その耳をほんのわずか切り取って岩の上などに置き、猟運を祈る習慣がみられます。それはとおい昔の祭のとき、目印をつけるために生贄の鹿の耳を切りとったことを暗示するかに思われます。それが耳裂鹿の伝承にかすかな痕となってとどまっているのではないでしょうか。耳を切りとることはまわりの同類と区別する神聖な目印だったのです。片耳でなく片目をつぶされた神聖な魚の話は各地にあります。柳田国男は、大昔には、ある特定の人間が祭の日の生贄にささげられるため、あらかじめ片目をつぶされ、脛を折られて一本足にされておかれたのではないか。そして祭の日に殺されたのではないか、という大胆な推論をたてました。現代人にとっては唐突で恐怖をひきおこす論ですが柳田説を弁護するように、『魏志倭人伝』にはつぎの記事が見つかります。日本邪馬台国から使者が船でやってくるときその中の一人は髪を梳かず、虱をとらず、白い麻の着物はよごれ放題で、喪中の人物のようであり、これを持衰《じさい》というとあり、持衰は船が無事に到着できればほうびをもらえるが、海が荒れたり船中が病気になったりすると持衰のつつしみが足りなかったからといって殺されるとあります。

これこそフレイザーの『金枝篇』の主題である殺される王の面影そのままでありませんか。『金枝篇』のなかの「初期の社会では、自然の運行は王や祭司にしたがうものと想像され、その結果、疫病、暴風雨などが来襲すれば、人々はこの災禍を彼らの王や祭司の怠慢に帰して、その位を剝ぎとったり殺したりした」という一節は持衰を説明するのにぴったりした文章です。海があれるので海神の怒をしずめるために水中に身を投じる弟橘姫の故事もおなじことを意味しています。弟橘姫は古代の巫女にほかなりませんでした。

動物の生贄は、人間の犠牲を示唆します。裸身を木に縛りつけられ多くの矢傷を受けて血を流している殉教者のサン・セバスチアンのまなざしは、狩矢を射こめられる瀕死の鹿の目をなんとおもわせることでしょう。そして十字架上で釘うたれ、脇腹を槍で突かれて死ぬイエスのすがたは、生贄として殺される古代の王を彷彿させます。

父と子と聖霊の三位一体の観念は、信徒のあいだでは、不可解にもかかわらず信じなければならぬ命題とされています。しかし神と王と生贄が同一物であり、王はある時期に自分を神の生贄にささげるように運命づけられているとする古代の観念をとおしてみれば論理上の矛盾も、なんとなく解決のつく事柄です。

わが国でも神とそのつかわした動物がもともとおなじであるというのは、『古事記』のなかの豊玉姫が鰐のすがたになってお産をしたという記事でわかります。豊玉姫はおそらく異族の女で、その部族のトーテムは鰐であったろうというのです。豊玉姫が鰐のすがたをみられてわたつみの国に逃げかえったのは、信仰上の異和感から別れ去った女の悲劇を意味しており、わたつみの彼方にある妣《はは》の国というのは、あとに残された子孫が母を偲んで生まれた言葉ではないかというのが、折口信夫の解釈です。

九州と奄美大島の間にある十島村の島々では、鼠が神です。このあたりの鼠はササの実のなる二十五年目、とくに女竹の豊作になる六十年目ごとに、無数の大群をなして海をわたってやってきては、島の食糧も草木も一切のものを食い尽くします。大黒様の眷属として親しまれている鼠も、ここでは畏怖の対象です。悪石島の少女はつぎのような詩をかきます。

霧ばえがふいて　アワやキビの草とりにゆけない

麦も刈れない
せっかくみのったのに　ことしの夏はたべられない
このまま霧ばえがつづいて　トビウオとりもできなくなったらわたしたちはどうなるのだろうか
わたしはこのごろ人間がいやになった
ガヤスになりたい
ガヤスになりたい
ネズミさまはのぞめなくとも

ガヤスはカラスのことですが、このあたりの島では権威をもつ巫女をも指す言葉なのです。神さまである鼠になるなどとそんなに不遜なことは思わなくても、せめてカラスになりたい。飢えの怖れになやまされる孤島の人間のかなしい賛歌です。

沖縄では、宮古島の人たちは黒犬、八重山人は蝙蝠を自分たちの祖先だと考えていた昔があるそうです。また門中《もんちゅう》、つまり一族の間で儒艮《じゅごん》や海亀や鱶などを自分の祖先だと考えて、それを禁忌の食物としているのが多かったといいます。そこには動物神の名残が反映しています。また奄美大島と沖縄の間にある沖永良部《おきのえらぶ》島では、幼児の頭に蟹を這わせて「川降《お》り」という祝福行事をおこないます。蟹が脱皮するのにならって、子どものすこやかな成長を水の神に祈るのです。南島一帯では、人間の生活は水とふかいつながりをもっています。沖永良部島から北のほうは奄美大島、南は八重山にいたる各島には、女の人たちが左手の甲にアマンの模様を入墨するならわしがあり、沖永良部では女たちは先祖がアマンからうまれたと信じています。アマンはヤドカリの方言です。

夫ほしさもひといき
親欲しさもひといき
彩《あや》入墨欲しさは命かぎり

と彼女らは入墨することを切望し、また、

銭はあっても
あの世まではもってゆけぬ
わたしの手にある入墨は
あの世までも

と入墨に執着をかくしません。彼女らは自分の手に植えつけたヤドカリをもって、あの世にゆき、自分らの先祖と信ずる動物神と永世の国で共生することを願うのです。親や夫よりも大切な入墨、その入墨に一様に彫られたヤドカリ、そこに人間と動物の奥ぶかい邂逅を見るのはわたしばかりでしょうか。

3 海の彼方

人間の魂がつくり出した天国と地獄にたいする憧憬と恐怖、それを垂直欲望と呼ぶとすれば、未知の土地へのつよい好奇心は、当然水平欲望ということになりましょう。垂直欲望は時間的な欲望であり、水平欲望は空間的な欲望であるということもできます。日本のように、空と大地を截然する地平線を見ることのほとんど不可能な列島では、水平線を望んで、その果てに自分の欲望を投影することにかぎられます。海の彼方というのは日本人の水平欲望の全部をつたえることばです。

九州天草の東シナ海に面した漁村では、どろりと凪いだ夏の夕方、浜に立っていると、海の彼方から中国語が聞こえてくるといいます。日常会話のはしばしに海の彼方の動静がつたえられると信じられているところでなかったら、こうした話は生まれなかったはずです。その証拠には、戦前の長崎では日和下駄をつっかけたかみさんが船で上海に買物にいくといったことがめずらしくなかったと言います。そこには、長崎県上海市といってもおかしくない風景がみられたのです。またおなじ長崎県の北部の対馬では、むずかしい病人が出ると、船を仕立てて釜山の病院へかけつけたそうですし、福岡県では朝鮮を「川向う」と呼んで、それこそ今でも、隣近所のように考えています。

このように、九州は日本列島のなかでもっとも、海の彼方の意識が、日常感覚のなかに溶けこんでいるところです。

鎮西《ちんぜい》とよばれた時代から今日まで、九州は海外との交流が開かれれば最前線となり、国交が閉ざされると辺境となる運命をたどってきました。そのため、九州人には辺境意識と中央意識が共存しています。彼らはクマソやハヤトの子孫と自称して、しかも劣等感を抱くようなことはほとんどありません。

それはエゾの子孫とよばれることに抵抗をおぼえる東北人の心情と大きなへだたりがあります。東北が中央から辺境意識を押しつけられたとするのにたいして、九州は辺境意識を自分から進んで選びとっているようにみえます。このちがいはどこからくるのでしょうか。

海とのつながりをもたないエゾと、はじめから水平線の彼方に大陸や南の島々との紐帯を意識しないではすまないクマソ、ハヤトとの、いわば両者の背後意識の相違によるものではないでしょうか。

自分たちは海の彼方からやってきたという九州人の異族意識は、それを拡大すれば日本民族のなかにトコヨという独特の宗教思想をそだてた心情です。トコヨは、死後自分の魂がかえってゆく祖霊の国であり、古代日本人が海の彼方にあると信じたところです。トコヨ思想は、彼らが八重の汐路を分け万里の波をけって日本列島にやってきた記憶の痕跡なのであり、それが故国へのつよい郷愁として作用しているのです。トコヨのヨはさまざまな解釈をつけられますが、ふるくは米を意味する言葉であり、トコヨとは米の常熟する南のあつい地方を指したのではないかというのが、民俗学者たちの有力な意見です。そこを根拠地として日本に稲作をもたらした人びとの故国によせる無意識の係恋が、トコヨ思想の原型である、それは何千年もの時間の底をくぐって、今日までつづいているのではないでしょうか。

そう考えなければ、九州人が最初に日本列島に上陸したものとして異族意識を中央意識とつなげてあやしまない深層心理の解明もむずかしいのです。また現在、日本人のなかに自然発生的に湧き立ったベトナム戦争への圧倒的な関心も、たやすく説明がつきそうにありません。

トコヨが海坂《うなさか》を越えていったところの、実在の場所と思われていただろうことは、『日本書紀』にあるタジマモリが天皇の命でタチバナをトコヨの国にさがし求めにゆき、十年かかってトコヨからタチバナをもってかえったという記事で推定できます。折口信夫は、日本の古代には乙女が浜辺に坐って機を織りながら海の彼方からやってくる神を待つ習俗があったと推断していますが、トコヨの祖霊神が日本列島をおとずれ、穀物の豊作をもたらすという考えが生まれるのは当然です。『古事記』は、オオクニヌシの神が出雲の美保の岬にいるとき、ガガイモの実の舟にのり、火虫《ひむし》の皮をまるはぎにした衣服を着て波の穂のまにまにやってくるスクナヒコナという小さな神があったことをつたえています。このトコヨの神が沖縄ではニライカナイの神として、後世までその出現を信じられていたものです。身に草木をまとい、頭に稲穂をのせ、豊年の予祝にやってくる神を、八重山地方ではニールピトと呼び、海の遠くからかすかに吹く風を、ニライから吹く風、と呼んでいるともいいます。「子らに恋ひ朝戸を開きわが居ればとこ世の浜の浪の音きこゆ」と詠まれたわが国古代の感動が、おどろくべきことに沖縄では現代にいたるまで生きていたのです。トコヨの浪の音を聞き、ニライから吹く風を耳に留め、悠遠の時空の彼方につながる意識をもつことは、日本人だけにゆるされた名付けがたい感覚の幸福というべきでしょう。

しかし水平欲望から垂直欲望への転移がおこなわれます。もともと水平線をさかいに海と天は接しており、海《あま》と天《あめ》は同音で親縁をもっています。その欲望の転換は、本来可能だったのです。民族移動の記憶がうすれ、あるいは異族との婚姻の追体験もうしなわれた時代が到来するとともに、自分の意識を海の彼方へ再帰させ、祖霊の意識と同一化させようという欲望は、衰退します。日本列島社会の政治または文化の重心は、西から東へと移動します。日本国家の政治的な国境線は確立します。

大陸からは横穴式古墳という墳墓の形式が伝来し、日本人の霊魂感は微妙な変化を生じます。この古墳のなかでは霊魂と肉体とは分離しないで、生前とおなじくひとつの人格を保つことがみとめられます。トコヨはかならずしも、遠い海の彼方であることを必要とせず、永遠の闇にとざされた古墳のなか、つまり黄泉《よみ》の国であることになります。

黄泉の国が横穴式古墳のなかを意味するのではないか、ということは前にも述べたことがありましたが、『日本書紀』によりますと、黄泉大神《よみのおおかみ》であるイザナミノミコトは、一説に紀伊熊野の有馬村に葬られたという伝承があります。この神の魂をまつるのに、毎年花の窟で、花あるときは花をもってまつり、太鼓、笛をならし、旗を立てて乱舞してまつる、といった土俗的な祭がうけつがれてきたといいます。この地方はひとたび山にわけ入れば樹木がうっそうとしげり、魂のたどりつく黄泉の国としての幽暗な雰囲気をただよわせています。それに海の彼方からやってきたスクナヒコナノミコトが熊野の御前からふたたびトコヨの国へいったと『古事記』につたえている場所であり、沖合をながれる紫色の壮大な黒潮のながめは、水平欲望を抱くのにもっともふさわしいところです。沖縄から四国の南をとおり、熊野沖をかすめ八丈島へとつらぬく黒潮は、それが漂流と移動の道すじであると同時に、さまざまな黒潮文化を伝播させる大動脈でした。トコヨの思想もこの黒潮のながれを措いては考えられません。熊野から遠くない伊勢は「常世の重波《しきなみ》寄する国」といわれ、その近くの三河には、崑崙《こんろん》人が漂着して、訳のわからぬ悲しい調べの歌をいつも歌っていたという記録があり、また『平家物語』には、俊寛とともに鬼界ヶ島に流された康頼が千本の卒塔婆を作って流したところ、その一本が安芸厳島に漂着した記事があります。卒塔婆の大方は紀州熊野の沖を流れ去ったにちがいありません。秦の徐福《じょふく》が不老長寿の薬をもとめて東方に渡来し、熊野に上陸したとして、新宮には徐福の墓までありますが、八丈島には徐福と同行の人たちが住みついたという伝承があり、また為朝伝説では沖縄に渡来して彼の島の王となり、のち八丈島で自殺というすじのものがあり、黒潮が伝説を運搬するものであったことを物語っています。

黒潮の流れのなかに日本列島の国土の南端がつき出した熊野は、水平欲望としてのトコヨと垂直欲望としてのトコヨが交叉する接点として独自な位置を占めることになります。

熊野は古代の黄泉の国から仏教思想の浸透とともに西方浄土と変貌し、都の貴人や庶民の心をとらえます。後鳥羽上皇は二十三回、後白河法皇は三十四回の熊野御幸があります。それが一回に一月もかかる困難な旅で、千をこえる人馬を要する大がかりなものであったことを考えれば、熊野に現世のなかの他界を見出そうとする気持のどれほどつよかったかを偲ばせるものです。「ふだらくや　岸うつ波は　み熊野の……」の御詠歌にあるとおり、海上からみると、那智の滝は、うす気味がわるいほどのしずけさをみせて空から懸っており、さながらこの世ならぬおもむきをみせています。だが、熊野をめざす観音信仰や阿弥陀信仰が山伏文化にとってかわられると、それまで水平欲望と垂直欲望の交叉点であった熊野は山岳信仰の霊地、すなわち垂直欲望に独占されます。そして『万葉集』の「丹塗りの船」を思わせるように、鯨油でといたベンガラ塗りの極彩色の鯨とり船が、沖合にぽっかり浮ぶだけのところになってしまいます。

やがて日本にもさまざまな観念の呪縛を脱して、ヨーロッパの探検時代あるいは発見時代に匹敵するような、むき出しの水平欲望の時代が訪れます。海の彼方は、貿易かしからずんば掠奪の対象であって、それ以外の何物でもありません。その兇暴な水平欲望の爆発が、納屋助左衛門、角倉了以、天竺徳兵衛、西類子《るいす》などのはなばなしい活動家を生んだことは、すでに歴史書に紹介ずみのことです。日本内地と時期をひとつにして、いやそれより何世紀もはやく、沖縄には海外貿易時代がおとずれていました。種子島にポルトガル船が鉄砲をつたえる一世紀近くもまえ、沖縄はシャムとのあいだに貿易を開いており、泡盛酒もこのころシャムからつたわったものといいます。こころみに一五〇九年から一五六四年までの半世紀間をとってみると、沖縄と南方諸国との貿易は、沖縄のほうから出した貿易船だけで、シャム十九回、マラカ二回、アンナム一回、スンダ一回、パタニ七回というひんぱんさです。

琉球の万葉集とよばれる『おもろさうし』には、

きこえ（最高位の巫女である聞之大君）

おわもりや（尚真王の次男浦添王子の次女）
きやかまくら（京鎌倉で日本のこと）
からはなばん（ジャワや南蛮）
ぎやめ（まで）
たうみやこ（唐や宮古島）
そろえて（こぞって）
かなわしよれ（かなわしめよ。和睦ならしめよ）
とよむおわもりや（威勢ならびないおわもりよ）

という歌がのっており、広汎な地域が沖縄人の意識にのぼっていることを、はっきりつたえています。

しかし沖縄の仲介貿易がおとろえ、日本も鎖国時代に入りますと、眼の前には政治的な海の壁がそそり立ち、海洋文化をうむ基盤は消滅します。人びとは海に背をむけてくらすようになります。いくつかの伝承に、はなばなしかった海外活躍の時代がひっそりと影を落とすだけです。かくれキリシタンのあいだで、ひそかに守りつがれてきた聖書がわりの『天地始之事』という写本には、丸屋（マリアのこと）は呂宋国のまずしい大工の娘であり、呂宋国王に妃になってほしいと所望されることになっています。ユダヤの国の知識がなかったのは当然としても、なぜ呂宋（フィリピン）を舞台にえらんだか。その理由には、日本に布教にやってきたフランシスコ派の宣教師がフィリピンを根拠地としたこと、またキリシタン禁止令と共に高山右近や内藤ジョアンなどキリシタン大名がフィリピンへ追放されたことがあり、そのほか呂宋助左衛門や西類子などのフィリピンでの活躍ぶりや、タイラント秀吉として宣教師や信徒ににくまれた秀吉がフィリピンに並々ならぬ関心をよせていたという事実もくわわっているかも分りません。しかしそれとても、源義経をエソ島（北海道）へにがし、西郷隆盛を中国でなお生きながらえさそうとする欲望、すなわち拒否された水平欲望の代償作用にすぎません。

皮肉なことに江戸幕府は、海の彼方への交流を禁じてみずからの耳目を封じたために、海外の知識はもっぱら漂流者の情報によるほかなくなりました。

越前の船のりたちが沿海州に漂着し、清国の役人の手で北京におくられ、朝鮮をとおって帰国した漂流談は「ダッタン漂流記」として残されています。当時は将軍家光の時代にあたっており、明の遺臣をたすけて、大陸に侵攻することを主張するものもいましたが、清国の勢威をまのあたりにみた漂流者たちの帰国後の報告は、無謀なくわだてをとりやめさせるのに充分でした。無名の漂流民が幕府の政策を変更させたのです。ジョン万次郎やアメリカ彦蔵らの漂流者たちが幕末にさまざまな貢献をしたことはあまりにも有名です。しかし漂流者のなかには、送還されないまま海外にとどまるものもすくなくなかったと思われます。文久二年、上海に渡航したある久留米藩主は、わずか十日ばかりの滞在中に、数人の日本人が往来をあるいているのを二度も見ています。その一度は女ばかりとあり、いずれも洋装をしていたと記されていますから、漂流者のほかにもかどわかされ日本から連れ出された女たちがいたことを思わせます。そうした女たちは、上海のほか南は香港、シンガポール、北はウラジオストックなどに、明治になるまえからかなり多数いたことが記録に散見します。日露戦争当時シンガポールには五百軒の女郎屋があったということは、後来者をよびよせる地盤がそれまでつちかわれていたからでありましょう。

ここに漂流者のひとつの挿話があります。天保五年に天草沖で漂流した肥後の寿三郎たちは、ルソン島にながれつき、そこからマカオにおくられ、外国船モリソン号にのって日本に送還されます。しかし高野長英の「夢物語」がこのモリソン号の渡来の風評をきっかけに書かれ、しかもそのために幕府に罰せられたように、そのころ幕府はひどく神経をとがらしていました。モリソン号にのった寿三郎たちは、船首からねっしんに故国のありさまをながめ、見なれた岬や海や山をみるたびに歓呼の声をあげました。しかしその彼らに応えたのは幕府の異国船打払令によって、浦賀の砲台からうち出された無情な砲弾でありました。漂流者たちは涙を呑んでマカオに引きかえしてゆきます。寿三郎はそこから故郷の父と兄にあててつぎのような手紙を書きます。

「ワガクニエ、カエリタクコト、ウミヤマニモ、タトヘラレズソウラヘドモ、カヘツテハマタ、テンカサマ、ナラビニワガクニノトノサマニ、ゴナンダイニナルコトニオソレテ、カヘリタクハナク、ワガクニノコトヲオモイ、カナシキバカリ……」

この文章がジェット機でかんたんに海外旅行のできる今日、何故胸をうつのか。それはやはり日本人が古代からかぎりなく共感してきた海の彼方にある同胞の肉声だからではないでしょうか。

（「いけばな草月」五一、五二、五三号　一九六五年一二月、一九六六年三月、五月）

熊本人の心の條痕――森川譲『明治十年』

明治十年二月、城中に火を発して炎上した熊本城の天守閣は再建されて、観光ブームに一役買っているが、それでも熊本城一帯にはあらい毛じゅばんを着こんだときの肌ざわりのように、たやすく人をよせつけない不透明な空気がただよっていて、明治十年が熊本では死んでしまったわけではないことを告げている。

明治十年は、今でも熊本人の心の歴史をつらぬく條痕である。『明治十年』の著者もそのひとりで、祖父は当時阿蘇内牧の副戸長をしていたという。阿蘇は西郷軍に呼応する百姓一揆のはげしかった地方で、正副戸長に一時なりてがなかったほどである。著者は肉親からおそろしい回顧談を聞かされてそだった。それがこの作品執筆の潜在動機となった、とあとがきにのべている。

ところで、作品の主人公は東北庄内藩士の青年である。彼は、兄が大久保内務卿の暗殺に失敗すると、折しも風雲急をつげる鹿児島に身を托そうとして、密航する。途中難船して宮崎県の北部に上陸。そこから熊本へぬけて、西郷軍に加担する熊本隊に投ずる。各地に転戦のあげく、熊本隊が宮崎県の長井村で降伏すると、敗走する薩軍にまじって、城山にゆく。城山で西郷や桐野から因果を含められ政府軍に投降。あくる明治十一年五月、彼は大久保暗殺の一味にくわわる。

しかし事故にさまたげられ、襲撃の現場にゆくことができない。というのがこの長篇のかんたんな筋である。

わたしには作品のあつかいについてのいくつかの疑問がのこった。

第一に著者は父母から聞かされて衝撃を受けた幼時の原体験になぜ固執しなかったのか。それがこの作品を展望し収斂する視座となるべきではなかったか。第二に、熊本隊をひきいてたたかった佐々友房の「戦袍日記」を作品の軸にしておきながら、その簡潔無比な戦闘記録の上に主人公とそれをとりまく人物たちの、古くさく通俗的な情念のやりとりをうんざりするくらいぬりたくったのか。

第三に庄内藩が、戊辰役に苦難にあえぐ会津藩や仙台藩などを尻目に、旧敵薩摩とよしみをつうじ西郷に心酔し、留学生をおくって、薩摩と競争相手の山口藩から、薩摩は庄内藩を私領あつかいにしようとしていると非難をあびせられるほど密接な関係をむすんだ事実を、どうして作中に活用しなかったのか。西南役は、仙台や会津など東北出身の官兵にとって、戊辰のかたきをうつ好機であった。そうだとすれば仙台・会津藩と薩摩藩のあいだにおかれた庄内藩の位置が主人公の行動や心理に陰影をおとさないはずはない。三者の微妙なくいちがい、それらのからみあった関係を、物語の進行のための発条とも歯車ともすることができたはずなのである。

（「日本読書新聞」一九六六年九月一九日）

維新青年の充実感——村上兵衛『青年の山脈』

本書は明治維新前後に活躍した青年群像の素描をとおして、今日の青年の生き方にヒントを与えようとしたものである。したがって個々の伝記ではなく、動乱の主役として時代の山脈のひとつひとつの峰を形づくっていた青年たちのうごきに照明があてられる。明治百年をとおりすぎてみれば、当時抗争していた人たちも、ひとしく時代の空を区切る逆光の峰であるということから、青年の山脈という題がえらばれたものであろう。

本書は第一章あらしの前触れ、第二章テロの季節、第三章彼らは見た、第四章決定的瞬間の四つにわかれ、吉田松陰が海外に密航しようとしてはたさなかった安政元年から坂本龍馬が薩長同盟に奔走する慶応元年までの十年間を扱っている。それまで何百年とつづいた封建体制がさいごの急激なけいれん期にはいろうとする時期である。

長州藩の一元論と薩摩藩の二元論が反発と牽引の軌跡をえがきながら、ついに一致点を見出すところでおわりをつげる期間である。おいつめられて兇暴さをむき出しにする旧体制にとどめをさそうとする青年の破壊力が、未知のものへの好奇心と不可分に一体となった時代である。

西郷隆盛や坂本龍馬がその対立者である勝海舟によって目のうろこをおとされ、吉田松陰が佐久間象山の門下生となったのも、扉のむこうから発せられる鼓動に耳をかたむけたためである。

海外の実際的な知識はまず漂流者や密航者によってもたらされ、開国派も攘夷派も未来のビジョンを手さぐりするのに懸命であった。国内をあれくるう革命と反革命のテロのなかで、このような未来への準備が、対立者間の暗黙の協力のもとにおこなわれたことは当時エネルギーの回路が開かれていたしるしとして、維新史をひもとくもののひとつの幸福である。

いま本書が追体験しようとするのも新旧二つの時代がおそろしいいきおいで個人の生涯をかけぬけていっ

た時代、すなわち旧時代の死と新時代の誕生の双方の立会人となり得た時代の青年たちの充実感にほかならない。疾風怒濤時代が必然的に孕む永遠の青春。その時期に青年であったものはどのような道をえらんだか。そこにはさまざまな生と死があった。

本書に登場するのは、ここに列記するまでもない幕末の歴史のなかのおなじみの人物たちであり、語られる事実にもとりわけ目あたらしいものはない。それにもかかわらずそこには退屈な啓蒙書とちがった緊張感が、著者の柔軟な精神にささえられて、読者をさいごまでひきずってゆく。登場人物を従来の固定した形から解放する著者のたくまざる手さばきがうかがえる。読後感はさわやかである。

(「日本読書新聞」一九六六年一二月一九日)

先祖への呪詛と非難――佃実夫『阿波自由党始末記』

近年、自由民権運動の地方別、個別研究はすすんでいるが、そうした一環として本書が出たことの意義はふかい。著者は、戦後出た「自由党員名簿」の復刻版をたよりにして、徳島の党員たちの遺族調査をはじめる。各町村役場の戸籍担当者の協力を得て、ふるい除籍簿を一枚一枚めくってゆくというたんねんな追及の仕方であったが、一家死滅と転居先不明が多くて、民権家たちの業績はほとんど埋没してしまっていた。

やっと聞き込み先をたずねあてても、民権家の遺族たちは、みんな申しあわせたように口をつぐんでしまい、民権運動に奔走した曽祖父や祖父についても「のんだくれ」「極道」「政治に凝った」「何かわるいことをした」「しょうのない人」という程度の思い出しかもっていない。これは家族を苦しめた先祖への呪詛と非難であった。

そうではない。民権運動に身を投じた人たちが、過去のたたかいの日々をむなしいと感じ、市井の安穏さにのがれたとき、彼らは自分の手で栄光の日々をほうむったのである。遺族としても、彼らの誇りのかわりに自嘲をひきつぐほかなかったろう。

それにしても、たえまない追跡は、前田兵次を中心とする阿波自由党の展望をすこしずつ開いていった。その調査結果が本書となってあらわれた。

しかしわたしは本書が小説の形式で発表されたことに疑問を感じる。中心人物の役わりをはたすかにみえる前田兵次は、それほど強力ではない。阿波自由党の群像を主人公にしたのであればその人間関係はさほど緊密な構成の上に立っていない。何よりも全体として小説のおもしろさにとぼしい。小説として発表するのであったのなら、著者の多年にわたる、ほとんど「絶望的な」追跡調査のいきさつをこそ小説化すべきではなかったか。

わたしは本書の冒頭に、密偵暗殺の場面が出てきたとき——たといそれが事実であったにしても——またか、といささかうんざりしたことを告白せざるを得ない。「壮士」「密偵」「爆弾」は自由民権運動になくてはならぬ道具立てではあるが、わたしには『爆裂弾記』や『オッペケペ』だけで充分な気がする。民権かぞえ歌ももう結構だといいたい。遊蕩ざんまいにあけくれた幕末の志士たちは宴席に芸妓をはべらせて民権かぞえ歌をうたわせるといったことはやらなかった。そのようにたやすくは思想の伝達の可能性なるものを信じてはいなかった。土着の血よりはうすく、近代的自由の高さはもたない、ある卑俗な大衆性こそ、わたしが自由民権運動にもつ本質的な不満のひとつである。前記の戯曲ならびに本書にたいする不満と、その本質的な不満とは、わたしにとっては無関係のものではあり得ない。

（「日本読書新聞」一九六七年一〇月九日）

流れつづける女の生命の河――底辺の女たち

これまで書かれた「日本女性史」では、女は古代にさかのぼるほど肯定的な存在として扱われています。女が自己の生命の表現を率直になし得たのは、宮廷文化の時代でおわりを告げ、それにつづいて、武士が権力をとり、男性支配の原理が社会制度として確立されていくのに反比例して、女の社会的位置は相対的な低下をまねいているとされています。この通説に別に反対する理由はありませんが、ただまぎれもなく味気ない思いをさせるのは、肯定するにせよ否定するにせよ、女の生命をまるで蠟のようにみなしてとりあつかい、社会の鋳型に押しこめる進歩史家の手付についてです。たとい、女の荒野、女の煉獄の旅がどんなにながかろうと、古代の終焉とともに、女の生命の河がとだえてしまったわけでもないだろうし、またありふれた女たちのかわりに、歴史上に名をのこした少数の女たちだけが日本の女の歴史に顔をならべる権利をもつものでもなかろうと、いう気がします。

女の生命はふくざつさを求めません。垂直に相手につきささることを欲します。この点で、男性の支配意識に吹きさらされた上層の女ほど不幸な存在だといえます。女の表層の歴史が孤立させられ、他者としての孤独をかみしめていたとき、女の生命の河は、歴史の暗部を、地下洞穴をくぐって音もなく、しかも泡立ち、烈しく流れていたのです。

社会の重圧をもっとも強く受け、日々飢餓と労働に追われつづけている階層の女たちのなかに、女の生命力の率直な発現をみるというのは、一見倒錯した考え方のようです。しかし、底辺の女たちには、男性意識の影響に支配されることが少ないために、もっとも単純な形で生命の充実感が存在するのは事実です。

女としての生命が、ただ一方的に蠟のように環境の刻印を受けるものでない以上、女の生命感の充実をもとめる欲求は、社会環境の重圧と烈しく衝突します。まわりをとりまく条件が苛酷であればあるほど、女の生命のかいまみさせる哀切さ、あるいは凄絶さがあります。「もののあわれ」は上流社会の女の特権でなく、底辺の女たちのなかにも流れていることを、私は本書をつうじて訴えたいのです。ただ、底辺の女では、「あわれ」は「残酷」とおなじ意味で、別のものではあり得ません。

ここで底辺の男たちと女たちの「残酷」のちがいが問題になってきます。いったいに女にくらべて、男と社会環境との関係は単純です。たたかって環境を征服するか、環境に負けるかのどちらかです。「熊野の女」の夫の例にみるように、底辺の男たちが賭けごとに走りがちなのも、そうした男たちには敗北感が濃厚であり、勝利のチャンスをもう一度つかみたいという焦燥が、彼らをつきうごかしているからです。女のばあいには、男のような形で環境とあからさまに抗争するのでなく、環境を自分にひきつけて包みこむという素質、いわば自己同化作用の能力が賦与されています。

ここに一つの島があり、その島へわたることがむずかしいとき、男はなんべんもそこにわたる工夫をこころみ、それができなければ、島に背を向けてあきらめます。そうして、島を自分の意識から排除してしまうのです。しかし、女はその空間の断絶を、自分の内的な時間のなかでつなぎあわせようとします。女はとびこえることの不可能な空間のクレバスを自分にとり入れて、それをひとつづきの時間に変えることができるのです。「飛島の女」がその例です。飛島の女の哀しさは、流転のはてに、断絶しているはずの時間がつながっていたことを知ったことです。それが彼女に「無常」をさそうのです。男は「虚無」に捉われやすいのにたいして、女は「無常」にうごかされやすいのです。

男は時間を空間化して考えますが、女は空間を時間化して考えます。

男は時間を自分の外がわの世界に探しますが、女の時間は、彼女の身体のなかにかくされています。そのなかで彼女は眼に見えぬ時間の糸をつむいでいます。

苧《からむし》をつむぐように自分の感情をつむぐ女。糸車をまわしながら自分の感情を反芻する女。そこに先史時代から明治にいたるまでのながいあいだ、日本の女たちがもちつづけた典型的なすがたがあります。むかしは梓弓《あずさゆみ》を鳴らしてその音で占う巫女があったといいますが、糸車のぶんぶんいう音は、糸をつむぐ女の耳に彼女の過去を整序させ、未来へなにがしかの予測を語りかけたにちがいありません。

しかしつむいでいる時間の糸が、ぷっつり切れるときがあります。男の生活が社会の体制の重圧の下では乱れがちなのにくらべて、女はやはり自己を守りぬき、そして一挙に切断へと飛びこむのです。糸を切る行為は、環境の重圧に負けたせいでしょうか。いや、そういうことは女のばあいは考えられません。女はみずからの手でその糸を裁断するのです。本書にとりあげた二人の「上州の女」たちは、意志をもった自殺であるがゆえに、彼女たちの自殺を生命感にあふれたものにするのです。

眼に見えぬ時間の糸をつむぐ女の心理と論理は、彼女のなかに男の感知し得ない精妙な世界を形成しています。この、男の窺知《きち》できない世界を理解されないという苛立たしさのために、その苛立たしさを克服して、女の内面の世界をより深くつかみ出していきたいという願望から、女は男と肩を並べる活動的な世界にあえて挑まずにはすまなくなります。

それが「白砂島の女」を収録した『小島の春』の作者小川正子のばあいです。小川正子は結婚にやぶれ、医学専門学校をおえたのち、長島の愛生園に職を求めました。癩者の支えとなろうと決心したのです。そして単純だが大らかな歌と、辺地の不遇な病者を訪問するすぐれた紀行文をのこしました。桃畑の癩女によせる彼女の心のやさしさは、結婚のなかでは生かされず、むしろ男にまじる職業に生きたとき、はじめてその内奥からすがたをのぞかせたのです。

また「薩摩の女」の女ばくろうも、おなじく男たちの間にまじらずにはおられない気性をもっています。しかしそれは夫のからだを自分の肌でぬくめてやろうとするやさしさと、すこしも抵触するのではありません。謡曲の「黒塚」では、糸車をまわしながら山家住まいの侘しさを訴える老女が、とつぜん鬼女となって旅人にとびかかります。この糸車をまわす女のめんめんとしたかなしさと鬼女との間には、断絶したかにみえながら、底ぶかいつながりがあります。

筆者は女ばくろうの現況にふれて、「自分の吐く息の音まできき とれるような奥ふかい山里に、ひとりずまいの七十九歳の老婆が深夜に太鼓をたたくというさまは想像しただけでも鬼気せまるものがある」とのべていますが、「黒塚」の鬼女をおもわせる霧島山中のこの老婆も、亡き夫の生前の本音を知りたいばかりに、太鼓をたたき、その音に耳を澄ますのです。

それを徹底化したのが、「地底の女」です。そこでは、女が女としての心根を守りぬくためには、男よりも男とならねばならぬという、苛烈な逆説を実行して四十年近くなる女坑夫のすがたが紹介されます。彼女は女として生きるのをやめたわけではありません。むしろ男一匹、あるいは男のなかの男としての役わりをやってのけることで、社会的に他者である女の哀しさを克服しようとしているのです。筆者はこの物語を自分の妻にしたあと「性転換手術でも受けさせてほんとの男に仕立てたら」というと、筆者の妻は「やっぱり女だから、すばらしいのよ」といいかえしたといいますが、この言葉のなかに、女の真実が生きています。

しかしこれとは逆に男が女の世界に近づいていった例、それが「土佐源氏」です。まえに女は空間を時間化するといいましたが、土佐の山村を彷徨した半生をもつばくろうは病毒で眼がつぶれたばかりに、過去の空間をひたすら時間化してゆきます。過去に交渉のあった女が反芻されたあげくひとつづきの時間の糸につらぬかれ、「どんな女でも、やさしくすればみんなゆるすもんぞな」という繰返しのなかで再現されるのです。長年家畜を扱った男の結論として吐き出されるこのリフレインは、それが男性意識にまどわされない底辺の男の言葉だけに、けっして皮肉なひびきをもたず、女の世界に無限に近づき、「女」の本質をうがつものとなり得たのです。

「悪石の女」も名を明かさず十年間もだまって食物を差し入れする男のやさしさに感動と悔恨の入りまじった気持ちをあじわいます。「トオクカラ　ソット　オマサンノコトヲ　カモウダケデ　イキルヨロコビガ　ゴアシタ」最後に吐露される男の心情の無垢、それこそ女のもとめるやさしさなのです。ここにある男の無償の行為は、とおい昔の騎士道物語ではありません。筆者がたまたまその立会人となった戦後の実話であり、その主人公はみんなから仲間はずれにされている鈍重な男です。

舞台は白野夏雲が明治十七年に調査したときの一二〇人から、昭和四十一年調べの一五五人とほとんどふえていないケシ粒ほどの部落です。その背景は笹森儀助の「拾島状況録」によると、「四壁大概岩石ヲ回ラシ、其壁直チニ海ヨリ屹立シ高サ数十間ヨリ数百間ニ及ベリ」とある孤島です。この孤絶した環境が強いる共同体的な生活と、そのなかにあって、しかも疎外された者たちの心情を前提とするとき、「もののあわれ」につらぬかれたこの純愛物語が、どのように残酷さを含んでいるかが理解されるはずです。

このことは「悪石の女」だけでなく「多良間の入墨」にもあてはまります。老婆のいる水納《みんな》島とその娘のいる宮古島とはひとまたぎの距離にありながら、それでいて十年あまりも老婆には娘の消息が判らなかったのです。部落共同体のなかに閉じこめられた老婆と、それを否定し脱出した娘との間に、はしなくもひとつの物語が生まれたのです。孤絶した自然環境と共同体的規制。それと衝突する女としての生命の欲求。それが女性残酷物語の定理の一つです。

部落の掟に反抗しないまでも、そこに異質のものをもちこんだ女は、死後も罰を受けねばなりません。「上州の女」のひとりであるマツのたましいは自殺後、彼女の歌碑が立てられたとき、次のような会話を聞かねばならなかったのです。

「マツはえれえ女じゃったで」

「世間をアッといわせた了見ちがいをした女だでよ」

「歌つくりになったおかげで、おめえ記念碑までできてよ」

「親類縁者を世間のもの笑いにさせた」

このように部落意識の厚い壁をつきやぶることができないとき、女たちは部落のなかにあって生きながら殺されていく運命を背負わねばなりません。それが「熊野の女」であり、「岩手の女」です。彼女らに共通なのは、極度の貧困とたたかいつづける生活であり、一家の労働力を戦争によってうばわれたことです。国家を信じ、部落を信じ、家を信じ、そのすべてに裏切られた女たち。しかも息子は彼女の生きたくらしの支えにならない。「上州の女」の木村せんを含めて、それを「母の崩壊」と呼ぶことが可能です。それは日本の女の歴史の戦後とそれ以前をわかつもっとも残酷なメルクマールです。

しかし「岩手の女」の筆者はつぎのように報じてきています。「高橋セキの貧苦の生活が、昭和四十年八月十三日の朝日新聞に藪下彰治朗氏によってキャンペーンされた。三日後の盆の十六日に全国からセキ宛に書留と小包が殺到した。おどろいたセキは、それをふろしきに包んで背負って夜中じゅう部落の世話人の家をまわったという。その激励の金をもとに部落・町の力添えで同年、セキの家は新築されたことを付記する」と。

異なった伝統と貧困のために、一つの部落共同体が周囲の部落共同体から蔑視され、排斥されるばあいがあります。未解放部落がそうであり、在日朝鮮人部落がそうであり、ここにあげた切支丹部落がそうです。九州西辺の半島や島々に散在するカトリック教徒の部落は、かくれキリシタンの部落ほど自閉していなくても、いや孤立していないだけにかえって他部落とのつよい緊張関係に立たされます。平戸島は江戸時代から切支丹の島であり、また捕鯨業でさかえたところでもあるのです。「切支丹の女」は、鯨のながす血潮を背景にして、殉教の血のながれをひく疎外感とのたたかいが描かれています。彼女らの生活は、他部落の迫害を自分たちの部落の結末の踏台にしているのです。

これは在日朝鮮人のつくる部落についてもいえます。「ハンチョッパリ」の女主人公はさまざまな遍歴と彷徨ののち、朝鮮人の夫のなかに真のやさしさを見出します。それは、物語のはじめに、寺の住職が彼女にみせる溺愛と対照的です。女主人公は、朝鮮人の夫のやさしさに溶けて、流氷のように、日本から離脱しようとします。そしてその半日本人としての（裏をかえせば半朝鮮人としての）中途はんぱを、子供たちは「ハンチョッパリ」と笑うのです。そこに一つの民族共同体から他の民族共同体へ移るときの困難さがよこたわっています。とくに、日本のなかにいて、朝鮮人の意識をもたねばならぬ女の肩にかかった二重の困難さが、つねに課題として私たちにつき出されているのです。

部落の内がわにとどまらず、部落の同意または黙認のもとに、出かせぎにゆく娘たちもいました。かつて日本娘子軍《じょうしぐん》の名のもとに、はなばなしく海外に進出した「からゆきさん」、その生き残りの女たちがいま、彼女らのかつての輸出港であった島原の口之津や、その供給地である天草各地の養老院に老残の身をよこたえています。これはそのひとりからとった聞書きですが、日本帝国主義の先遣隊としての「からゆきさん」の活躍ぶりのかげにある、かず知れぬ哀話も、これら老女の死とともに消滅を待っている運命にあります。

また「飛驒の女たち」が、吹雪の野麦峠を越えるときの一途な哀しさは、その後も地元の人びとの間に語りつたえられてきました。ここにとりあげた「飛驒の女たち」はその一つです。やがて、女工哀史とこの峠とをむすびつけて考える人びとがなくなってくる日が訪れるでしょう。それ自体悪いことではありませんが、かつての苦難を記念したいと思うのもまた切実な要求です。長野県奈川村と岐阜県高根村との境にある標高一六七二メートルのこの悲劇の峠に、最近石碑をたてる運動がすすめられているということです。
最後に本書を編纂するにあたって、大和書房の社長大和岩雄氏、専務林春樹氏ならびに編集部小林伸一氏に大変お世話になりました。付記して謝意を表する次第です。

（『女性残酷物語1』解説　大和書房、一九六八年九月）

〝ハレ〟の意識と屈折した情念——士族の女たち

士族の意識は、一口にいえば、なんということになるでしょうか。それはハレの日の意識であるということができます。庶民がケ（日常）の意識を基調としているのとまったく対比的に、士族の意識はハレ（非常）の意識を支柱としています。それは日常的次元が切り裂かれ、突如として、おのれのまえに決断を迫る事態が到来するときの心がまえを、常住もちつづけていくことにほかなりません。

士族のハレの日とは、いうまでもなく、たたかいの日であります。まず出陣があり、戦闘があり、武運つたなく破れるときを覚悟しなければなりません。一家もまた、門出の訣別から、たたかいの際の手助け、そして愛する死者との対面にいたるまで、いやそればかりではなく、一家の男子が処刑されたときには、一族もそれにまきこまれずにはすまないのが封建時代のならわしでした。そこには、いわば、ひとかたまりとなった燃える運命が見られたのです。一族または一家は好むと好まざるとにかかわらず、運命共同体としての連帯をもたされたのです。それは水戸藩内の抗争の犠牲となった天狗党の女や子どもたちの運命（「水戸天狗党の女」）があますところなくつたえています。また鶴ヶ城の落城と共に運命をともにした女たち（「会津の女たち」）の凄惨な血煙が描いてみせるところでもあります。

こうした士族たちの日常が、庶民の日常と、その生活のレベルの上では同等であったとしても、その意識の上でまったく異質のものであったことはいうまでもありません。それは身分の点で、庶民の上に立つという秩序感覚からだけで生まれるものでなく、庶民が生き延びることを許されるばあいでも、士族は死なねばならぬものであり、士族の誇りを傷つけられたばあいは、生死を賭けても引きさがることのできない存在である以上、庶民の意識や論理を否定することも可能であるという考えの上に成り立っていたのです。

したがって士族の生の意識がもっとも燃焼するのは、死を臨んだときであり、庶民とまったくちがった意味で、士族のあわれはやはり残酷と同義語であることがここにいえるのです。血を恐れないこと、死ぬ作法を身につけること、そして家名を辱めないこと、この三つが武士の家にそだったものの守らねばならぬ掟でした。

「自分は桂川の娘だということだけを、死んでもおぼえておればいいと父が申しました。めったにしおきはしませんかわりに、武士の家に生まれて、その名を汚してはならんというその一言で、まるで人が違ったようになりました」と今泉みね（「御典医の女」）が語る言葉は、武士の娘一般にあてはまる決定的なとどめの言葉であります。野中婉《えん》（「土佐の女」）もこの言句を絶対不可侵のものとして、その苦難の生涯を生き抜いたのでした。政敵の策動によって四十年間幽閉されたそのあとで、婉は、父の仇敵である藩庁からの扶持をもらうことを拒絶しようとし、そして家老や重臣の名前を呼び捨てにして話します。世間の迫害もまた一家の零落も、執政野中兼山の娘である誇りを喪失させるだけの力をもたなかったのです。稀有な貴族精神のかがやきがここに見られます。

しかし士族といっても、男と女とではその心がまえは微妙にちがいます。女はなんとしても脇役であり、脇役であればこそいっそう、一旦非常の際にあわてふためかない準備が必要とされたのです。それは貴島ナカ女（「坊津の女」）が死の三日まえに自分の葬式に用いられる米や野菜をたしかめに、よろめく足をふみしめて二階に上ったということや、いつも旅行用の洗面用具の袋をそれも二つ、簞笥の中にしまっておいたという挿話に示されます。また、官軍とわたりあう今泉みねの叔母の話や水戸天狗党のながれをくむ暗殺団をたくみに誘導した女たちの話にうかがうことができます。神風連の女たち（「神風連の女たち」）も、自分の息子や弟をいさぎよく自決させるために、さまざまな手段に訴えて決意をうながします。神風連のひとりである富永守国の母光子は、厳重な警戒線を突破して、首領太田黒伴雄のもっていた軍神である新開大神宮のかたしろと、戦死した次男の遺髪をもってかえっています。しかしこうした咄嗟の機転も活躍も、それによって士族の女たちが男たちと一体化するというよりは、むしろその逆であることを物語っています。自分の父や夫や兄弟や息子たちと運命を共にしようとしまいと、士族の女は所詮男の世界からはずされて考えられていたのです。会津の鶴ヶ城が降伏したその夜、城中の女の一人は指をかみ切った血潮で、白壁に「君主城上降旗ヲ建ツ　妾ハ深宮ニ在リ何ゾ知ルヲ得ン」という古詞を書きつけたということですが、ながい籠城に耐えぬいた女が、何ゾ知ルヲ得ンと書くところに、士族の男と女の考えの立場の相違を看取することができます。士族の女にとって、彼女らの係累の男子たちのたたかいがどんな名分をかかげるか、どんな理由にもとづくかを知る欲求は不要とされていたのです。

では士族の女はたんにハレの日の脇役にすぎなかったのでしょうか。いな、士族の女たちにはハレの意識と同時にケ（日常）の意識がもとめられました。家を中心とした士族社会では、男の個々の生命はハレの日にほろびても家は永続させねばならないものであり、家を守るのは女の役目とされたからです。だからこそ、士族の女たちは、非常のばあいでも男たちとは微妙に屈折した意識をもってのぞみます。

武田耕雲斎の長子彦右衛門の妻いく（「水戸天狗党の女」）は、藤田東湖の妹でしたが、三人の子どもと入牢中、論語を教えていたのを牢番が「どうせ死んで行く子に、そんなことをしても無駄だろう」というと、いくは「この三人のうち、ひょっとして一人ぐらい赦されないとも限らない。その時、学問がなくては困るから」と答えたといいます。また、前記の富永守国の母光子は、三人の息子を神風連の乱で死なせたが、彼女自身は長生きしました。「三人の子があんな死にざまをしたので、あれあの母親までが早う失せた、といわれては守国たち三人が親不孝になる道理」というのが長生きを決意する母の理由なのです。百パーセント生活者として自然の感情にしたがって生きる庶民のなかにこの論理をさがすことは困難です。それはハレの意識をケの意識のなかにもちこむ士族の女たちだけが所有する論理なのです。野中婉が外出するとき、いつも晴着の振袖姿であった、ということもこれを示すものにほかなりません。

士族の男たちが討死したり切腹したりして、男手がなく、女にゆだねられた家には、もはや真の意味でのハレの日はありません。にもかかわらず、女たちは、ケの日のなかに夫や兄弟や息子が生きていたときとおなじようにハレの意識をもちつづけます。遺族にふりかかる苛酷な運命がどのような重荷であるかを考えるならば、このハレの意識は彼女らの日常を支える唯一の意識だということができます。死者に支配された生者の生活がどのようにきびしい自己規制にみちたものであったか。

ここで士族の意識とは何かという最初の問いにかえってみたいと思います。ハレの日の意識の糸をたぐって、死者を手さぐりし、自分の先祖にさかのぼろうとするとき、そこには、自分の意識と、死者たちの積み重ねてきた無意識との親和力の作用が自分のなかでおこなわれるのを感じます。とおい先祖の墓を訪ね、山中にまよいこんで死んだ阿蘇小国《おぐに》の老婆（「阿蘇の女」）が死ぬ間際に感じたのも、またそれに近いものではなかったかと想像します。士族の末裔にとっては、死者を回想することがハレの意識を喚起することであり、しかも他家から嫁にきた女たちにとっては、その意識は、異質のものを自己と同化させようとする努力を意味するのです。つまり士族の女は士族の社会でつねに他者として扱われており、そのためにいっそう士族の意識を自覚しなければならぬ矛盾に生きるほかなかったのです。

たとえば高杉晋作の妻雅子（「長州の女」）も、坂本龍馬の妻お龍（「激流の女」）も、生き方こそちがえ、つつましい暮しを送りながら、かつて晋作や龍馬の同志たちであった政府の高官にあえて援助を申し出ようとはしませんでした。そこには英雄の妻としての誇りが鳴りひびいていたのです。しかし、晋作の妻と妾が、たがいに何の交渉もなく、二人とも剃髪して世を送ったということは、彼女らの本意であったとはどうしてもいわれません。矛盾を矛盾として生きねばならぬ女の意地と哀しさがあります。また中山忠光の侍女登美（「天誅組の女」）は、忠光との間に生んだ仲子が嵯峨公勝侯爵に嫁すと、乳人として嵯峨邸にはいります。ということは、自分の子である仲子の母としての地位がついに得られなかったことを意味します。登美もやはりこの矛盾に耐えねばならなかったのです。妾腹の子にたいして、その生母は敬語を使わねばならなかったと、蜂須賀年子（『大名華族』の著者）は自分の思い出を述べていますが、大名華族の世界の掟は、この登美にたいしても除外されなかったのです。しかし死者の思い出が重荷となり、自己を抑制することが耐えられないばあいがあります。龍馬の死後、お龍が世間の後指をさされるような男性遍歴をくりかえしたということを、私たちは、やはり、あわれとみずにはすまないのです。

士族意識は、士族の身分が廃絶されたのちまで生きのびます。士族の社会的な基盤が喪失するのと反比例して、かえってその自覚がつよまるばあいがすくなくありません。貴島ナカ女は西南役で討死した弟の四郎兵衛の姉であることを誇りとして一生をつらぬきました。おそらく彼女の夫よりも、ナカ女は士族の意識に支えられて生きたのです。士族の身分や生活が士族意識を生むのではなく、士族の意識がその生活を支えていくという逆説の真実は、このように、士族の男よりもむしろ士族の女にあてはまることが多いのです。そのひとつの例が、十勝開拓に従事した渡辺カネ（「荒野の女」）のばあいです。カネの不動の生き方が、剣を鍬にかえて荒野の開墾にいどむ晩成社の男たちに、どれほどの心の支柱となり得たかは本書に生き生きと描かれています。

しかし一方には、薩摩藩の窮乏をみごとに救った調所笑左衛門の末裔の凋落の例（「鹿児島の女」）があります。歴史はつねに敗者に酷薄でありますが、調所の曽孫にあたる上村ノブ女の幼年時代の悲惨さは、むしろ彼女の父の放漫な暮しぶりによるところが多かったようです。ただそのノブ女の性質には天性の無私があります。それが悲惨さをさりげなく生きぬくふしぎな魅力であることはたしかです。

さいごに沖縄の離島である石垣島の士族の女（「石垣島の女」）に言及しなければなりません。琉球王国は、明治四年（一八七一）島津藩の支配を離れて琉球藩とされ、十二年に沖縄に県政が施行されました。しかしその間、沖縄の支配層は強い抵抗を示し、沖縄における廃藩置県は、結局、明治政府による沖縄の王族、士族の全面的な駆逐という形でおこなわれました。これが琉球処分と呼ばれたものであり、琉球処分による沖縄の旧士族階級の没落は、石垣島の士族階級にもっともいちじるしくみられました。ここにとりあげた聞き書きから、そうした海浪の果ての孤島の旧士族の暮しが、かえってどのようなものであったかがうかがわれます。生き虫（動物）以下という形容がおそろしい迫真力をもって、私たちに訴えかけます。笹森儀助は、『南島探験』で石垣島の士族が、平民たちを収奪し誅求している事実を告発していますが、その石垣島の士族も首里の士族に隷属し、首里の士族は鹿児島の士族のながれをひく官吏の支配下にあったとすれば、底辺の深さにただおどろくばかりです。こうした底辺と膚接する士族の生活の記録はやがて消え去り、もはやそれを探ろうとしても知り得ない時代が訪れようとしています。

（『女性残酷物語2』解説　大和書房、一九六八年一一月）

情報伝達拒否の理念を透視──情況一九六八年一〇月

「中央公論」の冒頭で、悪魔的な文章にぶつかった。山崎正和の「教育の終焉」と題するエッセイである。これまでさまざまな学生の叛逆に関する文章が総合雑誌をにぎわしてきたが、山崎の論文は、哲学的な省察という点でもっともすぐれている。そればかりでなくその論旨が、現代において一方的な情報伝達がもはや不可能であり、それは教育の場において、もっとも端的にあらわれることを明白に宣言している点で、つまりいかなる改良も改革もしょせんムダであると言い切っている点で、真の教育とは「教育」の断念にほかならぬという逆説の存在を真正面から指摘している点で、学生との和解の道を発見しようと焦慮する全国幾万の良識ある大学教師たちの顔色を失なわしむるに足りるものである。

山崎は言う。もし唯一の解決の方法があるとすれば、それは学校を「独学の精神」をたたきこむハード・トレーニングの道場とすることである――と。適切な助言であり、私の意に叶うものであるが、日本の大学の現状を考えると、まことに実現困難な道と言わざるを得ず、彼の所論の読者を二重に絶望させるものだ。

山崎の論旨の中核となっているのは「情報ギャップが産む怨恨」という考え方である。その一端を引用紹介すると、

〈教え、かつ教えられるという関係が、今日ではそれ自体として、いわば新しい「階級対立」をさえ生み出している。なにごとかを教えられるということがいまや現代人の心の中に、秘められた、それゆえひときわ陰惨な怨恨を産み出している。情報を操作する人間と、それを受動的に与えられる人間のあいだにほとんど「もの」の所有関係に匹敵するほどの憎悪が醸し出されているのである……。

現在、世界の両体制を縦断して起っている学生の叛乱は、こうした新らしい性格の怨恨が、じつは初めてかたちをなし、噴出したものであるように思われてしかたがない。情報操作の中心にだれよりも近く置かれながら、しかもその自発的操作を禁じられている学生は、当然「教育」ということに強烈な近親憎悪を抱くからである。〉

「情報ギャップの怨恨」は、社会のいたるところで、情報の与える側と受け手の側に、存在する現象であるが、教師と学生の間にもっとも烈しく露骨である、と山崎は説くのである。山崎の文体は透明であって、煽動的なところはどこにもない。にもかかわらず、彼の文章が悪魔の影をちらつかせているのは、智恵の実

を食って以来の人間の知ろうとする渇望を認めながら現代では「教育」という神聖観念がもはや無効であることを、大胆に宣告しているところにある。情報時代といわれる現代の底に、情報伝達の拒否の理念がうずまいているのを透視したその絶望のふかさにある。

「情報ギャップの怨恨」は本土と沖縄の関係にもあてはまりはしないか。「世界」の「沖縄は主張する」という特集をみると、一方的な情報伝達が本土の政治家や文化人から沖縄にむかってなされることに、沖縄がかなり苛立っていることがわかる。

沖縄在住の人たちで構成されたシンポジウムの司会者大田昌秀が「沖縄問題研究家」などと「奇妙な肩書」をもった本土の文化人を皮肉っている。そして本土での沖縄論議は理路整然として精緻をきわめていても、血が通わず、説得力と共感をおぼえるようなのが意外に少ない気がすると、反撥している。大田の批判は不幸にして当っているようだ。それは同誌に掲載された「沖縄の本土復帰に関する意見」を求めた三十五名の知名の士のアンケートが裏書している。日頃大ナタをふるって世界や日本を掌中に論じている連中が、こと沖縄に関しては何と血のかよわない、貧寒な意見しか持ちあわせていないかを、まざまざと見せつけられて、いやでも、さきにのべた大田の痛歎《つうたん》を思い出さざるを得ないのだ。沖縄の現地の住民と膚接した民俗学者・言語学者・文化人類学者が見当らないのもこのアンケートの特徴である。

沖縄は旧藩時代から明治にかけて、鹿児島の原罪であった。薩摩藩が琉球の収奪をもとに明治維新の活動力を蓄積したとすれば、沖縄は明治維新の影の推進役であったということができる。それから百年、今日の沖縄は日本の原罪である。日本本土の平和は、沖縄の基地化を代償とし、それに支えられているものであることははっきりしている。

このような歴史と風土とをもった列島にたいしては、『古事記』の「国生み」で生まれた島々がそれぞれ兄弟であったように――本土から沖縄へ心情の肉感性をともなった呼びかけがまず必要なのだ。私は沖縄問題は、基地問題や復帰後の経済問題の論議だけではけっして片付かないと思う。具体的な処理の問題と位相を変えて、沖縄をながめ考えてみなければならないのだ。そして学生たちの叛乱がプログラムをもたず立上がったように、沖縄もスコラ的な議論のわなにはめられず、本土から押しつけられたプログラムを拒否して、あくまでおのれの要求をつきつけるべきであろう。沖縄の蹶起《けっき》をたすける本土のマスコミは、その点への配慮がねがわしい。これまでの沖縄関係の記事が、単行本であれ雑誌であれ、読みづらいことも一考に値する。

対談では「文芸」の竹内好・吉本隆明の「思想と状況」が心に残った。私がこれまで対談でもっともおもしろいと思ったのは、柳田国男と折口信夫の対談と、小林秀雄・岡潔の対談であるが、おそらく竹内・吉本対談も、その可能性を孕んでいるだけに、スペースの少なさが惜しまれる。竹内も吉本も、怪力乱神《かいりよくらんしん》を語ることを欲しない人柄であり、また市井の隠者へのひそかな欲望を抱いているのも共通の気質でありながら、現実から眼をはなさない点が独特である。竹内が、国家消滅というのは、伝統的な漢民族の思想の中核である、と言っているのが注目を引いた。また吉本が学校騒動に関して、学校をつぶすまでやって学生も教師も浪々の身になるところまで考えてやっているかが問題だ、と徹底した意見を述べているのが、まえにふれた山崎正和の考えと思い合わされて、印象深かった。

「情況」(十月号)の三里塚・芝山新空港設置反対同盟委員長戸村一作と映画監督小川伸介の三里塚からの報告は、一読に値する。

(「日本読書新聞」一九六八年一〇月七日)

〝飢餓〟以後の農業問題――情況一九六八年一一月

私は多摩丘陵の一角に住んでいるが、晴れた日に付近を散歩すると、緑の山野の中に眩しい光を反映している真新しい集落を遠望してとまどうことがある。この不意打ちの集落の出現は何を意味するか。最近の五ヵ年間で人口増加率のもっとも高いのは神奈川県の二十八・八パーセント（約百万人増）だそうである。それにひきかえて、九州では、福岡県をのぞく各県の人口あわせて五十万人が流出している。この現象は全国にわたってみられ、そのほとんどが大阪・名古屋・横浜・東京などのいわゆるメガロポリスのベルトにむかって殺到しているという（今井幸彦編著『日本の過疎地帯』）。

山脈の褶曲運動にたとえることのできる人口の過疎と過密のすさまじい変動が現在、日本列島社会を蔽っている。

石器時代の原日本人や縄文人はよくこんなところに住んだものだと思われるほどの高所や僻地にも居をかまえ、全国あまねく分布しているが、それからすれば、今日進行している国内の人口の雪崩現象は、日本列島はじまって以来の大移動といえそうである。山村や僻地は容赦なく切り捨てられる。だが、このおそるべき過疎現象の実態は、日本のジャーナリストからも見捨てられていはしないか。現地ルポをのせる位で、日陰もの扱いにしているきらいはないか。

派手で刺激的なテーマに眼をうばわれやすい日本のジャーナリズムの中で「潮」別冊が「農村に何が起っているか」を総特集しているのは、みとめていい。しかしそこに収められた論文やエッセイから、この過疎現象にまきこまれつつある日本農村の将来のビジョンはおろか、その現状についての正確な認識を把握するのはむずかしいのである。

というのも、農業問題の専門家は、概して農村の将来の設計や政策に楽観的なところがあり、一方農村に住みついて、そこから発言をつづけている人たちの意見は、総じて悲観的である。このくいちがいは、新しい農山村の再編成が、非人間的な残酷な方法によらずしては、達成され得ないことを暗黙に物語っている。戦後の日本では「数字につよい」首相が高度成長策を唱えて以来、保守党はもちろん学者の間でも、数字をもてあそぶ風がつよくなっている。この数字をたくみに使いわけて農民にありもしないバラ色の夢をまきちらすだろう。しかし保守党の心は、農村から離れようとしているかも判らないのである。このことを前記の「潮」別冊で、杉浦明平は、次のようにいう。

「すでに今度の生産者米価決定にはっきり見られるように、自民党政府は、今まで二世を契った恋女房のように扱ってきた農民に、いささか飽きがきた。そのしつこさにうんざりしだした兆候を示している。本命はもう世帯づかれしてしわくちゃになりかかった百姓のおっかあよりも、独占資本という豊満な都の美女の方であった。

今までは、どちらにも適当に色よい返事をしていたけれど、都の美女から、どちらをえらぶのか問いつめられたとき、自民党政府の選択が、農民でなかったのはことわるまでもない。もっとも今年は、はっきり縁切り状を渡したわけではないけれど、蜜月時代の終わりが告げられ、すでに食管法の廃止または改正で、米穀統制の撤廃が、かれらの日程にのっているはずだ。そのときは、しつこい百姓おっかあよ、さよなら、ということになろう」(「農村は果たして〝保守王国〟か」)。

米価決定にたいしてマスコミが消費者の代弁者としてみせた態度が、けっして正義の味方といった単純なものでないことがこれで分るであろう。その背後には財界の意思が動いており、それは財界につながる保守党の今後の基本路線を示すものだからである。米価の統制がはずされたら、日本の農村は崩壊する。この明白な事実をまえにして、自民党政府の農業政策にかわり得る強力な農業政策を、どの革新政党もまだ提出していない。これでは農民は、冷酷だが具体的な政策をもつ保守党からいつまでも離れるわけにはゆかない、と杉浦は指摘する。

杉浦と同様な意味のことを多田実は次のように述べている。「農業とくに日本農業のもつ弱い体質を自覚している多くの農民は、もし政治の手による調整が行なわれず、強い産業、もうかる企業が必ず勝つという経済の合理性だけが貫徹されれば、日本農業はひとたまりもないということをよく知っている。(中略)あとに残るのは戦後万年多数派であった農村の少数派転落を知らせる弔鐘の響きであり、先進地帯のいっそうの工業化、都市化、過密化の急進行であり、僻地農村地帯の荒廃化ではないか――農民はそうなったら、果たしてどう生きていったらよいのかそう不安がっているように思われる」(「農民の政治意識を分析する」)。

私たちは日本列島社会の総体的なビジョンをもつことができない。経済企画庁は二十年後の日本という青写真を発表しているが、それは一見はなはだ合理的であり国民の経済生活の幸福を約束しているようでありながら、うまくできすぎて、背すじが寒くなるような代物である。

私たちの側に総合的なビジョンがないということは、私たちの思考に現実と対応する欠落の部分があるということである。その間に、農山村の過疎化や僻地のスクラップ化は進行して、私たちの思想は空洞化を埋めて凝縮化することはついに不可能となるかも知れない。それとともに日本の都市の過密化やそれにともなう公害問題はついに解決できず、真の市民精神が誕生することはないであろう。これはたんに現実の問題だけでなく、思想の次元にふかくかかわる問題である。

かつて、農民の飢餓はすぐれた思想家のかくされた主題であった。啄木や賢治はいうにおよばず、直耕を説いた安藤昌益も、また救荒作物に思いをいたした高野長英も、この主題からはなれることがなかった。柳田国男の農政学と民俗学が、彼が幼時に見聞した飢餓を原体験としているのは人の知るところである。

二千年間も飢餓になやまされつづけてきた日本内地の農村は、今から十数年まえにやっと飢餓から解放されたが、息つく暇もなく、装いをあらたにして、深刻な問題のまえに立たねばならなくなったのである。これと取り組み、自分の思想に組みこむものは誰か。

（「日本読書新聞」一九六八年一一月四日）

土着的な民族主義が国家権力を越える契機——情況一九六八年一二月

総合雑誌も十二月号になると、なんとなくあわただしさをおぼえる。そのあわただしさがまず目について、どの雑誌をみてもこれはというのにぶつからない。その中で「文春」が東大問題について、「世界」がチェコ問題について白熱した論議をかわしている。東大問題では反日共系学生と日共系学生とが対立し、学生と教師とが対立し、学園の当事者とゲストでありＯＢである三島由紀夫がまた対立するという重層的な関係を露呈しているが、そのやりとりに不作法なおもしろさはあっても、これまで色々な形で報道されているところを抜き出ていない。

「世界」のチェコ問題は竹内芳郎にたいしてその他の出席者が論争するというかっこうである。その論点は結局ナショナリズムとインターナショナリズムの問題に焦点があてられ、社会主義の運動が国家原理の呪縛を越えることができるかにしぼられていく。竹内はソヴィエトがこの呪縛から自己を解放することができず、そのために社会主義共同体という欺瞞的なインターナショナリズムを掲げるしかほかなかったことを非難している。

一方チェコにたいしても、国家主権を盾にとって、ソヴィエトと対抗するのは、やはり国家原理を超えていないのだという点で批判している。しかも竹内は、現在のデモクラシイ国家における人民主権というものは、いまや欺瞞的にしかはたらいていないから、われわれが国家主権を考えてもやはり、欺瞞であるほかないという。つまり国家原理を超克し、インターナショナリズムに徹した社会主義が竹内の理想とする社会形態であるが、それにほぼ近い例として、中国を考えているもののようである。

竹内がナショナリズム否定の立場を明確に打ち出しているのにたいして、他の出席者市井三郎、日高六郎、古田光、福田歓一などは国家のもつ役割を全面否定する竹内にこぞって反論している。それは高島善哉が「マルクス主義と民族の理論」（「現代の眼」十一月号）で「マルクス主義には、言葉の正確な意味において民族の理論というものは存在しなかった、というのがいいすぎであるとすればきわめて不十分な形でしか存在しなかった」ということとも関連するであろう。国家を形成する民族と国家権力との関係が、竹内の問題提起には欠如していることを反論者たちは指摘する。

ナショナリズムそのものには限界があるにしても、ナショナリズムの形をとって出てきている民族の自由性の尊重とか、社会主義への多様な道とかいう要求は、インターナショナリズムからの単なる離反なのか——それともそういうナショナルな要求という形で出てきているものの内容をつきつめていけばインターナショナルなものにつながるモメントを含んでいることが確認できるか——という問題が疑問として出される。またそれを国内にまでつきつめていったら、人民と党との関係へとつながっていく問題となることを指摘する。中国の文化大革命についても、あれだけ中国人民が立上がったこと自体、国家原理の発動ではないのかという反論が加えられる。

私は竹内の孤軍奮闘にもかかわらず、その考えには賛成しない。竹内が資本主義国家体制を欺瞞の体制ときめつけ、その内がわにおける諸努力を低く評価していることは歴史の実情にあわない。竹内の言うように思想の自由というのも資本主義国家では、結局商品化をまぬかれないとすればチェコ問題についての真剣な討論もその例外ではあり得ないということになる。だけれども、私がここで言いたいのはチェコ問題についての私見ではない。ナショナリズムとインターナショナリズムとが（さきにも触れた民族問題の理論化がおくれていることもあって）名辞の混乱をきたしており用語とその使用法が各人各様であって、つねに議論をもつれさせているという事実である。というのもインターナショナリズムとかナショナリズムとかいう名辞が、各人に喚起させる映像はひどくまちまちであって、私の例を引き合いに出せばナショナリズムという言葉からまず想起するのは、土着のナショナリズムつまり、社稷《しゃしょく》のイメージに近いものであり、その次に権力操作の志向をもつ国家主義が連想されてくる。しかしナショナリズムを近代的な国家主義あるいは帝国主義と考える向きも少なくないであろう。

丸山真男は土着アレルギーと自己診断を下しているが、私はナショナリズムのもう一つの顔である土着的な民族主義が国家権力をのりこえて、インターナショナリズムにつながるルートをもっていることを認めざるを得ない。そうした契機を抜きにして、人間平等の世界を可能だとは考えないのである。たとえば国旗日の丸にたいしても、それから侵略主義的なナショナリズムのイメージを思い起してアレルギーを起すものもいれば、沖縄の住民のように祖国復帰のシンボルとみるものもあるのであり、ナショナリズムとインターナショナリズムの問題は、それを受け取る内容の相違にとどまらず、それに反応する体質にまでかかってくるからいっそう厄介なのだ。

だから私はそれをたんなる用語概念の対立に終らしめてはならないと思う。両者に架橋する論理の道すじを内在的に見出す必要があるだろう。そこで、このナショナリズムとインターナショナリズムの名辞および使用法、それによって喚起されるさまざまな映像と、アレルギー反応とを、学者の手によって整理分類してほしいとねがう。そのためには政治学、社会学、心理学、歴史学、哲学などのさまざまな分野からの協力があって然るべきである。そうすれば議論をするのにも、すいぶんムダな手間が省けると思うがどうであろうか。

明治初年の国権と民権だって、対立する思想概念のようであるが必ずしもそうでないばあいのあることは歴史上の多くの実例が証明するところである。ところがそれがまだていねいに分析されていない不満を私は感じる。そのため、国権のイデオロギー路線と民権のイデオロギー路線とが、明治の初年からあたかも並行し対立しているような印象を多くの読者はもつが、それは主として歴史家の怠慢に帰すべきものである。

（「日本読書新聞」一九六八年一二月二日）

〝死ぬるが生きる〟おのれの原理に賭けよ――情況一九六九年一月

新年号には徳冨蘆花をとりあげた二つの文章がのっている。中野好夫の「蘆花徳冨健次郎」（「展望」連載）と野田宇太郎の「徳冨蘆花と大逆事件」（「中央公論」）である。中野好夫は伝記ならびに伝記文学に造詣のふかい評論家であり、その彼が、日本人としては特異な体質の文学者である蘆花をえらんだことは、書き手とその対象の組合せの妙を思わせる。

私事にわたるが、蘆花は私の郷里の出身なので、私は幼少の頃から、蘇峰蘆花兄弟の話を聞かされて育った。徳冨家の親戚もすくなくないという環境の中にあった。幼児体験のつねとして、蘇峰蘆花の名は、今もって私の意識の底ふかく、わだかまっている。この兄弟は日本人ばなれしたアクのつよさをもっている。蘇峰には、終戦後一度会ったことがある。

当時、彼は戦犯として追放され熱海の伊豆山に隠棲していた。もはや九十幾歳の老翁で、白髪を肩まで垂らし、袖なしの羽織を着、アカザの杖をついた姿は神仙伝中の人物を思わせた。

彼は私にむかって、戦争がおわってから、ミルトンの失楽園を原書で二回通読したと言った。そしてロックやヒュームの哲学を語り、大革命前後のイギリスとヨーロッパ大陸との思想交流について語った。その記憶力はきわめて正確でその知識は該博、老衰の影が微塵もないことに、私は驚歎した。蘇峰が俗物と言っても、彼はなみの俗物ではない。大俗物なのである。この蘇峰の存在が蘆花を一生抑圧し、反撥させ、錯乱させたことは世間に知られているとおりである。

中野好夫は並行して「文学」に「蘆花探訪拾遺」を連載しているが、それをよめば、彼の考証が厳密をきわめていることがわかる。しかも「展望」ではかなり自在に書きすすめている。それにしても連載第四回目の新年号では、蘆花はまだ十三歳である。蘆花の魂は固い蕾であり、その波瀾にみちた青春はこれから訪れようとしている。今日の文学者には見ることのできない蘆花の修羅がやがて展開するであろう。中野のライフ・ワークの一つとしての蘆花徳冨健次郎伝の完成を見守りたい。

蘆花の演じた修羅の一端を野田宇太郎の「徳冨蘆花と大逆事件」が私たちにつたえる。蘆花は、幸徳秋水ら大逆事件の首謀者たちに死刑の宣告が下ると、日夜懊悩する。そしてついに当時東京朝日新聞編集局長である池辺三山に手紙をかく。それは同封の「天皇陛下に願い奉る」という幸徳らの助命歎願文を、朝日紙上に掲載してほしいとの依頼状であった。野田宇太郎は蘆花の依頼状と直訴文を昭和三十一年に神田の一誠堂で発見したという。池辺三山の父池辺吉十郎は、蘆花と同県の熊本藩士で、西南役に西郷軍に投じて刑死した。

漱石が池辺三山の知遇を受け、また後進の笠信太郎が三山をふかく敬慕していたことから推測されるように、三山の大器は、面識のない蘆花も聞き知っていたにちがいない。その天皇への直訴状にいう。

「彼等も亦陛下の赤子《せきし》、元来火を放ち人を殺すただの賊徒にてはこれ無く、平素世の為人の為にと心がけ居候者にて、このたびの不心得も一は有司どもが忠義立のあまり、彼らをいじめすぎ候より、彼らもヤケに相成り候意味もこれあり、大御親の御仁慈のほども思い知らせず、親殺しの企《くわだて》したる鬼子として打殺し候はいかにも残念に存じ奉り候」。

しかし時すでにおそかった。蘆花が手紙をしたためた前日に、死刑は執行されていた。蘆花は妻と共に涕泣し、大逆人であれば引取人もないだろうから、自分たちの手でその死体を引きとり、松陰神社に近い蘆花の自宅の地所に葬ろうとする。蘆花は松陰と秋水とをつなげて考えていたのである。これは堺枯川などの引取人があったからやめにする。しかし幸徳秋水の処刑後一週間目に、彼は、第一高等学校で「謀叛論」と題する講演をおこなう。

「かくのごとくして彼らは死んだ。死は彼らの成功である。パラドックスのようであるが、人事の法則、負くるが勝である。死ぬるが生きるのである。彼らはたしかにその自信があった。……諸君、幸徳君らは乱臣賊子となって絞首台の露と消えた。その行動については不満があるとしても、誰か志士としてその動機を疑い得る。諸君、西郷も逆賊であった。しかし今日となって見れば、逆賊でないこと西郷のごとき者があるか。幸徳らも誤って乱臣賊子となった。然し百年の公論はかならずその事を惜んで、その志を悲しむであろう」。

今日では想像もできない肌を刺す暗黒の中で蘆花の捨身の勇気は実行された。今ならば造反有理という便利な言葉がある。しかし当時生きていたのは志士という言葉によみがえる明治人のナショナルな心情であった。蘆花はもともと政治的な人間ではない。政府与党と野党の政争が烈しいとき、自分は都の橋の上に立って夕焼空をながめるのを好んだ、という彼の文章を、私は弱年のとき読んだ記憶があるが蘆花は反政治的な一介の無用な文士にすぎなかった。しかし幸徳事件では、危険をかえりみず敢然とした行動に出た。蘆花の予言どおり、処刑された幸徳たちは、半世紀を経ずして復活した。無用の人間の予言がなぜ適中したか。それは彼がおのれの原理に賭けて発言したからである。

明治九年の神風連は、政治主義的にみればその勢力を数ヶ月温存して、十年の西南戦争を待つべきであった。しかし状況に賭けず、おのれの原理に賭けた神風連が、今日でも考察するに値する思想をもちつづけていることをあわせて、思いみるべきである。

（「日本読書新聞」一九六九年一月二〇日）

対話拒否、詩に到達─だが情況論者になるな──情況一九六九年二月

戦後民主主義の空洞化ということがこのところ雑誌の論文でしきりに使われている。要するに平等を求めて、得たものは空虚感でしかなかったというさむざむとした所感を指しているのである。民主主義は多数決の原理に支配される。それは政治の場では、専制への有効な制御装置としての役目をはたすが、創造の場においては、けっして生産的な原理ではない、というところに問題が残っている。むしろ創造の場では、多数決の原理に支配されることは、拡散と不毛を呼ぶものである。

政治的、ということはつねに妥協と状況とを考慮に入れることである。政治性を排除した場では、民主主義は創造の敵であるという確信を私はまえから抱いている。創造は専制からしか生まれない。

民主主義は専制政治への反措定として登場した。その限りでは意味があった。しかし民主主義が政治の分野を越えて、創造にかかわる分野へ侵入しはじめるとき事情は一変せざるを得なかった。大学紛争で、ラジカルな学生たちが話合いを拒否しているということは、それがたんなる大学制度の手直しにとどまらず、人

間の創造の分野に多分にふれた問題であることを示唆している。

その意味では教授の大多数は、学生の要望に応えているとは考えられない。つまり学生たちは、教師と学生との人間的な接触とか、教師の物わかりのよい態度とかを求めているのではないのだ。大学のマンモス化のせいで、両者の対話が途絶えたことが紛争の原因だというのは、教師が誤解の中で自分を甘やかしているだけのことである。

この点、私は筑波常治の「形式的な話しあいのポーズをとることで、民主主義の手つづきをもったと満足する偽善性こそ、むしろ日本の教育界を荒廃させている一因ではないだろうか。……したがって大衆団交にまったく応じない教師は、つまり対話を拒否しているのであって、民主主義の名によって断罪しなければならぬことになる。このような世論の発想にたいし、わたしは根本的にうたがいを抱く。学生のおこなう大衆団交が、民主主義でいう対話と正反対のムードを持つことは、いちどでもその場にたちあえばすぐわかるはずだ」(「展望」二月号)に同感である。筑波は、学生運動の職業的な活動家たちが、対話のむなしさをいちはやく感じとり、自分たちが大学教授よりもただしい社会的認識に到達していると豪語しているが、その点に関するかぎり賛成である、とも言っている。

同様の趣旨のことを、三島由紀夫といいだ・ももが対談(「文学界」二月号)で言っている。いいだが、「だいたい学生運動は、コミュニケーションが通ずるという現実の上に立っているんじゃなくて、コミュニケーションというものは成り立たないし意味がないんだという原理の上に立っているんじゃないですか」と言っているのに対して、三島が「まったく同感だね。学生たちと座談会をやったけれども、彼らのいうことはよく言えば、詩だよ。詩をいっているのに、対談しようなんていうバカなやつが現われる。どうやって詩と対話するんだよ」。この三島の評言は的確である。

このことに関連して、見田宗介は「失われた言葉を求めて」で、次のように言う。「学生がその政治的ビラにおいても私的な手記や日記においても一見奇妙な新造語や言いまわしを愛用することがあるのは、既存言語にぬきがたく付着している俗悪なコモンセンス（共有感覚！）の脈絡にからめとられることを必死に拒む姿勢であることがある」（「世界」二月号）。これが三島の言う「詩」とほぼおなじであることは言うまでもない。一方的な情報伝達への拒否の姿勢が、対話を拒否して「詩」に到達するのは自然なコースだ。

しかし学生の表現がどんなに滅裂であろうとも、それは現実の分裂と矛盾の反映であるから、それを超えようとする意志をもつかぎりすぐれて人間的な欲望であることを認めねばならぬ。たとえば、昨年の十一月二十二日の東大構内の大集会で、日本大学の学生たちは赤門をペンキで塗りかえることを考えて東大へいったと、秋田明大が言っている（「中央公論」新年号）。私はそこに「詩」を感ずる。立身出世の権化のような赤門をもっと上品な色に塗りかえようとすることはけっして政治的な発想ではない。それは東大コンプレックスの解消に役立つから、というのではない。

あのような俗悪な建物をこれまでそのままにして、四六時中その下を東大生が出入りして、しかも感覚的な不快感をもたないできたというのが、そもそもおかしいのだ。つまり想像力にかかわる問題なのだ。人間には最高のものでなければ満足しないという、まことに困った衝動があるのだ。この衝動が東大生にむしろ稀薄でたとい実行されなかったにせよ、日大生の発想の中にあったことに、私はあらためて両者の意識のちがい、ひいては闘争のちがいを考えずにはすまない。

学生の失語症的状況とコミュニケーション拒否の姿勢が際限のない自己絶対化への傾斜を生むことを指摘

する見田の臨床医的な分析はすぐれているが、青年の自己回復への提言はあまりに常識的で物足りない。

私はむしろ、学生の中で、詩と政治が低い次元で野合し、マンホールから舗道へながれでる汚水のような印象を与えることを問題にしたいとおもう。学生たちは多数決の原理を土台とする話合いを拒否しながら、他方では味方をかきあつめてその圧力を誇示することに狂奔する。情報伝達を一切拒否する実存の姿勢をふりかざしながら、自分たちの行動には手放しの楽観主義者となる。

民衆のエネルギーを発火させることを目ざすよりは、むしろ民衆をまきこもうとしている。それが民衆を目ざめさせることになるという、思い上がった低級な迷信から脱することができない。こうしてあくまで原則から出発し、原則に固執することで、最高のものをめざすかに見える学生たちが、行動においては無原則な状況論者となっていく。この自己矛盾をどう自覚させるかが問題である。

前近代の一揆は命をかけた蜂起だが、けっして見境いのない破壊への趣味におぼれていない。一揆の指導者たちは、いくつかの行動の原則をもうけ、それを逸脱したものは、自分たちの手で処断している。今日の学生運動がそれをなさないかぎり、民衆を味方につけることは不可能である。

(「日本読書新聞」一九六九年二月三日)

「陸封魚」の思想の底流を探る——益田勝実『火山列島の思想』

『火山列島の思想』という題からイサマシイ内容を期待する向きはまず著者のあとがきを知っておく必要があろう。著者はいう。

「自分の心中の考えをありていに言えば〈日本陸封魚の思い〉と名づけたかった。万が一、生物学の本として分類され、そちらの人々に迷惑をかけては、という一分《ぶ》の分別が、それを思いとどまらせた。」

私はこのあとがきをよんで、まったく残念な気がした。なぜなら、もう七、八年まえになるが、法政大学で一度同席したときの著者の律義でどことなくユーモラスな印象が、この「陸封魚」という言葉にあまりにもぴったりしているからである。

陸封魚とは何か。彼自身に語らせよう。「この弧状の火山列島の各地の渓流には、イワナやヤマメのような、大洋から溯ってきて、もどっていく術を忘れ、形質も矮小化してしまった魚たちがいる。中流のハヤなどもそうである。……わたしがいつか感じとるようになったのは、かれらとわたしの運命の類似性であった。」

もちろん、ここでいう「わたし」は著者だけでなく、日本人そのものを指していることは、たとえば彼が「陸封の生涯——とわたしがいうのは、国外へ旅する、しないの問題ではない。実に長い間この列島上に暮らしてきた日本人の子孫として、いやおうなしにわたしの精神が何をその歴史から受けとっているか、それに規制されているかのことであり、そして、自分の体内に眠りこけているさまざまな可能性に、どんなに気づこうとしていないかのことである」と説明をくわえるときあきらかである。

「陸封魚」の呼称は著者の印象を私に喚起させるだけでなく、本書の内容にまたふさわしい気がする。そのことを言うまえに、本書に収められた十一のエッセイの題名を列記しておく。

前半の「黎明」「幻視」「火山列島の思想」「廃王伝説」「王と子」「鄙に放たれた貴族」が原始から奈良朝までにかかわるものであり、後半の「心の極北」「日知りの裔《すえ》の物語」「フダラク渡りの人々」「偽悪の伝統」「飢えたる戦士」が平安朝に属する主題をとりあつかっている。

著者が「鑑賞に流れている。新見のかけらもないことを恥じねばならない」とする「王と子」は外《はず》して考えることにして、最初の五篇は古代日本人の想像力をめぐる精神構造をあきらかにしようとしたものである。しかし著者があれこれと博引し傍証しようとしているわりあいには説得力がうすい。それは古代日本人の発想が、文献をとおしてさまざまに解釈することができ、反論も容易だからである。もちろん著者もそのことに気が付いていて「黎明」の末尾に、「民族の想像力のなかみを調べ上げる、想像力史研究の前途は、やはり困難きわまるもので、楽観を許すひとつのよりどころもないことを痛感している」と付記している。しかし本書の難点はそこにあるのでなく、詩的直観を出発点として古代日本人の想像力の構造を再構成しようとするせっかくの試みが、発想を現代風に実証づけるよりは、発想それ自体を解析していく努力の不足が目立っているために、一種のモダニズムに陥っているところにあると、私は考える。だから、著者が国文学の専門家として、自分の直観を実証しようとすればするほど、その結論は「詩」に近づいていく。イワナやヤマメのようなものになってしまうのである。

その一例が、著者のオオナムチつまり大国主命を火山神と推定する論証にみられる。著者の努力にもかかわらずはたして古代日本人の意識の中に、著者がいうほど火山神の思想がはいりこんでいたかという疑問が沸き、考古学や民俗学の成果と思いあわせてみて合点がゆくまでいたらないのである。また、かりにオオナムチが火山神であったとしても、記紀では、オオナムチは人格神として遇されている。そのほうが古代人の精神構造としては重要ではなかったかと、反問したくなる。

著者のこうした半端な態度は題名に凝ったり、火山神をマグマの神と呼んだりする気取りとなってあらわれている。

私は前半よりは本書の後半の部分、すなわち伝統思想の底流を、著者の独自の見方でとりあつかっている「日知りの裔の物語」や「偽悪の伝統」などの論文のほうに、著者の詩的な直観を生かす本領があると思った。「日知りの裔の物語」は、天皇の祭司的な性格やそれにともなう宮廷の禁忌の問題をとりあげている。この問題は、上層部階層だけでなく、日本人の深層意識とふかくかかわりあっているだけに、重大な主題であるが、著者は、天皇がかならず宝剣と寝所を共にしなければならぬ古代からの掟が、摂関政治の末期にくずれていくさまを、天子の寵愛する女との共寝の場所の問題とからめながら説いていく。その手法はあざやかである。また「偽悪の思想」はいわゆる「高野聖」の名をもつ遁世人たちが、自分を悪人とみせかけることによって、信仰をふかめるよすがにしたという故事を紹介しつつ、それが親鸞の説く悪人正機説の先駆的な思想であることを指摘する。ここでは日本人の精神の想像力が破綻をみずに捕捉されており、日本人の心の深みをえぐって、なまじ小説などよむよりは、はるかにおもしろい。

（「日本読書新聞」一九六八年一〇月一四日）

無名の民衆の中へ下降――色川大吉『明治の精神』

歴史学は科学であるだけでは充分でなく文学でもなければならぬとするのが、私の年来の考えである。歴史感覚が歴史家自身の自己をつらぬかねばならない。という意味で、歴史学は、動物発生学や家畜系統史とはまったくちがうのだ。しかし歴史学が科学であることだけを志しているのが大勢である日本の歴史学の中で、私のささやかな文学としての欲求も同時にみたしてくれる人はそう多くはない。色川大吉はその少ない一人である。その前著『近代国家の出発』（『日本の歴史』16、中央公論社）で、彼はかつて演出家志望であったという劇的な構造力をいかんなく発揮している。そこでは、挫折した自由民権運動家によせる悲憤の情は、肉が骨をかくすように抑制されている。私はそれまで、彼の文章に色濃くながれる悲愴感の烈しさに打たれつつも、悲哀が一人のすぐれた歴史家を殺すのではないかをおそれていた。

しかし今や彼はさまざまな個別的な蓄積をもとに、巨大な敵権力とたたかうべく、感情を肉化していく成熟さへむかっている。と同時に水面に根をおろす榕樹のように、無名の民衆の中へ下降する姿勢をあきらかに示している。

「底辺の視座から」というサブタイトルをつけることのできる歴史学者がそうザラにいないことはたしかだ。「人民の視座から」という題ならば、歴研あたりではめずらしくもないだろう。人民不在の人民史観はその実例にこと欠かないのである。人民という言葉はどんなにでも抽象化することができるが、底辺はそうはいかない。別荘をもつ人民芸術家はあり得ても、底辺の芸術家には別荘はあり得ない。「人民の視座から」

ならばソビエト人民国家のチェコ人民国家への侵入は許容されるという論理が成り立つかも知れないが、「底辺の視座から」ならば、それはぜったいに許されぬ仕事である。ここに色川の独自性があると私は思う。

ところで、以上のサブタイトルをもつ『明治の精神』であるが、これは著者のあとがきによると、第一に支配層の明治百年キャンペインへの抗議、第二に日本の近代文明の独自な様式への考察、第三に、明治以降、近代化の原動力とか主役とかいわれながら歴史に埋もれてきた民衆の復権と、民衆の痛覚ならびに底辺の視座からする歴史の読みかえ――という三つのモチーフからなり立つ十九篇の文章が収めてある。

おそらく著者の本領であり、また全力を尽したいのはこの第三のテーマであろうが、この本ではわずかしかとりあげられず、別の本（『続明治精神史』）で展開したいと著者は述べている。第一の「明治百年」への抗議について言えば、それが断片的な文章であること、また第二の外国旅行体験をもとにした日本近代文明への考察について言えば、その思考の凝縮化にもう一歩欠けるところがあって、物足りない。

著者は、本書の中の一つ「六月には重い霖雨《りんう》が降る」の中で、安保体験が氏の歴史家としての学問を成立させる決定的なものであったことを記している。当時の「前衛」と「大衆」との乖離の悲劇が、彼の著書を生み出す機縁となったことを語っている。自由民権運動を支えた真の主体はだれであったか。それは雨に打たれながら彼の重い胸に去来した問いであったにちがいない。

明治維新のときには草莽《そうもう》層という名で呼ばれ、自由民権期には豪農、豪商層をいう名でいわれる農民上層の部分が、二、三百万人の厚い社会層をなして存在していたことを、彼は明らかにする。この社会層は、ほとんどが字が読めた。経営の面ではブルジョア的感覚の持主であり、精神においてはなかば志士であった。教養においては心学の処世術とか儒教に対する感受性をもっていた。この草莽層は、維新のとき大きな働きをしたのであるが、何分にも数が少なかった。

それにひきかえて、当時の有識層である士族階級は四十万世帯百数十万人といた。しかし西南役を終止符として士族の没落は決定的となり、そのほとんどが没落した。中堅官僚群となったのは二千人位しかいない。ところが豪農層は、地方民会で政治的訓練を受けさらに大きい国政参加の野心をもって、それに必要な勉強に打ちこんでいった。それが自由民権期に全国的に開花し百万という大きな階層をなして、歴史のひのき舞台へ登場してくる——。

以上の事実を読者のまえに解明していく色川氏の眼には、安保運動で国会をとりまく民衆の渦が、二重写しとなって焼付けられているのであったろう。

色川氏は歩いて調べていく歴史家だ。その点で民俗学者の方法に近く、また人物像につよい関心をよせる点で少なからず文学者の心情をもっている。机上の文献操作に事足れりとする講壇アカデミズムはのぞむべくもない新しくするどい視角が彼によって導入分析されようとしている。色川氏の学問の方向性を注視するのは私だけではない。

（「図書新聞」一九六八年一一月三〇日）

民権家時代を浮彫りに――村野廉一・色川大吉『村野常右衛門伝』

『村野常右衛門伝』というさりげない題から私たちは、何も想像することができない。ありふれた野暮な名前であり、そこには想像をかき立てるものがない。

けれども、この村野が、色川大吉氏の文章で私たちになじみぶかい石坂昌孝（北村透谷の義父）や平野友輔の同志として活躍した人物であったといえば、私たちの推測はしぼられ、その経歴についても、ほぼ察しがつこう。

しかしそれでもなお、せいぜい一民権家のたどった生涯ということにとどまるのではないかという疑いを捨てることはできないだろう。じつは私もそのようにして本書を読みはじめたのであった。しかし巻をおいたいま、私は本書が一個人の伝記を越えて、むしろ民権家が活躍した時代を浮彫りにすることに成功している、と思わないわけにはいかない。

本書は、常右衛門の長男である村野廉一氏が所持し、色川氏の協力者山田真津夫氏が収集した史料をもとに色川氏が原稿を書き、その原稿を村野廉一氏が監修、補筆し、さらに色川氏がよみかえして決定稿をつくったという。

色川氏は人物に執する歴史家だ。しかもその手法は、一個人の人物だけを追いかけず、複数の人間を同時に並行して追い、いつのまにかそれらを交錯させていく。その関係づけは巧妙である。いわば、人物を織ることによって時代の特質を明らかにすることを心得ている歴史家である。それは本書にも見ることができるが、意識され計算された形としてではなく、自然釉《しぜんゆう》のように浮び上がっているところに、伝記としての好ましいすがたがある。

さて本書の主人公村野常右衛門は、神奈川県の鶴川の人で、先輩の石坂昌孝とは同村である。石坂家につぐ村の名望家に生れ、明治十三年に、二十二歳で戸長となった。自由民権の声が野山にひろがりはじめる時代である。村野は、郡役所の過酷圧制を糾弾するために、郡下五十余村の戸長や総代の代表となって、郡長を辞職に追いこむ。あくる十四年、原町田で武相懇親会が開催されるときには、その発起人の中に、石坂とともに村野の名前が見える。

彼は自由民権家として、政治闘争の場に一歩を踏入れたのだ。しかも政府のあいつぐ弾圧は、村野にラジカリストの道をあゆませることになる。

いわゆる大阪事件の名で知られている大井憲太郎らの朝鮮革命計画に、村野常右衛門が参加したのは、明治十八年だった。村野は大井らの計画を聞くと、即座に賛成し、渡航費用に不自由している実行者たちのために資金を調達する。しかしこの計画は未然に発覚した。村野はかくれ家を転々としたあげく、同志が拘引されたと聞いて自首。村野に禁固一年の刑が下った。

大阪事件で獄中生活を送るようになった村野につぎの逸話がある。村野と同じ房に、強盗殺人罪で検挙された男がいて、毎日朝夕お経をあげるので、村野はうるさくて閉口した。そこで村野は「貴様のような奴は死刑は免れない。念仏をとなえてみてもどうせムダだから、いさぎよく自分で始末したらどうだ」と言ったという。

その日から、殺人犯はお経をやめた。ある日村野は看守にたのんで、さらしの白衣を差入れするように願った。翌朝、この強盗殺人犯は、村野が与えた白衣をまとい、みごとに首をくくって自殺していたという。この逸話は、村野の果断な性格をつたえるものとしてかなり重要なものだ、と私は考える。

　村野は明治二十一年九月出獄し、その後はいわゆる三多摩壮士をひきい、政界の黒幕として活躍するが、民権から国権へとすすんでいく村野の後半生をのぞかせるものが、この逸話にある。そのころ三多摩壮士のいでたちは、白布で鉢巻をし、たすきをかけ、二尺余の仕込杖、ステッキ、棍棒、ピストルなどをたずさえ、着莫蓙《きござ》に檜笠《ひがさ》をかぶるという異様なものだったそうであるが、その数二千といわれる彼らの背後には村野の存在があった。明治二十四年には、この三多摩壮士のなかでとくに彼に身近な青年たちをそそのかして、鶴川村の大須賀という反対派を殺させたという嫌疑が、村野にかかってきた。村野は謀殺教唆の容疑で連行され、官憲の拷問は峻烈をきわめたが、結局は無罪となった。

　のち村野は星亨に近づき、政友会の中でしだいに重きをなしていく。原敬総裁の下では名幹事長の役をはたす。この村野の「政友会時代」は続巻にゆだねられる予定だという。

　色川氏は、自由民権思想や比較的純粋な西欧種に近い系列の近代思想家の研究をやればやるほど、これだけでは日本人の心を本当にとらえることはできないと感ずるようになってきた――と本書のはしがきでもらしている。色川氏の感想が、どのような形をとって本書の続巻に現れるか、期して待ちたい。

（「朝日ジャーナル」一九六九年三月三〇日号）

無私と善意の悲劇を平易に分析――高木俊輔『維新史の再発掘』

先年私が『最後の攘夷党』というノン・フィクション小説を書いたときに、その作品に登場する人物の末裔から多くの手紙をもらった。なかにはわざわざ私をたずねて、かつて、理由もなしに切腹させられた先祖の冤《えん》をそそいでくれたことを涙ながらに感謝する八十媼《おうな》もいた。私はそこで維新前後の動乱期に、幕府側と倒幕側とを問わず、多くの人々の無念の死が、明治百年を経た今日でもなお、子孫の中にまるで昨日のことのように受け継がれているのをみて、真の歴史とは、生者の中に生きつづける死者の時間であることをあらためて確認したのであった。維新前後、非命に斃《たお》れた人々はすくなくない。しかしその中でも、もっとも無惨な気がするのは、自分の身におぼえない罪名をきせられて処刑された人々である。たとえば黒田藩では慶応年間に藩内の勤王派を大量処刑しながら、数年たつとこんどは、明治新政府への忠誠をあきらかにするために、藩内の佐幕派の家老に切腹を命じ、藩と藩主の延命をはかったのであった。こうした不条理や矛盾に眼をつぶって明治維新がなしとげられたことを知るとき、私たちは、維新を手放しに讃美し、肯定することはできないのである。たとい死者たちが黙々と死んでいったとしても、私たちは彼らの理由なき死の理由をあくまで追求し、死者の復権を目ざさねばならぬ。そうすることによって、歴史が勝利者の一方的な証言に偏することを是正し得るのである。

相楽総三は、恨を呑んで斃れた志士のなかでも、もっとも痛ましい例である。というのも、彼はひたすら勤王一途の道を走りつづけた草莽《そうもう》の士であり、そこには吉田松陰のような思想的な高さは望めないとしても、彼の誠意を疑うことはできないからである。倒幕派の中には天皇をダシに使うことを考えた連中も少なくなかったことを思えば、それらの連中が維新の巧臣として国家の栄誉を授けられて生を全うしたのにくらべて、勤王のさきがけとなろうとした相楽総三の死は悲惨というほかはない。

相楽総三の名は近年比較的よく知られている。長谷川伸の『相楽総三とその同志』は維新史の中に汚名を残したまま抹殺された相楽総三の復権をねがって、多年にわたり追求した名著である。

本書はそれを受けて、歴史学者の立場から草莽の立場を分析したものである。文体は平明であり、説明はまわりくどくないので読みやすい。私の興味深かったのは『最後の攘夷党』の主人公である長州の大楽源太郎や久留米の古松簡二などが文久三年に上州の赤城山挙兵の企てに参画していることである。この挙兵は藤田小四郎や武田耕雲斎らが起した筑波山の乱（元治元年三月）の四ヵ月まえに決行されようとして果さなかったものであるが、赤城山挙兵の準備金のための五千両が相楽総三の持参金でまかなわれている。このことは長谷川伸も触れているが、私はそこに東国と西国の草莽の士たちの結縁のふしぎさを思いみる気がするのだ。すなわち、ここにあつまった同志たちは藩をうしろだてにしたものでもなく、また藤田らの筑波挙兵のように藩の内訌を反映したものでもなく、諸国の士豪や下級藩士の連合といったおもむきがあり、「草むらの声」であった。そこには功業を目ざす功利的目的意識は稀薄であり、それ以上に、時代のうごきにつれて自分たちもやむにやまれぬ気持に駆られたものが大部分だったのである。もっとも多数が加わっている信州のばあいをみても、国学をまなんでいた土地の豪農や豪商が多い。国学は土着者の学問であって、「草むらの学」である。維新の変革に希望をいだき、しかもそれに裏切られていった過程は玉松操や矢野玄道などの国学者にみられるが、それは多くの草莽の運命にも当てはまるものであった。しかもその悲劇を押しすすめた大きな原因が草莽層の中の他の農民や商人たちとの最終的な協力を妨げた士族たちの意識であったのは、本書の指摘し強調するとおりである。ともあれ、本書の描いた相楽総三の無私と善意の悲劇は今日でも、それを教訓とすることができる。すなわち革命の主体は、その先駆者に道を拓かせながらその行為を組織の統制を乱す反逆罪として罪し、規律の厳正さを自他に誇示して、みずからの反革命の正体を糊塗するのである。

（「出版ニュース」一九七〇年四月下旬号）

手作りの「創世記」を——森嘉兵衛『日本僻地の史的研究』にふれて

過日、下北半島をあるいたとき、自分はアイヌの子孫だとか、自分の家の先祖はマタギだった、とかさらりと言ってのける青年や主婦に出会って感動をおさえることはできなかった。旧藩時代にアイヌに日本名が与えられても名前の末尾には犬という字がつけられ、またマタギは「狄」というケモノ偏の漢字を宛てられて差別された。アイヌやマタギの血を引くゆえのいたましい悲劇が近代になってからもあとを絶たなかったことを思えば、冒頭の例から地方に新しい変貌が起こりつつあることは否定しがたい。

ヤマト民族の血の純粋と言ったところで、苗族あたりの血がまじっていることは充分に想像できることであり、苗字《みようじ》という字自体がそれにつながっているが、日本において苗字による差別がつづいてきたことは、そもそもの根源をさかのぼって言えばパラドックス以外の何物でもない。
比嘉春潮《ひがしゅんちょう》氏に聞いたところでは、薩摩藩は東《ひがし》という呼称を沖縄人にはゆるさず東《ひが》と（〝し〟を落して）呼ばせたそうだ。東恩納《ひがおんな》という苗字があり比嘉《ひが》という姓があるのもそのためである。一方、沖縄人は伝説によれば為朝の子孫ということで「朝」の字をつけることが流行した。比嘉氏もはじめは春朝だったが、彼は為朝が大キライなので、春潮としたと言った。その隼人でも昔はみやこで吠声をさせられたのだから、中央では人間並みにはみられていなかったのだ。その劣等意識が沖縄に向ったのか。

沖縄の人ならば忘れることのできない人類館事件というのがある。明治三十六年大阪で開かれた勧業博の人類館に、沖縄婦人が琉装をさせられてアイヌや朝鮮婦人と一緒に見世物にさせられたことへの屈辱は今もって消えていない。しかし沖縄の一部の識者も指摘しているように、それは自分たちがアイヌや朝鮮人とはちがうという、平等意識とまったく逆の差別意識がたまたま噴出したとみることもできるのだ。

かつて八重山王と自称した岩崎卓爾は台湾の生蕃《せいばん》の首袋を物入れ用に首からつるして、南島から上京してきたというが（アメリカはベトナムで何の罪もない民衆の首を切っている）、高砂族であろうと隼人、熊襲、蝦夷であろうと、僻地の人たちが異族の末裔であることを公言するとき、中央も侵すことのできない地方の理念は再生するにちがいない。

地方は急速に老いて

今日、日本の地方（とくに僻地）は中央の尺度によって切り捨てられているが、そうした状況の下で、地方がみずからの尺度をもつことは当然である。もとより、明治以来の近代化のなかでも、地方は見捨てられていた。しかし天皇制国家の理念としては、国土の一木一草にいたるまで、天皇のものでなければならなかった。その理念を支えるために地方（僻地）という存在は必要であった。その理念をふりかざして、国家権力は有無を言わせず、地方のエネルギーを収奪した。

しかし今やその理念は不要となった。戦後のブルジョア支配層はなまじ天皇制国家の理念などないほうが、ヤラズブッタクリにつごうがよいことを知り抜いている。

こうして地方は、まるで、夕ぐれのような様相を呈するにいたった。おびただしい若者が都会に流出し、過疎化した地方は急速に老いつつある。僻地をあるいていると、舗装していない街道すじの家は埃をかぶり、白昼でも戸が釘づけしてある。こうした光景をみると、眼に血がのぼってくる。太陽は黒く、海は赤くみえる。たとい中央の政治家や文化人が、太陽は赤く、海は青いと言ったところで、地方は断じてそれにしたがう必要がないことを私は再確認する。

それにしても、津軽半島や下北半島では、農村の女たちも日雇い工事に出ている女たちも真白なさらし布をくっきりと顔にまきつけていた。いわゆる「はんこたんな」の習俗がまだ厳然と残っていることに私はおどろくと共に、六月の陽光を反射するその真白な布が、中央文化にたいする挑戦のようにみえてあざやかだった。

地方の核は破壊されないで残っている。

カエルから生まれようが、ドジョウやクラゲから生まれてこようがそれはどうでもよい。進化論的解釈をする人もある。地方は今やその再生の理念としてそれぞれの地方の新しい創世記をつくるべきである。

かくれキリシタンらの伝える「天地始之事」をよんで私が少なからず感心するのは、彼らの天地創造のためには、彼らのなけなしの知識や嘱目する風物の一切が動員されていることだ。無人島にながされた漂民が、数十年かかって海岸にながれよる数百枚の寄木をひろいあつめ、それで一せきの舟をこしらえて、無人島をみごと脱出した話があるが、「天地始之事」はそれに匹敵する。中山ミキの天地創造にも、彼女の一切がそこに集約されていることを私たちは感ずる。それが「泥海古記」をよむものの心を打つ。

飢饉は人災であった

公然と異族の末裔であることをほこり、手作りの材料で新しい創世記を作るときに、地方は決定的に変貌するだろう。僻地が再生するのは、僻地のもつ意味を変えること以外にない。

ではそもそも僻地とは何か。この問いを歴史的な視点から追求した森嘉兵衛氏の『日本僻地の史的研究上・下』が最近出版された。原稿枚数にして四千八百枚（四百字）におよぶ大著である。舞台は四国とおなじ面積をもつ岩手県の、しかも日本のチベットと言われてきた九戸地方が中心であるが、記述の範囲は旧南部藩全領にわたっている。しかもそれは津軽、秋田、仙台など隣接する藩にも当然触れてあるから、東北の全貌をつかむことが可能である。僻地としての東北とは何か、ということが、この書物では問われているのだ。

そこには森嘉兵衛氏の研究生活の成果の一切がこめられており、僻地の辞典、もしくは僻地の総索引といった観を呈している。内容は農業、漁業、林業、牧畜、狩猟、鉄産業、商業など産業の万般にわたっており、村落構造や名子制度、飢饉や一揆などの問題に加えて信仰生活までも抜けていない。

しかもあらゆる角度を網羅した記述の底には南部藩の政治の無策にたいするいきどおりと糾弾がながれて

いる。私はいかに和人や藩役人や官僚がアイヌを収奪していったかを冷静な筆致でとらえている高倉新一郎氏の『アイヌ政策史』に感動したことがあるが、本書も事実をもって、飢饉は天災であると共に人災であったことを答えようとしている。

本書によれば、安藤昌益の『自然真営道』は宝暦の飢饉と密接な関係がある。また昌益の弟子の一人である神山涼仙が九戸郡軽米町に住んでいたときに書いたといわれる宝暦五年の大飢饉の見聞記『耳目凶歳録』は文体からして昌益の影響をまともにあらわしている。幕末の南部藩の隠士で「夢中翁」と自称する人も、百姓は母で、武士は子であるとし、母上の粗衣粗食を子である武士がとりあげて、母に難儀をかけるのは何たる不幸、大罪であるか、と武士をきめつけている。

批判精神の鋭い爆発

軽米町の豪商である淵沢円右衛門定啓はその遺言状の中で、武士は万民を安穏に住ませるから、諸民は貢納するのであって、もし強盗が横行しても取締れないようならば、税金をおさめる必要はない、と言い切っている。その裏には飢饉が起って浮浪の徒がはびこってもそれを取締まる能力もない無能な武士階級への痛烈な批判が脈打っている。

この淵沢家の一族で淵沢定長が弘化四年に書いた『軽邑耕作鈔』の序文は、漢文で記されているが、その書き方は安藤昌益の文章と酷似していることを、森氏は指摘する。昌益は、孤高な思想家のように今日までみられてきたが、その聳立《しょうりつ》する思想はやはり、南部藩の体制と飢饉の起りやすい僻地とにふかいつながりがあったのであり、それゆえに彼の思想は一代でとだえることなく、一筋の糸を引くようにその土地に伝えられてきたのであることを、私たちは本書によって知ることができる。

これは昌益の研究に重要な一石を投じるものであると私は考える。と同時に、この南部藩ほど、身分秩序と封建体制にたいする徹底した痛烈な批判がおこなわれたところはなかったのではないか、と思わずにはいられない。その鋭さはやがて石川啄木や宮沢賢治に受けつがれていくものであろう。

この批判精神は、嘉永六年の三閉伊通の大百姓一揆となって爆発する。この江戸時代最大の一揆は、森氏が長年とり組んだ研究対象であり、本書でも最後の章をかざっている。この一揆の指導者三浦命助は、獄中で自分が処刑されたら蝦夷松前にいって住むようにと自分の家族にすすめている。安藤昌益が松前を高く評価しているのと一致している。

これはたんなる偶然ではなさそうだ。彼らは異族の住む国にこそ自由があることを知っていたのではなかったか。そしてできれば異族の末裔としてくらしたかったのではあるまいか。昌益の最後が杳《よう》として不明なのも、それを暗示しているように私には思えてならない。

（「日本読書新聞」一九七〇年七月一三日）

海外雄飛の青年像——半沢弘編『明治の群像6　アジアへの夢』

幕末から明治にかけて、日本の青年の心を、大陸への夢がとらえた時代があった。せまい笹舟《ささぶね》のような国土に住み飽いて、有為の若者たちが、さまざまな理想と野心の実現地を、中国や朝鮮や東南アジアやフィリピンなどに求めていった。

本書の編者である半沢弘が、総論の冒頭に「アジアは一つである」という岡倉天心の言葉を引いている。この言葉こそは、アジアの志士たちの精神をもっとも端的に表現したものである。そこから「日本の明治維新は中国革命の第一歩であり、中国革命は第二の明治維新である」という孫文の認識や、日本と中国の提携も生まれる。しかし、中国やインドのような「中華思想」の欠如、つまり日本の「母文明」への片思いこそ、日本人がアジア大陸へ眼を向ける原衝動の一つであると指摘することを、半沢は忘れていない。

そうした原衝動にとらわれた人たちの生涯を本書は、ロシア（吉田武三）、朝鮮（坂上信八郎）、中国（半沢弘）、南方諸国（紀田順一郎）の分担で四つの部分にわけてのべている。とりあげた人物群は、（ロシア）橘耕斎、志賀親朋、榎本武揚、西徳二郎、市川文吉、（朝鮮）武田範之を中心とした東学党と天佑侠、（中国）岸田吟香と浦啓一、（南方諸国）鈴木経勲、志賀重昂、菅沼貞風、田口卯吉、岩本千綱、村岡伊平治、坂本志魯雄、依岡省三である。

中には聞きなれぬ人物もまじっているが、各編の筆者は全力投球をして、人物のあとを追っている。その熱情が本書をたんなる好奇心をみたすだけの死者の伝記に終わらせていない。

なぜなら一時代まえの日本人の捨身の行為への衝動は、私たちの心の中にも巣くっているのであり、そのもっとも堕落した形態が、日本の中国侵略（日中戦争）であったことを——総論に引用された葦津耕次郎の文章が訴えるように——私たちにも教えずにはすまないからだ。

かつてアジア大陸に夢を求めた若者たちの志は、自分一個のためのものでなく、国家とつながっているところに特徴があった。しかし国家膨張政策の手先とはいえない高い精神が、若者たちの中に脈打っていた。ともすれば国家政策のわだちの中に足をとられながら、一方ではその精神をつらぬこうとしたところから、さまざまな悲劇が生まれた。

漂跡は恰も水上の萍《うきくさ》に似たり
茫々たる天涯、雁書絶ゆ
知らず、何の時か双親に侍るを
仰いで天に訴えんか、天応えず
俯して地に訴えんか、地に声なし

この息をのむような詩をのこして、白面の青年、浦啓一が中国奥地に去ってから八十年たった。しかしその志の高さはおそらく今日の青年に訴える多くのものをもっている。国家の膨張政策の衝動と、志を国外にもとめる若者たちの原衝動の微妙な一致とずれ、それを正確に把握《はあく》していくことは、今日でも重要な意味を失っていない。「熱い心と冷たい頭」でアジアをみつめなければならぬ。

（「読売新聞」夕刊、一九七〇年一〇月二八日）

冥府と現世をつなぐもの

日本の怨霊思想の起源は『古事記』に出てくるイザナギの黄泉国の訪問までさかのぼれる。地下の国での腐爛《ふらん》したすがたをみられたイザナミは、黄泉醜女や雷神を引きつれてイザナギの後を追っかける。だが黄泉《よもつ》比良《ひら》坂は、生者の国と死者の国の境目だ。そこで黄泉《よみ》がえることのできないイザナミと、あやうく難をのがれたイザナギの烈しい応酬がくりかえされる。日本における最初の葛藤劇がここにおこなわれるのであるが、イザナミが侍女と雷をひきつれていたことは注目に値する。そのかっこうは沖縄の神女《のろ》のすがたを彷彿させるからだ。むかし神女は、猛毒のハブを手なずけ、それを自分の使い女《め》である少女の頭に巻つけて、自己の支配力を民衆のまえに誇示した。ノロは宣ると同語源であり、神託によって予言する女であるのだから、それはノロウことも可能なわけだ。しかも女人が頭髪に蛇をいただいた土偶は、すでに縄文中期の八ヶ岳山麓から出土していることを思えば、私たちは怨霊思想の原型を一挙に縄文中期までさかのぼらせてみることも必ずしも不可能でなく、また荒唐なしわざでもない。この女人土偶はおそらく巫女だったのであろう。呪詛するシャーマンのおもかげは、イザナミにみとめられるが、この土偶はそれと共通な要素を頒けもっていると考えて、すこしもおかしいものではない。それは縄文中期にとつぜん蛇のかっこうをした土偶が出現するのとふかい関係があると私はおもう。蛇と雷は怨霊思想に不可欠なものだ。イザナミがひきつれていた雷はじつは蛇なのであった。落雷のときの紫色の稲光が竜蛇のすがたにみえるからでもあるが、イカヅチという言葉はそもそもいかめしい霊をあらわす言葉であり、それは蛇にもあてはまる語なのである。そして蛇は洞窟や古墳の石室などに穴ごもりする。とすればイザナミは、横穴式古墳の石棺に葬られていたかも知れず、イザナギは、古墳の玄室から羨道の入口へと逃げ出したのかも分からない。沖縄の自然洞窟は多く死者を葬る場所であるが、私が宮古島の島尻という部落の山の中腹でみた自然洞窟は、入口に石を低く積んであって、外から中をのぞき見することができるようになっていた。中には人骨が累々と重なっていた。この石積みは、地下の国と地上の国の仕切りなのである。むかしは、死者の葬られたあくる日、その近親者は、死者と対面しにやってきた。もとより風葬だから死者はそのままの姿をしている。これをナイチャミーと呼ぶと宮古島で聞いた。イザナギがイザナミを訪問したのも、こうした風習を前提にして考えると、理解しやすい。つまり、以前は、地下の国と地上の国の仕切りは厳重ではなかった。それどころか、生者は、その近親や友人が死ぬと、何日もその葬られた場所にあつまって、食事や歌舞をして、死者と時間を頒けあったのである。このように、冥府と現世との往復が可能であることは、日本の怨霊思想の発達を大きく促すもとになっている。

しかし沖縄にかぎっていえば、死者の怨恨が生者を苦しめるという思想はない。その理由の一つは、死者の国、すなわち後生《ぐしょう》は生者の国と寸分ちがわぬ生活秩序を厳然と保って運行しており、それが死と生との閾《しきい》をこえて逆流することはないからだ。たとえば「後生の正月」という行事がある。旧暦一月十六日に、弁当をつくって縁者一同が墓前でひとときをすごす風習が今もおこなわれているのである。これは死者もまた正月をするという考えをもとにしている。「後生太陽《てだ》」という言葉もある。後生を照らす太陽は現世を照らす太陽と別に存在する。九州の装飾古墳の壁画に、太陽と舟とが多く描かれている。舟は死者の乗りものである。沖縄の離島ではもとは棺はクリ舟の板で作ったという。そしてこの死者の棺を納めた石室の壁をおぼろげに照らす太陽は、現世の太陽ではなく、後生の太陽なのだ。

沖縄で忌まれているのは子供の夭折や事故死である。そこで再生をおそれて死体を切りきざんで捨てたり、さかさまのかっこうで葬ったり、砂の中に埋めたりする。それに比べて、自然死は格別の意味をもたない。仏式で葬式しても、「死者は神世《かみよ》にいって、われわれを見守っている」という告別の辞が平気で述べられる。つまり死者は生者の守護神として祖先神となるのである。

しかし本土ではそうでない。生者が死後審判を受けて六道を輪廻する仏教思想は、沖縄には皆無であり、本土では支配的である。したがって因果応報の観念がつよい。それはあたかも遺伝因子のように作用すると考えられる死者による生者への脅迫がこうして成立する。それには東北地方のイタコなどのように死者の意志や感情の代弁者、生者に死者の意向をとりつぐ媒介者が必要である。それはシャーマンだが、仏教と習合することによって、成仏できない亡霊の存在を誇張して語り、生者を慄然とさせることに成功してきた。しかしこうした仲介者の役割が強大すぎると、死者が直接に生者をおびやかすという迫力はかえって阻まれることになる。沖縄に怨霊思想が本土のように発達しなかったのは、仏教の影響力が稀薄なせいもあるのであるが、一方では、神に奉仕する女たちの祭祀組織が本土よりもはるかに強固であるからだ。死者は自由勝手に生と死の閾をこえて生者をおびやかすことはゆるされない。それに対して、本土の社会は、生者は死者の復讐を感受しなければならぬ、という不文律が公認されている社会なのである。

しかも本土では仏教の輪廻は回帰する自然と重なりあっている。反復する自然は、稲作農耕においてもっとも顕著である。沖縄では稲作は粟作や麦作ほどにおこなわれない。地質がやせていることと、水が少ないためである。しかし本土の農業は稲作を基調としている。櫛風沐雨《しっぷうもくう》、稲の成育につながる百姓の努力の結実を無化するのは虫害である。稲を枯死させるのは亡霊のたたりだとして、藁人形をつくり、松明をとぼして行列し、人形を川にながす虫送り行事がある。この人形はサネモリさまとよばれる。サネモリが稲束につまずいて不覚をとったからだというのであるが、不慮の死をとげた亡霊、たとえば宇和島の和霊《われい》神社に祭祀される山家《やんべ》清兵衛などもこれになぞらえられる。和霊神社の七月二十三、二十四、二十五日の夏祭りのときには以前、松明や提灯をもち藁人形をかかげた虫送りの行列がみられたのである。こうした陰湿な怨霊思想とのむすびつきは他の穀物には見当たらない。それはとくに稲が死と再生を実感させる作物だからであり、かつまた、農民の執着してやまぬ穀物だからであろう。だから怨霊をしずめるという民俗行事は、じつは自然の鎮魂にほかならぬのである。それが不遇の生のはてに死んだ魂のよそおいをしてあらわれる。虫送りの行事で、鉦をたたくのは、念仏をとなえるときの所作であるが、かならずしも亡霊を供養しているのではない。

さきに怨霊思想に蛇＝雷は不可欠であるとのべたが、菅原道真が雷となって時平の一族にたたったというその有名な伝説のおこりは、やはり当時おこなわれた雨乞い行事の呪法と関係があるのではないかと私は思っている。もとより道真の怨霊はそうした呪法にしたがわなかったが、しかし雨雲をよぶ雷にひとつの人格と意志をみとめるのは、天を感応させる請雨の呪法とつながりがあるのであろう。そして雷を捉える話が『日本霊異記』などにあるから、もともとは雷神はさほどおそれられたものでなく、天上の邪神にたいする畏怖よりは地上の邪神である蛇にたいする畏怖がつよかったのであろう。しかしそれも『常陸国風土記』の夜刀《やと》の蛇神の説話のように、人間がそれを殺すということもでてくるのだから、そのころは蛇にたいする恐怖は潜在化し、意識の深層に沈殿しはじめたのである。

しかし、たとえば沖縄の宮古島狩俣の部落で祭りのときつぎの神歌がうたわれるのをどう理解したらよいか。

天の赤星よ　　天に輝く赤い星よ
太陽なうわ真主《まぬす》よ　　太陽の子孫《うふぁ》よ
治《しら》て山、びる主《ぬす》　　部落を治める山に座《ましま》す主《あるじ》よ
大森人《うふむい》、びる主《ぬす》　　狩俣の大森御嶽に座す主よ
山のふーすらいよ　　山の妖怪、大蛇よ
青《あう》すばぬ真主《まぬす》よ　　青しばの主《ぬし》、部落祖神よ
まやぬまつめがよ　　大蛇の娘マツメガよ
百草《ももふさ》の真主《まぬす》よ　　多くの部落の民の主よ
坐《んま》りまつめがよ　　始祖女神と蛇神の間に生まれた子よ
八十草《やそふさ》ぬ真主《まぬす》よ　　多くの部落の主マツメガよ

この神歌の冒頭に出てくる「天の赤星」の夫は、「山のふーすらい」とよばれる大蛇なのであった。大蛇と通じて子を生むというのは三輪山伝説とおなじである。ここには人間と蛇との葛藤よりは両者の親和力がみられる。だが、マムシやハブのように猛毒をもったものと人間との出会いは、人間の中に深い驚異の念と衝撃力を刻みこまずにはすまなかった。それがまえにのべたように縄文中期の勝坂式土器にマムシとはっきりわかる蛇姿付土器がとつぜんすがたをあらわす理由である。沖縄では蛇が殻をぬいで再生するのをスデルというが、蛇の強烈な再生力にたいする畏怖も縄文時代からそれにまじっていた。地下の国である洞窟にひそみ、人間におそいかかってたちまちのうちに死をもたらす蛇は、人間にとって明確に把握された最初の他者なのである。他者再生の恐怖、それが怨霊信仰の源泉である。日本で独特の発達をとげた御霊《ごりょう》信仰は、不

遇の死や不慮の死をとげた死者のたたりをおそれて、これを神に祭る風習であるが、その底には死者再生の恐怖がつよく流れている。この恐怖がなければ怨霊思想も御霊信仰も成立しなかった。そしてそれはすでにみたように縄文中期にまでさかのぼれるのであるが、仏教による輪廻転生と、モンスーン地帯の反復回帰する稲作とが加わって、いっそう陰惨な展開をとげたのであった。

（「グラフィケーション」五九号、一九七一年五月）

聖域としての天皇

天皇と天皇制の問題は戦中派の世代に属する私にとっては、不可避の課題である。私の青少年時代には、満州事変にはじまって太平洋戦争におわるまで、天皇と天皇制の影は不断につきまとった。しかも天皇に信仰をもてなくて苦しかった青年時代を、私はおもい出す。私は天皇を神と考えることのどうしてもできない人間であった。戦争で死ぬことは日本人として自明であったから、自分の死にどうした意味をもたせることができるかが私の青年期の最大の課題であった。この苦しみからは戦後に解放されたが、それは天皇の人間宣言によって私の心に終止符を打った。

しかし天皇の問題がそれで私からはなれたのではなかった。私は戦前のマルクシストによくみられるように天皇と天皇制とをごっちゃにして、その打倒を叫ぶだけではどうにもならぬものを感じていた。それは権力（パワー）としてはゼロであっても、権威（オーソリティ）は失うことのなかった時代の天皇の問題があるからだ。天皇の宗教的司祭としての役割こそが、天皇のもつ「火種」であって、それは日本の歴史の中で消えようとして、なお消えることがなかった。天皇を利用しようとする政治家たちは、灰の下に埋もれたこの小さい火種をつよく吹きさえすればよかった。天皇がその時代に合った衣装を着せられて、いくらでも復活してくる秘密はなにか。それは日本人の心性に巣くう天皇への神聖観念をつきとめることではっきりする。天皇を「御門《みかど》」と呼ぶように、天皇は特定の聖域の呼称によって表現される。いわゆる「恋闕《れんけつ》」のこころとは、この聖域にたいする宗教的な帰依が人格的思慕という形をとったものである。孝明天皇は御所が火事のときと攘夷祈願の行幸のときと、わずか二度しか御所の外に出たことはなかったと聞くが、歴代の天皇にとって、その住居は祭祀の場所としての聖域を意味していた。

私は三島由紀夫とまったく反対に、庶民や民衆の世界を切り捨てることによってその美的世界を完結させたいなどとは考えない人間である。しかし戦後の天皇が庶民や民衆と接触する旅をひんぱんにおこない、聖域の中に自分をとじこめようとしなかったことにたいする三島のいらだちはわかる。閉ざされた聖域を確保することで、天皇の宗教的権威はたもたれるからである。そこで私の関心はとうぜんのことながら、聖域とはなにかという問いにむかうことになった。聖域が絶対的空間として存在する以上、天皇はいつでも不死鳥のように復活する可能性を秘めている。人間が神秘というものを信じ、それに参加する情熱をもっているかぎりにおいてその危険性はある。

戦争で死んでいった多くの同世代の心を背負いつづけて戦後を生きてきた戦中派の一人として、私は「聖域」としての天皇はなんとしても解決しなければならない課題と考えている。

（「流動」一九七一年一〇月号）

辺境こそ進取の地——中央文化と地方文化

沖縄・池間島の老人の意気

中央と地方との関係はあくまで相対的なものであることを知る必要がある。たとえば中国との関係においては沖縄はその尖端《せんたん》であり、東京はその後方である。地図の上の境界や位置がどれほどいい加減なものであるかは、地図の片隅《かたすみ》に描かれた地方にいってみるとよくわかる。

沖縄列島のなかの先島《さきしま》の宮古島は辺境とみなされている。その宮古島の極北にある池間島は、イキハテの島からきた言葉だといわれてもいる。なるほど地図をみれば、地の果てにある孤島である。しかし池間島に渡ってみると、島民は開放的で屈託がなく、孤島苦のみじめさはひとかけらも見当たらない。

島の男たちは船団を組んで東南アジアや南太平洋に遠洋漁業にいっている経験者ぞろいである。池間島から帰るとき、小さな定期船に乗りあわせた老婆は九十という高齢であったが、遊んでいるのが退屈だといって、石垣島のパイン工場に働きにゆき、その工場に出かせぎにきている台湾人の老婆と知りあって意気投合し、その老婆の案内で近々台湾に遊びにゆくつもりだと私に語った。本土の老人の例からすればどぎもを抜くような話だが、池間島の老婆にとってみれば、別に取り立てておどろくほどのことでもないらしかった。地図の上のさいはての島のその先にまるい世界がひろがっていたのだ。

なぜ中央を固定軸とするか

おなじことは、下北半島の西の端の灯台のある大間崎《おおま》でも感じた。そこの人たちは大間と函館を結ぶフェリー船に乗って、日帰りで函館に買い物にゆくという。むかし東北地方は異国あつかいされていて「しのぶもじずり」とか「錦木」とか「雁風呂」とか、みやこ人士のあいだにはさまざまな珍奇なものが空想されているが、風と潮流を利用して、下北半島と蝦夷が島とのあいだには、太古から自由な交通路が開けていたらしい。その証拠には、下北にはアイヌのチャシ（とりで）と思われるところがいたるところにある。

自分はアイヌの子孫だと称している人たちも少なからずいる。事実、北海道の道南部と東北地方の北部とは、もと文化は一体であったと考えられている。

したがって中央を固定軸とするときに、その視座から地方または辺境がやはり固定して存在するだけの話である。中央と地方という固定観念、あるいは国境という人為的な画定線を取り払ってみれば、地方とか辺境とかの概念はすこぶるあやしくなるのである。すくなくとも地図の上の辺境は、かつて文化の取り入れ口であったばあいが多い。それが政治的な理由で辺境化させられただけの話である。かつて古琉球は南洋と貿易をおこない、那覇には十ヵ国の人たちが住んでいたという。沖縄は日本の辺境あつかいにされているが、日本列島のなかでもっとも先進的な地域であった時代が、いまをさかのぼる五世紀なかば前までの琉球王国にはあった。

時間の尺度をどうとるか、視点をどこにさだめるかによって、それぞれの地方は中央ともなり辺境ともなる。そしてかつて中央であり、今辺境と化した地方は、その古い文化をたやすく捨てないのがふつうである。

眼に見えるものは、新しい文化によってとってかわられるが、眼に見えない部分、すなわち生活者の意識はそうかんたんに変わらないからである。中央文化が地方の隅々までおおうようにみえても、それは表層のことにすぎない。生活者の意識のなかの変わりにくい部分は、無意識の深層の底に沈んで、幾十世紀も動こうとしない。だから中央文化を眼に見える文化、地方文化を眼に見えない文化と規定することもできよう。

見える文化と見えない文化

ただし、その地方文化もそれが文化の統一体の中心であった時代には眼に見える文化をもっていた。しかしその文化の見える部分は廃墟《はいきょ》または遺跡として痕跡《こんせき》をとどめるか、あるいはあとかたもなく一掃された。そして眼に見えない部分だけが残ったのである。この眼に見えない文化の特徴は、それが生活者の生き方にあらわれることにある。それは地方が中央の風俗をどのように受け入れようとも、きわめて徐々にしか変化を受けない。そして常民の生活のフォルムを規定する信仰や日常の伝承のなかに伝えられてゆく。

地方出身の学生が、首都の学校では標準語を共通語にしていても、故郷にかえればただちに方言にかえるのとおなじである。自分をつちかった意識空間では、方言のほうが感情の陰影をぴったり表現できるようにおもうのは、それが生き方と深いつながりがあるからである。それは地方には地方独自の尺度があることを意味する。

奪われぬもの守るたたかい

沖縄地方にかず多い御嶽《うたき》は、神々をまつる聖所であるが、そこはただ自然石が仕切りとして置いてある森や小高い丘であって、何の変哲もない。しかし、その自然石の奥には、神に仕える女性たちしか出入をゆるされない。

男子は一切禁制である。この聖なる空間を本土の旅行者や観光業者が無視することはできない。なぜなら本土の人びとの眼には、ごくふつうの自然の風景にすぎないと見えるものが、沖縄の人たちには、とおい先祖伝来の魂にかけて守るべき空間だからである。つまり、沖縄の御嶽は、その地方の精神の不可侵の部分を形成する。中央文化が、どのような強権を発動しようと、眼に見えない文化を奪うことはできない。この一点に立って地方が見直される時期が到来した、と私は考える。

地方がみずからの価値に目ざめるとは、地方のもつ固有性の再発見というだけにとどまらない。それは「奪われない」ものを守るたたかいとして発展する契機をふくんでいる。それがたとえ中央の眼に無意味に見えようとも、中央の文化の尺度によって計測できないものが地方にあると信じないかぎり、地方は中央に従属してゆくほかないのである。

（「読売新聞」一九七一年一一月七日）

民俗学の記念碑的大著『花祭』収める——『早川孝太郎全集』第一巻

早川孝太郎の『猪・鹿・狸』はふるくは芥川龍之介や周作人にも愛読された名著である。三河の山村の風景に点綴される動物たちのすがたが、絵のようにあざやかな文章で描かれている。早川孝太郎は愛知県の南設楽郡横山村に生まれ、画業を志して上京、松岡映丘に師事して日本画（大和絵）をまなんだが、のち松岡の兄の柳田国男と知り、その指導を受けて民俗学に入るようになった。

こうした経歴をもつ早川孝太郎が、花祭を手がけて日本民俗学の業績の中でも記念すべき大著をのこしたことは知られている。しかし早川の著書『花祭』は昭和五年に図書院から限定三百部が出ただけで、その後、抄録以外には私たちの眼に触れる機会が少なかった。それが今度、早川の全集の第一巻として出版された。

花祭は花神楽ともいい、主として愛知県北設楽郡の振草川と大入川の二つの川の流域二十カ所におこなわれる冬祭である。「一般に花祭と言えば、山にはもう雪が降り積って、寒い寒い雪の夜を連想したのである。この雪の夜のさまざまな印象が、いかに根強く村の人達の胸に染み込んでいたかについては、つい近年まで――今はそれほどでもないが――すべての生活の基調を、この夜を中心に考えている事実である」と早川が述べているように、以前は陰暦霜月におこなわれていた。

山人が里へおりてきて、土地の悪霊をしずめるとともに、稲の花がよく咲いて実が入るように予祝を与えるのが花祭であった。神がきまった日に訪れて村人に祝福を与えるという行事は、東北から沖縄の八重山地方にかけてひろく見られる習俗で、それが奥三河の山村にも残っているのは、日本列島における文化の伝播の様相を考えるのに大きな示唆となるものであった。

早川孝太郎はこの『花祭』を出版するまで百回以上も三河の山間を歩いているので、その調査報告はまことに精緻をきわめている。だがふしぎに感じられるのは、早川が一行も概論を述べていないことである。それは採訪者として、意味づけはなるべく避けるという柳田の方法論に忠実であったためであるが、日本民俗学という「学問の為、幸福であり、早川さんの為には、不幸であった」と折口が言っているのは、柳田が他人には意味づけを許さなかったことへの批判をこめた言葉である。有賀喜左衛門の解説によると、早川の「花祭」は渋沢敬三の助力と折口信夫の方法論上の指導があって完成したものだという。早川の紹介以来、奥三河の花祭は、折口や有賀などの民俗学徒を熱狂させ、柳田から「花狂い」とひやかされたほどであった。しかしそれがたんなる趣味の問題でなく、折口の「まれびと」説を形成する鍵でもあったことを考えるならば、きわめて重要な主題にほかならなかった。

生前不遇であった早川の全集が世に出ることをここによろこびたい。著者の筆になる花祭の口絵はうつくしい。

（「東京新聞」夕刊、一九七一年一一月二九日）

「風知草」より――「読売新聞」コラム

日本という国

戦後筑豊で炭坑夫として働き、今もなお筑豊の廃鉱地にふみとどまっている上野英信は、炭鉱町の繁栄と死滅をつぶさに知っている。彼の住んでいる町は三人に一人が生活保護を受けているという。その大部分は炭鉱離職者である。国内に職がなく、遠く南米へ農業移民として海を渡るほかない者もいた。上野は、還暦を越した老坑夫が「とうとう日本には縁がなかったとですたいなあ……」と語ったことを「月刊百科」（平凡社発行）一月号に書いている。

上野はその老坑夫の言葉にふれて「まさしくこの国の最底辺に身を沈めて祖国をささえてきた一人の日本人が、長い苦役のはてにたどりついた、身を切るように切実な悟りそのものなのだ。それにしてもこのような老坑夫に私たちの国が与えることのできたものは、ただ一つ、しょせん祖国が彼とは無縁な存在であったという、星のように孤独な自己認識だけであったとは……」と絶望的な感想をもらし「まったく日本という国は私たちにとっていったいなんであるのか。荒涼たる廃鉱の一木一草までが、そのことを問いつめているように思われる」とひとりごとのようにつぶやく。

いまグアム島で二十八年の密林生活をすごした横井庄一が、十分にご奉公ができなくて恥ずかしい、といいながら日本に帰ってきた。その言葉とさきの炭坑夫の嘆きを重ねあわせると、日本という国のすがたがまざまざと浮かび上がってくるではないか。

（「読売新聞」一九七二年二月九日）

沖縄のこころ

沖縄は多くの苦悩の現実を背負いこんだまま復帰することになった。それにたいして本土の人間の一部は、沖縄にすまないという気持ちから言うことばもなく沈黙している。昨年秋の沖縄国会このかた、まっとうな沖縄論が影をひそめてしまったことがそのことを何よりも雄弁に物語っている。本土は沖縄からいくら批判されても仕方がない。

　こうした現状をふまえて、沖縄の詩人の牧港篤三が「青い海」（おきなわ出版刊）二月号に「いま、沖縄ということで、沖縄人の間に一種の傲《おご》りがあるのではないか」と問題を提起している。「いまの若い世代はおおらかで、先輩の背負いこんだ卑屈感などとうに清算してしまい『わたくしは沖縄からきた者だ』と、どこでも言えるし、むしろそのことにある種の優越感さえいだいている。それはたしかに、昔とくらべて進歩と言える。しかし、逆にそれが変な自信となって独走するばあい、これが力みとならないとは言えないのである。沖縄の人間が、不当な処遇を受けてこれに反発するのはよいとして、逆境を楯《たて》に心傲る必要があるだろうか」と言う牧港の指摘はきわめてするどい。

　沖縄人の誇りと沖縄人の傲りとを峻別《しゅんべつ》しなければならぬ。それは差別された沖縄人の屈折した意識をみずから体験した上で、沖縄人の特質である強い心と柔軟な精神を失うことのない詩人にして、はじめて言い得ることばである。

（一九七二年二月一九日）

強いられた劇

アイヌの血を受けついで生まれただけで、人知れぬ苦しみを生涯あじわいつづけねばならない。一体こうしたことがあってよいか、と叫びたくなるような文章が「北方文芸」（北方文芸刊）二月号に特集されている。アイヌについての不用意な発言がいかにアイヌを傷つけることになるか。

戸塚美波子は阿寒のみやげ品店で、絵ハガキの裏にアイヌは毛深い民族であるという説明書きがしてあるのをみて、おどろき、あきれ、そして怒る。アイヌをゴリラや猿《さる》あつかいにしてすこしも反省の色のないシャモ（和人）の態度にたいして。全く異なる顔付きと体質をもった日本人に北海道にはいってこられるくらいだったら、ロシアに占領されていた方がどれほどよかったか知れはしない。「ロシアの人の方がシャモより毛深いし、顔付きもアイヌに似通ってるから……」という。

この考えは戸塚美波子自身「単純な発想」といっているが、しかし笑うことはできない。たとえばある娘はシャモの若者とねんごろになり、その子を腹に宿した。しかしその若者が仲間と集まって酒もりをしているとき、自分はアイヌ娘に子なんかつくらない、と言いはっているのを聞いてしまった。そこで娘は腹の子はアイヌの子として育ててみせると思い、みごもったまま、若者から去ったという。

アイヌとして生まれたことがそのまま劇である。もとより当人が望んだ劇ではなく、強《し》いられた劇なのである。

（一九七二年四月一日）

沖縄の中の差別

庶民はふつう体制がわにつくが、ときには反体制運動の先がけともなる存在である。庶民の生活意識や伝承や習俗を研究する民俗学も、その知識をもって体制に奉仕することになりかねないし、あるいはその知識を社会の現状打破に役立てることもできるという双刃《もろは》の剣としての立場にある。民俗学者は無自覚であってはならない。

最近創刊された「遊行鬼」（遊行鬼グループ刊）第一号は、民俗学を自分の武器にするために、既成の民俗学にするどい視線をむけているが、その中で島袋源が一口に沖縄といっても、本島と先島《さきしま》の間にはあきらかな差別があることを指摘している。

たとえば昨年の夏の干ばつと秋の台風で打ちのめされた八重山の農民について言及し「琉球政府視察団は、見分けのつかぬ程瓦解した家跡の土のかたまりだけが残ったのを見せられ『これは住居の跡ではない、こんなにまでして援助費が欲しいか』と叱責の声を上げた。村人がやむなく土を掘り起こすと、人の住んでいた跡が出てきた」という悲惨な事実を紹介する。たまりかねた八重山農民が琉球政府の役所のまえにすわりこんだ事件は新聞に報道されたところだが、それにたいして琉球政府役人の態度はつめたかった。

しかしまた島袋がいうように「『異系・異類』としての疎外が苛酷なゆえに、宮古にはすぐれて思想的な闘争の自律意識萌芽の触手が感じられる」とすれば、民俗学者はこれらの歴史的事実にどのような態度で立ち向かおうとするか。

（一九七二年六月一日）

道のくらし

放浪芸とか大道芸とか呼ばれる伝統的な非定着の大衆芸能を追い求めている小沢昭一が、その衰退の原因を「伝統芸術」（伝統芸術の会刊）第三号の中で、それは結局「道のくらし」がなくなったからだ、と述べているのは注目に値する。

今日、道には自動車があふれていて、人間が安心してとおれる道はごく少なくなってきている。たまには散歩道にふさわしい道路が残っているが「道」の意味が変わってきた。「そこで芸を演る事は具合が悪いわけです。具合が悪いどころか、現に『道路交通法』は大道芸人を認めていない。一軒一軒、軒を付けて歩いていると、それは厳密には道路交通法にとわれることになる。実際、万歳をやっていられる衆から、お巡査さんに叱られるのがとても嫌だ、という話をげんに聞きました」

まえには道は広場を兼ねていた。そこは、人びとが交流する場所であった。夕方になっても子どもたちが群れをなして遊ぶすがたが見られ、おとなたちが縁台をもち出して世間話に興ずるのびやかな光景があった。大道芸人のほうも、たとえば「歯磨粉を売るについて、付属芸として、独楽廻しや、居合抜きを見せていた。ところが、歯磨粉は、もう路上では売れなくなった」。こうして、人びとは「道のくらし」を捨てて、家の中だけでくらすようになってきた。開放的な集団生活の思い出は、とおい昔のことにすぎなくなった。

（一九七二年六月二八日）

ネフスキーのこと

日本の民俗学者のあいだでニコライ・ネフスキーの名は今もって忘れることのできないものとなっている。ネフスキーの業績は東北にのこるオシラサマの研究と沖縄の宮古島につたえられた民俗や言語の採集が有名である。その論文は平凡社の「東洋文庫」に『月と不死』という題で収録されている。

ところでネフスキーの名が容易に消しがたいのは、彼がロシア革命後の祖国にかえって、そこで反革命者のかどで投獄され死んだという悲劇的な結末も大きく影響している。日本で結婚した彼の妻も、ソビエト官憲のために不幸な生涯を終わったらしい。ネフスキーの日本およびソビエトにおける足跡を追って、田中かな子が「図書」（岩波書店刊）六月号に、遠野、宮古島、レニングラードへ旅行したときの文章をよせている。田中によると、遠野にも、宮古島にも、そしてレニングラードにもネフスキーの研究家がいる。彼の一人娘のエレーナは今は四十歳をこえるが、小児科医としてはたらいており、田中にむかって「なき母親、磯子さんの郷里である北海道のこと、そこに住む肉親のこと、両親から聞かされてきた東京や大阪のことを思い、一度でよいから行ってみたいとその夢を語」った。

ちなみにネフスキーはスターリン死後、一九六〇年代のソビエトで名誉を回復したばかりでなく、彼の業績の中で、とくに西夏語の研究は高く評価されている。ネフスキーの獄死とその復権は社会主義国における民俗学の評価という興味ある問題を身をもって示しているようにみえる。

（一九七二年七月一一日）

水俣病センターの訴え

水俣病患者代表がストックホルムの国際環境会議に出席したとき発表した「水俣病センター設立」のアピールについては、本紙にも報じられたところだが「告発」（水俣病を告発する会刊）第三十七号に、その詳細な文章が載っている。

それによると「ある胎児性患者の母親は、自分が死ぬ時この娘も死ぬ、とつぶやいていたという。その患者は食物を嚥下することさえ出来ない。母親が居なくなった時、しかも肉体的には成人してゆくその娘の生涯を一体誰が看ようとするのか」と訴えている。そして「運動は、現在ホットに闘われている訴訟・自主交渉闘争を含めて長期の展開を要請している」として、水俣病センターを水俣に設立して、患者や家族の精神的なよりどころを作ることを提唱している。それは現在の患者ばかりでなく、これから続出する可能性のある患者たちのためにもぜひとも必要である。同紙の報ずるところでは、今もって熊本県の天草や鹿児島県の長島には潜在患者が少なからずいる。

そこで、水俣病センターの機能としては、患者たちの集会場のほかに、殖産事業や患者の定期診療や健康相談にも応じることにしたいという。こうしたことは、忍耐のいる仕事にちがいないが、しかしそれをやらねばならないことはだれしも感じている。いま水俣病センター設立のための困難な第一歩をふみ出そうとする人たちをあたたかく見守ってやるのは、人間としての義務であろう。

（一九七二年七月二〇日）

白の意味

私たちは日ごろ何気なく色を含んだ言葉を使っている。たとえば日本各地には白山神社がある。加賀の白山神社がもっとも有名であるが、白山の「白」について考えたことがあるだろうか。

民俗学者の宮田登は「理想」（理想社刊）七月号で、その意味を追求している。宮田はまず愛知県の北部でおこなわれる花祭りの中で、白山《しらやま》という四角な形の建物が作られることに注目する。この白山は浄土、つまり他界に相当するもので、人びとはその中にこもる。そして出てくるとき、ウマレカワリ、ウマレキヨマル存在となる。このばあい「シラ」という言葉は人間の産屋を意味している。こうして宮田はウマレキヨマル思想が白山《しらやま》信仰の根幹にあると推定している。

では、これと加賀の白山に代表される白山信仰とどのようなつながりがあるか。中部、関東、東北の被差別部落に白山神社がもちこまれているばあいが多いという。白山さまはお産や育児の神ということになっている。ウマレキヨマル思想を土台にした信仰なのだが、それが被差別部落と関連がみられるとすれば、それはなぜか。若い民俗学者はいま、柳田国男が手をつけないで残した空白の部分に取り組む姿勢を見せている。そして私たちが気づかなかった社会的な意味が民俗現象の中にも存在することを明らかにしようとしている。

（一九七二年八月一九日）

死者との対話

今日準備がすすめられている沖縄の海洋博覧会会場の用地買収予定地には六百余の墓があるそうだ（本紙九月二十四日朝刊）。とりわけ墓を大切にしてきた沖縄の人たちがどう処理しようとするのか気がかりである。いったん先祖伝来の墓地をとりあげられたものは、風格のある切り石積みの墓のかわりに、コンクリートで作った白っぽい墓が道ばたで車のきたないほこりを浴びるというむざんな光景を覚悟しなければならない。

内村剛介が「現代詩手帖」（思潮社刊）九月号で述べていることもこのような状態が訪れることにたいする警告である。内村は墓地を粗末にする現代ロシアの風潮を紹介しながら「常民のひとつの知恵は日本ではまだ生きている。私たちのところでもブルドーザーがうなり、地均しをする姿はあられもなく見られ、死者を余計者扱いする風潮は日々明らかなのだが、それでも、七、八月ともなれば故人の霊を迎える行事が形だけでもなお行われている」という。「霊たちが生者に会いに来るというお盆の季節に原爆投下が行われたおかげで、原爆記念日、敗戦記念日は日本に定着するきっかけをえたのであった。原爆と民間信仰との習合といえば、それはあまりに痛烈な皮肉というべきではないか」。

内村はこう指摘しながら、やがては「日本の共同体が原爆まつりの風化をかろうじて押えている」現状もすぎさり、冷酷な時代、つまり死者との対話がぷっつり切れてしまう時代が日本にも遠からずやってくることを憂慮し警告する。あじわうべき一文である。

（一九七二年九月二八日）

本の値段

さきごろ本屋のストが新聞をにぎわしたが、本屋にはんらんする本のかずはおびただしい。まるで本の洪水に接するようで、読者は目をまわしてしまう。そのくせ買いたい本はなかなか見付からぬ。問題の所在は複雑、そして深刻であるが、そのひとつには定価が出版社側の手できめられていることがある。そこで、定価をはずして、無定価制の下に自由競争を主張するむきもあるが、将来はいざ知らず、現在ではいたずらに混乱をまねきかねない。

未来社社長の西谷能雄は「未来」（未来社刊）九月号の中で、試案とことわりながら上限価格制の提案をしている。この提案は「一言でいうならば、定価販売をやめて、価格をこれ以上には高く売ってはならないという意味での、価値の上限のみを規制する価格制度である」。こうすることによって「マージンの拡大にもない、当然買い切り扱いとなる。業界の過剰返品は一応解決する。返品にともなう各種のロスはなくなり、労働力不足の折から、前向きの仕事に人員を充当できる」。「買い切り扱いにともない、取次・小売店の無責任仕入れはなくなる」。

こうして版元も小売店も、ただやたらに本を作り、やたらに本を並べておくだけで事足りるというおそるべき状態を脱するきっかけとなることを西谷は強調する。「内容が貧しければ割引率は高くなるから、小売店には好ましからざる版元の商品と認定され、従って版元は質についてもきびしい姿勢をもたねばならず、自己規制も必要となろう」と西谷は述べている。

（一九七二年一〇月一五日）

民衆宗教の分析――松永伍一『原初の闇へ』、猪野健治ほか『民衆宗教の教祖の実像』、宮田登『近世の流行神』

『原初の闇へ』の中で松永伍一は「仏教の仏教らしさは永年葬式という儀式のなかにあった。だから葬式を見ることによって仏教の姿を見ることができるという皮肉は、いま決定的なものとなってわれわれにその理由を問いかける」と書いている。信仰を既成宗教の側からみるとき、宗教は過去の遺制であり、神（仏）は死んだ、という断定を下すことはさほどむずかしくはない。今日、五十名の生命を死なせた水俣病にたいして、既成仏教のほとんどが黙殺をつづけている。松永も「公害という言葉は、その本質をぼかしていて、当然、資本害、企業害と呼ぶべきだが、利潤の追求のために狂奔してやまぬ企業が、ときとして、はっきり殺人行為をおこなっている現状に対して仏教者は、どう対処しようとしているだろうか」と、いきどおりを叩きつけている。

だが、宗教問題にはもう一つの面がある。日本列島にはシャーマニズムの大きな火山脈がとおっていき、火山活動はすこしもおとろえていない。沖縄の民間信仰は、戦後になってかえって盛んになり、今でも無名の小教祖がどんどん生まれている。それは沖縄にかぎったことではない。

『民衆宗教の教祖の実像』の中で、猪野健治・梅原正紀・清水雅人の三人が、十二人の教祖に触れて書いているのを見ると、民衆宗教家のじつに多彩な活動ぶりがまざまざと浮かんでくる。そこにとり上げられたのは、私など名前を知らない中小の民衆宗教ばかりだが、その多くが公称何十万という信者をかかえているというのには、民衆生活の底知れぬ基底にふれるおもいがする。そして教祖の思想の具化的表現はその教団の建て物である。教理がさまざまなもののよせあつめであるように、各教団の本殿も奇妙な感じのするものが多いのは注目すべきである。ゲテモノといえばそれまでだが、その整序されにくい形は、民衆宗教の活気あるすがたをわれわれのまえに示している。

教祖の宗教的感化力は、人格の魅力にくわえて、なにがしかの呪的方法をとることが一貫しているけれども、それは民衆と神との呪術的かかわりあいにみられる現象を利用せずにはすまないからである。

それを考察したのが、宮田登の『近世の流行神』である。流行神の発生と消滅に焦点をあてたこの書物は、むしろその論点よりはそこにとりあげられた素材の豊富さによって、読者をたのしませる。たとえば若狭の国のある家に、一人の老人が止宿していたが、いよいよ発足するとき「我は疱瘡神也、此度の恩謝に……疱瘡安く守ることを誓う」と述べて去ったという話がある。

これは疱瘡神が福の神となったのだと、宮田登は説明する。この老人は船に乗ってやってきた、というのだから、疱瘡が海のむこうからもたらされることを暗示しているのであろう。沖縄ではむかしは、疱瘡を

「ちゅら瘡《がさ》」と言った。ちゅらは「清ら」であって、つまり島人に禍を与える病気に尊称をつけてお引きとりをねがう心理がはたらいている。疱瘡神を福神とみたてる中にも、島国に生まれ育った民衆のそうした切望が秘められていることを、見のがしてはなるまい。宮田登は「信仰を受容する民衆の方で、流行神を創成する必要がある場合、とりわけ宗教的媒介者の存在がなくても、一つの地域社会内にびまんするほどに著名になる流行神がしばしば成立している」ことを指摘しているが、その理由の分析の仕方にもう一歩のふみこみがほしい。

日本の宗教思想は、以上の三書がそれぞれ追求しているように、教団、教祖、民衆の関連の在り方において、まだ解明されないところが多い。そしてそれは過ぎ去った主題ではない。なぜなら日本のシャーマニズムの大山脈は、宗教思想だけではなく、日本の社会の深層心理の基盤を形成しており、いつ噴火と地震をともなって、体制あるいは反体制をゆるがすかわからないからである。

（「中日新聞」一九七二年二月二六日）

笑い・内藤正敏——わが風景

内藤正敏は数年間ミイラに取りくんで、ミイラと対話してきた作家である。ところでミイラの写真をみると笑っているようにみえる。激しい土中入定の行をしたのちにミイラになったものがなぜ笑うのであろうか。

なんとも無気味なものをおぼえる。内藤はまた東北のカマド神も撮っているが、このカマド神もそのぶあつい感じの顔でかすかに笑っているようにみえる。東北の大地から生れたこの土俗の面のなかに私はひそかな地霊のしのび笑いを見るような気がするのだ。

その内藤は期せずして、東北のふかい民間の歴史がもつ土くさい笑いを引出そうとしているように私にはみえる。津軽の十三湖にゆく途中に車力村があり、そこの高山稲荷には、旧の三月の九日、十日の縁日を目あてに、近在のばあさん連中があつまってくる。神社の近くの宿所で世間話やおどりに花が咲く。写真の老婆たちはどれもこれも似通った顔で、仲間のおどりをみて無邪気に笑っているが、それでも無気味なものだ。まるで盆提灯のような顔が並んでいる。金歯をむきだしたかっこうは、仏壇の金箔《きんぱく》を想像させる。にもかかわらずその顔からは生きることのなまぐささが立ちのぼっている。

陽気いっぽうの笑いではない。それはあらゆる経験を濾過《ろか》してきたものの笑いだ。その目は、だから見えないものを見ることができるのだ。死者が灯の下でおどっているのとどれほどちがうのであろうか。ミイラと暮して、ミイラと対話したという内藤正敏はミイラの中に生きた人間をみたが、こんどは生きた人間のむこうに精霊のおどりをみるような写真をとったのだ。

（「朝日新聞」夕刊、一九七二年三月九日）

『死者の書』めぐって――中村浩『若き折口信夫』、岩田正『釋迢空』、梅原猛ほか『藤原鎌足』

中村浩の『若き折口信夫』は、その冒頭で、折口の小説『死者の書』の素地となった中学時代の体験を追求している。それによると、折口が自宅から中学に通学するコースに、一心寺、夕陽が丘、四天王寺があった。一心寺は法然上人が草庵をむすんで日想観を修したといわれるところ。夕陽が丘は藤原家隆が晩年に落日を見つめつつ日想観の修行をしたところ。四天王寺西門は、彼岸の中日の夕刻、西の海に落ちてゆく日を拝むところであった。落日の中に想念を集中統一して西方浄土を観念することを、日想観という。

折口は「昔と言うばかりで何時と時をさすことは出来ぬが、何か、春と秋との真中頃に、日祀《ひまつ》りをする風習が行なわれていて、日の出から日の入りまで、日を迎え、日を送り、又日かげと共に歩み、日かげと共に憩う信仰があったことだけは、確かでもあり又事実でもあった」と書いているが、中村浩は「折口信夫が四天王寺の日想観をふみ台として、二上山の峯にくるめき落ちる日の中にあらわれる俤《おもかげ》びとへの想いを動かしてきた」と説くのである。

岩田は、小林秀雄が「藤原南家の郎女（中将姫）が、彼岸中日の夕、二上山の日没に、仏の幻を見たのは、渡来した新知識に酔ったその精神なのだが、さまよい出たのは、昔乍らの日祀りの女の身体であった」と述べた個所を引用し、肉体の復元は不可解だが、意識の復元は可能である、と主張する。つまり古代の時間の復元は不可解であるが、古代意識の復元は可解である。後世の観念の中にとつぜん古代の意識があらわれる。それが『死者の書』の主題であると、岩田正は力説しているように私には思われる。

中村浩の著書は、折口の原体験を提示しているほか、彼が中学で落第したときの成績表や彼の風変わりな兄の生涯や、女装した折口の口絵写真を紹介したりして、折口という異常な天才への手がかりを与えている。岩田正の『釋迢空』も『死者の書』をめぐって論じている中で「日想観」に触れている。二上山は奈良盆地の西をかぎる山の中でもとくに目立っており、その東北の山麓に生まれた恵心僧都は、朝夕二上山に没む夕陽を見てそだち、後年の日想観を感得したのだった。そして二上山の山頂には大津皇子の墓があり、ふもとの当麻寺には藤原鎌足の曽孫である中将姫の伝説がある。ここは『死者の書』の舞台であった。

この『死者の書』の主人公の先祖にあたる藤原鎌足や不比等をめぐって、梅原猛、杉山二郎、田辺昭三の三人が論じ合っている。その討論は古代の精神史の基礎となる政治と宗教のかかわり合いを主軸にしておこなわれている。論者の多彩な博識ぶりは感歎するほかないが全体として焦点のないのが難である。

その人物論は、話をおもしろくしようとして、現代にあまりに引きつけている。それが読者にかえって異和感をもたせる逆効果を生んでいる。梅原猛は稗田阿礼は藤原不比等にほかならなかったとしているが、彼自身述べているように彼以外を説得するまでには至っていない。

梅原は、文字が使える時に、どうして女が暗記したりするか、と疑問を呈している。しかし、こうした見方は単純にすぎるように私は思う。現に沖縄の宮古島には、島の歴史を祭の日にのみ語る「あやご部」というのが存在しているのであり、つい最近まで暗記した言葉を文字に書き写すことは禁じられてきたのである。私の言いたいことは何か。それは現代人の揣摩《しま》臆測をそのまま古代にあてはめることは思わぬ危険を招くということである。

仏教の日想観の以前に、古代では春分や秋分の日に、落日を拝む風習があった。それは、サツマのコシキ島にもあったのである。「つらつら往昔を尋ぬるに、辺鄙の小島なればいまだ法流ゆきわたらせ給わぬ前は、春秋の彼岸には人々藺落《いおとし》の凹《くぼみ》にいたりて日影の西海に沈み給うを拝みけるとぞ」には仏教以前の古代信仰がまざまざとうかがわれる。

(「中日新聞」一九七二年三月二五日)

倒幕の予兆

倒幕の先駆　天忠組——天皇の大和親征と天忠組

文久三年(一八六三)から明治元年(一八六八)までのわずか六年のあいだ、佐幕派、倒幕派、公武合体派は三つ巴となってその主導権をあらそった。だが、この主導権は二転あるいは三転しながら大詰を迎えるのであって、はじめから倒幕の明確な線の上をつっ走ったというのではなかった。

倒幕派にとってさえその多くは、主張を真正面から掲げずもっぱら、尊王攘夷という幕府も否定できないスローガンをかかげてすすんだ。攘夷を厳格に実行しないのは尊王の精神に欠けるところがあるからだという論理をもって、幕府をゆさぶったのである。

文久三年八月十三日に孝明天皇が攘夷祈願のために大和親征の布令を出したとき、政治の主導権は幕府から一挙に朝廷に移るかのようにみえた。この計画の推進者は宮中の若手の過激な公卿たちとむすぶ長州藩で、その裏には筋書を書いた真木和泉守《まきいずみのかみ》がいた。しかし倒幕派の独走にたいして、猛烈な反感が佐幕派の会津藩と公武合体派の薩摩藩から起った。孝明天皇は攘夷主義者ではあったが、倒幕の思想の持主ではなかったので、攘夷親征の強行をためらった。ここにおいて、長州藩とそれに与する公卿はとつぜん宮中から閉め出され、大和親征の計画は放棄された。これがいわゆる八月十八日の政変である。

しかしそのときすでに大和へ出発した人たちがいた。その中心人物は、名うての乱暴者の公卿である尊攘派の中山忠光《なかやまただみつ》であった。この十九歳の若者にしたがうものは、吉村寅太郎《よしむらとらたろう》以下四十名足らずの総勢である。八月十四日の夜に淀川を下って、大坂から堺へぬけ、そこから河内の狭山へむかった。天皇の大和親征を契機に大和路で義兵をつのり、蹶起しようというのであるが、わずかの人数で兵をあげて幕府を倒そうとするのだから無謀な話である。つまりそれは今の言葉で言えば先駆性理論の一種を信奉していたのであって、自分たちが倒幕の先がけとなれば、あとにつづく者があると固く信じたのであった。

忠光の一行は大和と河内の国境の山で今後の方針を協議した。大和の国五条の役所は十津川の鎮所であり、その代官鈴木源内は尊攘党の妨害をする幕府の姦吏である。代官を殺したら勤王の義気に富む十津川の山民が立上がって義挙に加わるだろうということになった。そこで八月十七日には代官所を襲撃して鈴木源内を斬り、真言宗の桜井寺を本陣として、付近の庄屋や村役人たちを呼びよせて、挙兵の趣を告げ「祝儀として本年は御年貢此迄の半通り」と触れた。

このとき、総勢百五十名に増した。そこで中山忠光を将にし、備前の藤本鉄石、三河の松本奎堂《まつもとけいどう》を総裁、土佐の吉村寅太郎を軍事掛にして、天忠（誅）組と称した。

いっぽう京都の三条実美《さんじょうさねとみ》や、真木和泉守らは、中山忠光らの挙兵があまりにも成功の見込おぼつかない暴挙であると考えて、平野国臣《ひらのくにおみ》を派遣し、思いとどまらせようとした。しかし国臣が五条に到着したときには、代官所襲撃のあとで収拾は困難な状態になっていた。

八月十九日になって、昨十八日に政変があったという知らせが京都からあった。一同はおどろいたが、いまさら仕方がない。この上は十津川の郷士や農民たちを募って味方につける以外はない、と言って十津川を指して五条を出発した。四方絶壁となって要害堅固の天の川辻というところを天忠組の本陣ときめた。十津川の農兵はぞくぞくとあつまり、天忠組は千名を上まわるいきおいになったので、五条に引きかえして、その東北にある高取城に攻撃を加えたが、むざんな失敗におわった。そこでまた天の川辻を確保しながら、五条方面へ出て血路を開こうとするとき、紀州藩や郡山藩の大軍勢がおしよせてきた。天忠組は防戦したが銃器や弾薬なども欠乏して敗戦となった。それから忠光以下四十余名の小人数で紀伊半島の深山をさまよう日々がつづく。忠光の挙兵に勇躍参加した伴林光平《ともばやしみつひら》の『南山踏雲録』には「雲を踏み嵐を攀じて御熊野の果無し山の果も見し哉」という歌がしるされ、久留米藩士半田門吉の日記には「見モナレヌ大木茂々トシテ影闇ク、霧深クシテ露ヲ含ミ、白雲半腹ヲ廻リテ遠望スル事能ハズ」と書きのこされた。忠光の一行は大台ヶ原の伯母ヶ峰から大和の鷲家《わしか》口に出た。しかしそこで彦根、紀州の強兵と交戦した。それまでに両眼をやられていた松本奎堂や高取城の戦いで負傷していた吉村寅太郎は戦死、忠光を河内に落とすため決死の戦いをいどんだ藤本鉄石もついにたおれた。中山忠光ら七人だけが脱走して大坂の長州藩邸に入った。ときに九月二十七日である。忠光はそこから馬関（下関）の白石正一郎方へのがれた。

天忠組はこうして一月半あまりで崩壊したが、幕府にたいする最初の公然たる叛旗をかかげたいくさであった。それは天忠組が脱藩の浪士たちの混成部隊であったことが大きく作用している。彼らは、藩の方針にしばられて身うごきならない武士たちとちがって、考え方も行動も自由であった。

子の年のお騒ぎ　天狗党——水戸の尊攘運動

大藩意識というものがいかにその行動をしばるものであるか、それは天忠組の挙兵のあくる年の水戸天狗党の乱にみることができる。

文久三年の八月十八日の政変で、長州藩の尊攘派はその計画の実行をはばまれたが、もう一度主導権をうばいかえすために京都に進撃しようということになった。こうして元治元年（一八六四）の七月、禁門の変が起るのであるが、この長州勢と呼応する動きが関東にもあった。水戸藩の藤田《ふじた》東湖《とうこ》の四男、藤田小四郎《こしろう》は桂小五郎《かつらこごろう》から軍資金をもらい、元治元年三月、水戸町奉行田丸稲之衛門《たまるいなのえもん》を主将に、筑波山で兵を挙げた。有志のあつまるものが多く、その数は四、五百に達した。藤田たちと対立する水戸の諸生党の市川三左衛門《いちかわさんざえもん》、朝比奈弥太郎《あさひなやたろう》は、公然と天狗党を討滅しようとはかった。武田耕雲斎《たけだこううんさい》ははじめ小四郎の挙兵に反対していたが、そのうちに市川、朝比奈に非難されて地位をうばわれ謹慎させられたので、ついに天狗党の首領となった。

幕府は田沼玄蕃頭《たぬまげんばのかみ》をつかわし、一万の幕兵を出して水戸にむかわせたが、田沼は水戸の弘道館に入って形勢を観望するばかりであった。そこで水戸慶篤は支藩の宍戸藩主松平頼徳《まつだいらよりやす》をつかわして、天狗、諸生の両派を鎮撫させようとした。一方、水戸における鎮撫派の一部である家老の榊原新左衛門《さかきばらしんざえもん》、寺社奉行の中山民部《なかやまみんぶ》たち数百名は、諸生党の陰謀に反対して江戸にいる藩主に陳情に出かけ、松平頼徳ら名代の一行にしたがって引き返した。ところが、城に拠った諸生党の方は、名代一人は入れるが随行の者は入れぬと主張し、双方押問答でごたごたしている間に鉄砲の撃ちあいになってしまい、頼徳一行と榊原の一派は心ならずも内乱の渦中にまきこまれた。こうして諸生党に反対する藤田派、榊原派はそれぞれ意見と立場を異にしながら十把ひとからげに、幕府にたいする叛逆者として扱われることになった。騒乱にまきこまれた榊原ら一派の中で身分の高いものは幕府のために死刑となった。

幕府軍は十余藩の兵を指揮して攻撃した。天狗党の力はほそり、ついに武田耕雲斎は、このまま自滅するよりは京都にのぼって、一橋慶喜《ひとつばしよしのぶ》に面会して、自分たちの志を訴えようと決心し、十月末に天狗党は血路を求めて西に向かった。千人にのぼる部隊は十二門の大砲をひき、軍馬百五十頭をつれ、上州から信州へぬけ、京都をめざした。幕府の軍勢は、その後を追いかけたが、二十里の距離をおき、武田たちが走れば走り、止まれば止まり、宿をとれば自分たちも宿をとって、すこしも手を下さないので、天狗党は無人の境をゆくようであった。一橋慶喜は京都にいて、武田らが中山道の福島の関所をこえたと聞いて、十二月一日、みずから兵をひきいて京都を発し、大津で彼らを逮捕しようとした。このほか、加賀や越前の諸藩も兵をくり出した。武田らはこれを知ると、福井街道の今庄宿に出たが加賀の軍勢に行手をはばまれ、うしろからは越前兵が追い、長浜街道には彦根藩の軍隊がみえるというふうに重囲の中に陥った。積雪七、八尺の中でとりかこまれた天狗党は、飢えになやみ、馬をころして食った。ついに武田耕雲斎以下七百七十六人は加賀藩の軍門に降った。こうして五十日間、二百里にわたる行軍は終わりをつげた。

加賀藩から田沼玄蕃頭に引きわたされた天狗党は敦賀船町の鯡《にしん》倉へおしこめられた。明り窓まで釘づけされ、下帯も身につけることをゆるされず蓆一枚だけで松の生木の足かせをつけられ、食事は一日二回、それも一回ににぎりめし一つだけという残酷なとりあつかいを受けた。

あくる慶応元年（一八六五）幕府は武田耕雲斎、藤田小四郎以下四百人近い天狗党を斬罪または死罪にし、百余人を遠島、軽輩百八十余人を追放した。天狗党の総決算はこれでついたかにみえて、じつはそうではなかった。事件は一族にも波及した。武田耕雲斎の一家は、嫁や孫まであわせて十一名がいたましい犠牲となった。水戸ではこれを「天狗騒ぎ」、または「子《ね》の年のお騒ぎ」とよんだ。

この天狗党の乱は水戸藩の内訌をひきおこした最大のものであったが、さきの天忠組の挙兵とはちがって、そこには倒幕の意志はすこしも籠められていなかった。その証拠には、天狗党が西下して水戸斉昭《なりあき》の子の一橋慶喜に訴え出ようとしたことでもわかる。彼らはさいごまでその望みを捨てなかった。藤田小四郎たちの挙兵の目的は幕府に攘夷の実行をうながすことにあった。「上は天朝に報し奉り下は幕府を輔翼し神州の稜威を万国に輝し候様致し度く」という言葉がそれを裏書きしている。

しかも天狗党は水戸領内だけでなく、関東一円の幕府領や他藩の領内まで放火、掠奪、徴発をほしいままにし、良民を苦しめた。それは軍資調達を名としたものであったが、民心をうしない、幕府に征討の名目を与える結果を呼んだ。

藤田小四郎の乱は御三家の一つである水戸藩の大藩意識にしばられて、おのれの敵が何かを見定めることのないところから起った悲劇であった。水戸学は諸国の尊攘の志士に絶大な影響力を与えたが、その足元では倒幕の一線を明確にすることができなかった。この年の八月には幕府は長州征討を命じ、また外国艦隊が下関を砲撃し、長州藩は最大の苦境に立っていた。もし長州藩が健在であったならばどうであったろうか。

東西呼応して蹶起し、藤田らの攘夷思想にも多大の変化が起ったことはまちがいない。この筑波山の乱には久留米藩の真木和泉の門下数名も加わっていたのであった。

一方、幕府の力も天狗党の乱でその弱体ぶりが天下にさらされた。水戸藩の反乱分子を鎮圧するのに諸藩の兵を使い、しかも半年をかけねばならなかった。天狗党が西下すると追撃したものの、容易に接近することができなかった。そして天狗党の大半が極刑に処せられた慶応元年の二月には長州で高杉晋作《たかすぎしんさく》らが蹶起して藩内の俗論党を制圧し、公然と幕府へ叛旗をひるがえした。天忠組の乱も筑波山の挙兵も血気にはやるものたちの暴発であったが、倒幕の予兆にほかならなかった。

(『日本人の一〇〇年 第二巻 明治のご一新』世界文化社、一九七二年三月)

生者の奢りと呪詛の反逆

伝承的な「魔の系譜」

魔といえば悪魔といった西洋種を想像しやすいが、日本では荒ぶるモノと呼んでも差支えないものである。モノというのはモノノケ、モノに憑かれて、などという用語に見るように、神秘的な力をもつ存在を意味していた。カミという語とおなじと考えてよいものであった。

クマという語は神にささげる食物を指すとするのが通説であるが、クマグマしき、とか、八十隈手《やそくまで》とかいうように、コモったところを示すものだと私は考えている。コモルもクマもカミもおなじ状態をあらわす。だからクマノは出雲にも紀伊にもどちらにあってもかまわない。このカミとおなじものがモノである。三輪山の神である大物主《おおものぬし》がそうである。この大物主神は荒ぶる神であるが、日本では魔とか蟲物《まじもの》とかいうのも、魂の両側面をあらわす語であった。

沖縄では日本本土のような幽霊という語は日常化してはいない。そのかわりマジモノ、マジムンという語がおおっぴらに使われている。マジムンはたいてい化物とおなじ意味で用いられているが、迷える霊といった意味もある。宮古島の狩俣という部落の例であるが、夫に急死された妻が、まだ冷え切っていない夫の屍の傍で泣きながら、「マジムンになるな。カナシャガマ、マジムンになるな」と叫んでいたという話を聞いたことがある。

カナシャガマというのは最愛の夫を呼ぶ語であり、夫のたましいが真直ぐに神の国にいってくれるようにと切に願うのであった。沖縄ではふつう、死んだらカミになると信じられている。そのカミにならないばあいマジムン、つまり迷える霊となって、生者に害を与えるのである。

そこで、これも沖縄の例であるが、死者を出した家の近所では門に灰をまいておく。死者のたましいは死後三日目にかえってくると信じられているので、それが真直ぐ自分の家にかえらず近所の家に迷いこむことをおそれるのである。死後の霊魂は鳥となっているから、それが侵入したときは灰の上に鳥の足跡が見られることで分る。もしそうなったばあいは、大騒ぎしてマジムンとなった死者のたましいを追い出す儀式をおこなう。

マジムンは一般に生者をおどかすだけではなく、死んですぐのたましいが神の国にゆくのを妨げる。「マジムンがうろうろしている場所だからゆくな」というのは生者だけでなく死者のたましいにたいしてもいわれる。そしてマジムンのおそろしさは、南島のばあい日常的である。たとえば畑にはスキを三本たばねたのが土に刺してある。これはスキが神聖な植物だから、魔除けになるのである。また祭のときには、粥のようにどろどろした神酒《みき》を木の葉に滴してそれを祭場の境目におく。これも魔除けのまじないである。九州の装飾古墳の中には熊本の鍋田古墳のように、入口の岩壁に矢の印を彫ったところがある。それは悪霊が侵入して死者の眠りをさまさないようにとの配慮である。

奄美大島では子どもが生まれて、うぶ声をあげると同時に、表戸口のところに走っていって先の尖った棒切れを戸口の軒に刺す。これを「い矢《や》の初《はつ》を刺す」という。初矢を刺すのは、赤子の泣き声をききつけて、邪霊が悪い運命の初矢を立てることをおそれるからである。そこで奄美では「そうなる宿命だった」というのを「そうなるイヤンハツだ」と表現する。と金久正氏は伝えている。

装飾古墳には三角形や円形の模様が描かれることが多いが、これも悪霊よけである。さきのスキの例のように、交叉させると、そこには邪霊は侵入することができない。そこで三角模様や直弧文が好んで描かれる。これはアイヌのアッシ文様なども同様である。またアイヌでは悪霊に狙われないために、ことさらきたない名前をつける。それは『万葉集』に屎麿《くそまろ》という名前が見付かり、また奄美でも、クソガネ（糞兼）とかマリッグワ（まりっ子）とかいう名前がつけられたというから、それは全国的な現象であった。「糞をまり散らす」という古代の表現は今でも九州から南島にかけて使われる。

金久正氏によると、奄美ではさびしい山中を歩くときなど「下司《げす》ぬ子《くわ》や、物《むん》な知りょをらむ。肝要《かんよう》ん歩《あっきや》ちたぼれ。とーとがなし」と唱えて通るという。その意味は、「人間の子は霊界のことは何も知りません。どうぞ、用心深く歩かせて下さい。神様よ」というのである。ここで「モノ」が「霊界」の意味に使われていることを注目したい。

南島一帯では、本土の占者や巫女にあたるユタは、「モノシリ」と呼ばれている。それはたんなる知識人ではない。霊界のことに通じている者を意味している。

「モノマジモノ」といえば妖怪変化を指すが、ここでは「モノ」と「マジ」とが並列して同義に使われている。三輪山の直ぐ眼下にある箸墓はヤマトトトヒモモソヒメの墳墓といわれている。そしてこの墓は、昼は人が作り夜は神が作った、と『日本書紀』にのべてある。ヤマトトトヒモモソヒメは三輪山の神の大物主の妻であったといわれているから、箸墓をつくったというこの神は大物主であったとも考えられる。つまり夜は神（モノ）の跳梁するときなのだ。そしてヤマトトトヒモモソヒメは、邪馬台国のヒミコにあたると考える歴史家も少なくなく、権力をもった巫女であったことにはまちがいない。南島でいう「モノシリ」であったのだ。

人に害を与える魔は、沖縄のマジムンのようにかならずしも人間の迷える霊とはかぎらない。というのも動物や植物やその他の自然物にも霊が宿ると考えられていたからである。これらの邪霊を慴伏《しょうふく》させ、意のままに手なずけ、管理するのは、そうした霊の消息に通じている巫女（モノシリ）であった。なかでももっとも強烈に人間に害を与えるのは、蛇であった。

八ヶ岳のふもとから発見された縄文中期の土器にマムシのすがたが明瞭にみてとれる。その時期の土偶のひとつには、女子が自分の頭に蛇をのせているのがある。メデューサの首を思わせるものであるが、これは巫女が頭に蛇をまいてのせて、自分の呪力が蛇毒を上まわっていることを衆人に示したすがただと私は考えている。南島では昔は巫女たちがハブを自分の従者の娘たちの頭にまきつけて、その呪力を示したという事実がある。縄文の土偶も少女の顔をしている。

八重山諸島では、巫女たちが円形をつくって捕えてきたハブをリレー式に手わたししながら、自分たちの心が潔白であることの証明とした。ハブに噛まれると心がきたなく、やましいと見られたのである。

神話を貫く〝巫女と蛇神〟の深い関係

この蛇はやがて実物のかわりにそのシンボルであるところの藤やカヅラにかわってゆく。『琉球国由来記』によると、「狩俣の部落のうしろにある大城山という御嶽に女が独り住んでいた。ある夜そこに若い男が通ってくるという夢を見ておどろいたが、はたして身ごもって男女の双子を生みおとした。女子は山ノフセライ青シバノ真主といった。この者は十五、六歳の頃、髪を乱し、白浄衣を着して、コウツという葛かづらを帯にして、青しばという葛を、左手にもち、神あやごを謡い、我はこれ、世のため、神に成る由にて、大城山にあがり、行方知れず失せにける」とある。

そこで狩俣村の女たちは、一年に一回、大城山にあつまって、山ノフセライのようなかっこうをして祖神《うやがん》祭をする。神女たちはカウス（コウツ）とよばれる蔓草の冠をかぶり、それを帯にまく。この帯は現在では布にかわっているが、それが蛇となって信仰を妨げたものの首に巻きついたという伝説が残っているから、神女たちが頭にかぶり、身につける蔓草は蛇のシンボルであった。この話には、夜な夜なヤマトトトヒモモソヒメのところに三輪山の神である大物主が通ってきたという伝承を思わせるものがある。宮中の鎮魂歌には「穴師の山の山もとに深山縵《みやまかずら》」をしてあらわれる「吾妹子《わぎもこ》」がある、と堀一郎氏は述べているが、この穴師は周知のように三輪山のふもとの山の辺の道をあるいていったところにある。三輪山の大物主は蛇神であったという伝承が今も根強くのこっているが、『日本書紀』には、ヤマトトトヒモモソヒメの櫛筥の中に小蛇がひそんでいて、それが大物主であったと記してある。

さらに沖縄の聖地である御嶽は神殿がないが、三輪山のばあいも、笠縫邑《かさぬいむら》に見るように鳥居ばかりがあって、御神体は三輪山そのものといわれている。こうしてみると、三輪山の神話と沖縄の宮古の神話の相似はおどろくばかりである。天の岩戸に天照大神がかくれた時は、天受売命《あめのうずめ》は「天《あめ》の香《かぐ》山の天の日影を手次《たすき》に繋《か》けて、真拆《まさき》を鬘《かづら》として、……」踊ったと『古事記』は述べている。この天の日影、あるいは天の真拆はすべて蔓草のたぐいであるといわれている。つまりそれは宮古島狩俣の祖神祭のときの神女の衣装とそっくりである。

皇極天皇の三年夏六月には、「是月、国内覡巫等、枝葉を折り取り、大臣橋をわたるの時をうかがい、あらそって神語入微の説をのべ、その巫はなはだ多し」とある。この枝葉もサカキやカヅラに近いものであったろう。というのは、『尾張国風土記』の逸文の丹羽郡の条に「吾縵郷《あずらのごう》」は垂仁天皇が「神覓《ま》ぐ人を卜《うら》へしむるに、日置部らが祖、建岡君卜食《うらあ》へり。すなわち神を覓がしめき。時に建岡の君、美濃国花鹿《はなか》の山に到り、賢樹《さかき》の枝を攀《ひ》きて縵《かずら》に造り、誓《うけ》ひて曰ひしく、吾が縵の落ちむ処に必ず此の神あらむ、と云ひしに、縵ゆきて此間《ここ》に落ちき。すなわち神あるを識り、因《よ》りて社を竪てき。社に由りて里に名づく。後の人、訛《よこなま》りて阿豆《あづ》良《ら》の里と言ふ」と述べてあり、その中で「サカキの枝を引きてカヅラに作り」とあるからである。

これまで述べたように巫女（シャーマン）と蛇とは日本では縄文中期から切ってもきれない縁をもってい

たのであり、縄文中期以降、土器のリアルな蛇のデザインが便化し退行するように、それは蔓草に変化したのであった。そして藤の木も蔓草の一種であると見なされることから、「藤原藤原」といえば、道に横たわるマムシやハブを退転させることができるという信仰が生まれ、それは今もって田舎には残っている。蛇は大物主であり、邪霊の王なのであった。しかし蛇だけがそうであったわけではなく、人間に害を与える狼は大口の真神、または大神であり、熊はそのまま神をあらわすクマとおなじ語なのである。

東北の巫女については、藤原相之助氏がつぎのようにいっているのが興味ぶかい。「一体巫女は二通りまして、許し（在庁加判、つまり羽黒の役人から許可をもらう）の巫女は生絹《すずし》の狩衣、生絹の袴で鈴をザングザングと鳴らし、榊をかざして舞います。そして神がかりをします。後世亭主を持つようになっても、鉄《か》漿《ね》をつけませんでした。童貞の名残りでありましょう。これはどこまでも歩きます。髪は白く歯は黄色で、シャキシャキと歩き廻る童巫女を見ると人は恐れたものです。さて又他の一種はイチコ巫女で、大抵は盲目か半盲です。獣の牙をつらねた大数珠を袈裟にかけ、神よせ口よせをしますが、土地を離れることなく、許しも師匠から得るので、鉄漿黒々とつけた人妻なのです」（傍点筆者）。これで見れば、巫女と獣との関係はけっしてあさくはなかったようにおもわれる。

女巫あるいは男巫は動物霊を自在に管理する能力をそなえていることを人に誇示する必要があったのである。大神のばあいは中国から渡来した呪法のようにおもわれるが、しかしそれはとおく狩猟時代のシャーマンのおもかげを宿してもいるのである。

『万葉集』の「黄泉《よみ》の界に蔓ふ蔦《つた》の……」という言葉からみれば、黄泉の国には蛇が住んでいるということになる。あるいはまた「稚ければ道行き知らじ幣はせむ　黄泉の使負《したべ》ひて通らせ」とか「布施置きて吾は

乞い禱《の》む欺かず　直《ただ》に率去《ゐゆ》きて天路知らしめ」という『万葉集』の歌には、黄泉の使がいて、それは天路を知らせる存在であるという観念が前提となっている。そしてそれは当然のことながら、さきに述べたモノシリ、つまり霊界に通暁している巫女を想起させずには置かないのである。

こうして、巫女は動物霊をしたがえると同時に、冥府にいる人間のたましいについてもその所在を指示する呪力をもっている。それはとおく縄文中期にまでさかのぼることができることは前にいった。考古学者たちは、蛇の飾りのついた土器の出現は、蛇が水と関係あるところから原始農耕の始まりを意味すると述べているが、そのような説は、一度その土器に接したものをけっして説得することはできない。そして蛇は巫女と一対になっているものであることは、これまで述べたところでおよそあきらかなはずである。

この巫女こそは動物霊だけでなく、人間の死霊をも司るものであり、したがって魔の管理者でもあった。魔、すなわち迷える邪霊をしずめることもできれば、それをかえってそそのかして仇敵をおそれさせることも可能だったのである。

大陸の呪法が渡来すると、それは手のこんだやり口にとってかわったが、もともとアニミスティックな日本人の自然宗教が土台となっているので、奈良朝や平安朝になると、迷信深い貴族社会の中でかえって盛行することになった。その呪法執行の主役は巫女から僧侶へとかわっていった。いずれにしても、このような仇敵にたたるという考えが社会の中にひろくふかくつづいていったにはそれなりの原因がなければならない。

シャーマニズムが信仰と発想の源泉

日本人はどのようにして、自分の苦しみをやわらげ、それを克服する方法を見出していったか。どんなにまずしい人間も、人間であるかぎりにおいて、たんなる生活苦以上の苦しみをもつのである。そして受苦が一個の人間だけに背負わされているものでないからには、その苦痛の解消の仕方にはながい習慣の伝統が見出される。不幸や苦痛を処理する方法には民族の個性がうかがわれる。それが日本における魔の伝承の系譜である。

あらゆる人間が苦痛を避け、それからのがれようと切実にねがっている。そうして願望をみたすためのさまざまな試みを、日本人も他民族と同様に、しかし他民族とちがったやり方でこれまでつづけてきた。これまで歴史学や思想史はもちろん、民俗学自体までもが、この視点を欠落させてきたことに、私はいい知れぬ不満をおぼえるのである。

たとえば日本のシャーマニズムこそは、日本人の信仰や発想の源泉であると私は考えているが、それを歴史のさまざまな事象の中で解こうとするこころみは意外と少ない。かりにそれを認めるにしても、古代的な現象として片付け、そのあとは庶民を対象とする民俗学にゆずってしまう。その民俗学ですらが、シャーマンの誕生の契機を問題にすることはほとんどない。私の知るところでは、わずかに山下欣一氏が奄美群島でおこなった調査があるばかりである。しかしそれによっても、巫女となるもののほとんどが、精神的苦痛の体験者であることが知られる。病気、家庭の不幸、近親者の死、その他さまざまな苦悩をとおして、ふつうの女が神を自分の中に宿すようになる。

私が沖縄諸島で聞いたのも、ユタ（巫女）になる女たちは夫や子どもに苦労を重ね、あるいは自分も長わずらいをしたことのある女たちばかりであった。天理教の教祖の中山みきのばあいもそうであった。

中山みきは自分の受苦を倫理的に高めることができたが、ふつうの巫女は他人の運命についての託宣をするにとどまっている。だが巫女にさえなれない女たちはどうすればよいのか。どのようにして自分の業苦を解決するか。

一つには他人から受けた苦悩を相手に返すということである。そしてそれは眼には眼を、といった物理的報復の方法をとらず、遠隔操作によって相手を苦しめるということが、日本のばあい特徴的である。この仲介者をなすものがほかならぬシャーマン（巫）である。もう一つは、みずからの苦悩を他人に帰せずそれを自分の作り出した罪、もしくは宿命とみなし、それからの解脱をはかろうとすることである。

大別して前者を神道的方法、後者を仏教的方法ということができる。しかし日本のばあい、神道と仏教とは習合し、截然と区別することがむずかしくなっている。ということは仏教の教理がどうあれ、それが日本人の庶民生活の次元に降りてゆくためには神道と手を結ばねばならなかったからである。仏教がモンスーン地帯の生み出した多神教であることが、汎神論的な神道と手をむすぶのにつごうがよかった、ということがある。これがキリスト教であったらそうはゆかなかった。

抽象的なことばかりいっていてもはじまらないのでその一例をあげてみる。

奈良盆地の西のはてをかぎる二上山のふもとに当麻寺があり、そこに中将姫の物語が伝わっていることは有名である。中将姫は藤原鎌足の曽孫として生まれた。その父は右大臣であり、その母は皇族の血を引く絶世の美人紫の前であったということになっていて、家柄といい、ゆたかな生活といい申し分なかった。

ところが中将姫の生母はまもなく死に、照夜の前という女が、姫の継母となった。継母は姫の聡明利発と美貌とをねたんで、手をかえ品をかえて姫を殺そうとはかった。そのたびにおもわぬ人の助けにより、中将姫はかろうじて生きのびることができたのであった。

そして十六歳の時に、自分の身代わりになって死んでくれた人びとのことをしのび菩提をとむらうと同時に、自分の罪障を懺悔せねばならぬとして、尼になることを思い立つ。当麻寺に入った中将姫はそこで十三年間念仏の修業をおえ、二十九歳で往生をとげた。

この中将姫の伝説が架空なものか、史実を多少なりとも反映したものであるかどうかをここに論じようとはおもわない。ただ私は、奈良市の南のはしの京終《きょうはて》という町にあった遊郭の遊女たちは中将姫をふかく信奉したということをいいたいのである。中将姫が責め苛まれたといういいつたえをもつ松の木も残っていたという話であった。薄幸な生涯をすごした高貴な女の中に、売られた女たちは自分たちの宿命とおなじものを見たのであった。苦界の日々のつとめを強いられては、中将姫が継母から受けたむごたらしい仕打のかずかずをしのぶことで、苦痛からわずかでも逃れようとしたのである。

そして中将姫が美貌であったというのは後人のたんなる空想ではない。それは折口信夫が『死者の書』で描いているように二上山にくるめき沈む落日のかがやきと重なりあっている。二上山は大和平野の西にあって、そこに住む人たちがつねに仰ぎみる山であった。落日のうつくしさが人間の形をとったもの、それが中将姫の物語といえるのである。そしてそれがやがて淪落の女性たちの帰依の対象となっていくところに、日本の庶民の意識のふしぎな綾がある。

残虐嗜好は業苦逃避の代償

こうした残酷な話は説教浄瑠璃で知られている「小栗判官」や「愛護若《あいごのわか》」の物語の中にもうかがうことができる。「小栗判官」では、照手姫がうつぼ船にのせられ相模川にながされるが、川下で老夫婦に拾い上げられる。しかし嫉妬ぶかい姥から青松葉のいぶり責めにあう、という一節がある。

また、「愛護若」の男の子は継母の讒言にあって家を迷い出、途中で腹がへってみちばたの桃の実をとってたべる。それを畑番の老婆に発見されてうち擲《なぐ》られる。そのために投身して死ぬというすじがきであるが、こうした話が好まれたということは、日本の庶民がけっして幸福でなかったことを示しているだけでなく、それに接することによって束の間の苦患からの解放を目指したことが察せられる。

それは『神道集』などに見られる陰惨な話も同然であって、「熊野本地譚」を引用して和辻哲郎が指摘するように、「苦しむ神、死んで蘇る神は、室町時代の末期の日本の民衆にとって、非常に親しいものであった」のである。すなわち日本の庶民は苦痛の極限である死をくぐって、そこから起死回生の道をつかむという物語を異和感もなく受け入れたのであった。民俗学でいう貴種流離譚《きしゆりゆうりたん》というだけではすまされない庶民の内心の欲求が、こうした残虐なうつくしさにみちた物語を次々に生み出させたことは明らかである。そしてその衝迫は何に由来するかといえば、庶民が自分の業苦を再確認することによって、それから逃がれようとしたことにほかならぬと私は考える。

ここにおいてこのような物語を伝承しつつ廻国する一群があったことが問題になろう。いわゆる「あるきミコ」のたぐいであるが、なかでも八百比丘尼とか熊野比丘尼とか呼ばれるものは、物語の伝播者として有名である。これらの巫女は地獄絵図の絵解きをしながら、庶民の女たちの涙をしぼらせたのであったが、その語る内容があたかも託宣の変形であるかのように受けとられたところに、ふつうの物語とはちがった趣があったはずである。

それにしても小野小町や和泉式部や清少納言のはでやかな青春と、それにひきかえて老年の醜さとがなにゆえに対照されて物語られてきたのか。それはけっして美の空しさを説くことを目的としたものではなかったろう。むしろ、美のかがやきをいっそうつよめるために背景をわざと暗くしたものにすぎなかった。しかも小町や式部それ自体が諸国を経めぐる漂泊の巫女のながれを意味したとすれば、彼女らは自分たちというよりは女一般の宿命を第三者の形式で物語ったにほかならぬ。そしてそのほうが、それに聞き入る女たちには強く迫ったのである。

羽黒山伏が語ったという「黒百合姫」の物語でも、この女主人公は仇敵の嫡男とむすばれるという形をとるが、この中に羽黒の女別当が出てくるのは、この物語の作成に巫女が参画したことを伝えている。

私がいおうとしていることは、庶民の女たちは巫女の物語をとおして、自分たちの業苦と愛恋とを悟ろうとしたということである。すなわち彼女らにとって物語はたんなる物語ではあり得なかった。

それをさらに強調すれば、自分とかかわりのない歴史は真の歴史でなかった。自分で自分の姿を見ることはできない。しかも自分を対象化しなければならぬ。それが歴史である。本居宣長の国学や柳田国男や折口信夫のいう新国学は、日本民族の体験をいかにして認識するかを主題としている。それをかつて「魔の系譜」の中でたどってみたことがある。

それは要するに庶民と貴族とを問わず日本人が自分の苦しみをどうして超えようとしたかを問うたものにほかならなかった。しかし、あの残虐なうつくしさにみちた物語が次々と作られていった理由は、自分の苦悩の解脱を目指したにすぎないか。そういってしまうには人間の心はもっと謎にみちみちている。残虐なうつくしい物語の中に、嗜虐的なよろこびを見出すことができなかったとしたら、その物語がながく伝承されてきたはずはない。そのとき人は魔を感じないであろうか。できるだけ、善人が苦しむように物語が作られているのはなぜか。人間は自分をも他人をも傷つけたいという欲望をもっている。そして被害者の立場に立たされる庶民は、そうした物語をよむことで自分を傷つけることにひそかなよろこびをおぼえるのではないか。

しかも日本では被害者はいうまでもなく、加害者のほうでもけっして安心できなかった。傷つけられた者は、呪詛の力によって相手に復讐を加えるという古代的な呪術が生きつづけてきたからである。そこで日本では現実上の加害者と被害者は観念や心理の上で転倒することが可能である。勝利者は敗者のために祈らねばならず、苦しめた者のために許しを乞わねばならない。それがこれまでの日本の歴史の蔭の主役となった情念であった。

この情念は戦後の日本においてもなお有効性をもっている。被害者は怨念をもって加害者に迫り、加害者を告発することができる。体制と反体制を問わず、権力をにぎって無名の声を押しつぶした者への抗議が、日本では、呪詛という手段をもっておこなわれる。この復讐劇は私たちの周囲をみればわかるように、まだ途上にある。

（「日本及日本人」薫風、一九七二年五月）

伝統の神聖観念を切断——市井三郎・布川清司『伝統的革新思想論』

本書において市井三郎は二つの考えを組みあわせて一つの結論をみちびき出している。一つは彼のキー・パースン論である。歴史転換の場、あるいは伝統再生の時期には、少数個人の役割がきわめて重要なものであるとするのである。勝海舟はまぎれもなく、そうした人物の一人であるが、かつて市井三郎は幕末における中川宮をキー・パースンの一人として捉えていた。その視点は重要なのに歴史家に閑却されているので、私は興味深かった。

もう一つは「社会のおのおのの成員が、自分の責任を問われる必要のない事柄から受ける苦痛を、できるだけ減らさねばならないという理念」を市井が強調していることである。この考えを市井は更に発展させて、みずからに責任を問われる必要のない事柄からくる他の人々の苦痛を、減少させるためにみずから苦痛を負う人間の出現の必要を説く。

「あとがき」で市井はキー・パースンはどの社会階層から出てもよいとしながら「日本の江戸時代もしくは明治初期に時代をかぎるならばそこで見出される歴史転換のキー・パースンたちが、概して下級諸階層から出ていることは疑いをいれない」としている。

不条理な苦痛の軽減を人間の社会の追求目的としなければならぬという市井の価値理念は、彼の歴史認識の核であるキー・パースン論と交叉するとき、佐倉惣五郎のごとき人物を浮び上がらせてくるのは当然の帰結であった。市井の抱く佐倉惣五郎のイメージはいくぶんイエス・キリストに似ているけれども、科学者である市井三郎が歴史認識の中に価値観を導入していった契機を、私は深い関心をもって眺めている。そして、いつか彼の独特な視座が歴史哲学にまで発展することを期待するものである。

市井は日本における歴史哲学の書の一つである『神皇正統記《じんのうしょうとうき》』をとりあげて、その思想がけっして神がかったものでなく天皇といえども因果応報をまぬかれないと説いている点を強調する。江戸時代においては山県大弐の放伐論となってあらわれるが、こうした伝統は、明治期後半から形骸化し、ついに戦時中の国粋主義者の手で徹底して歪曲されたことを指摘する。

市井は「伝統」とは何か、と問い、「伝統」と「伝統主義」とは峻別されなければならないことを力説する。伝統主義とは「伝統的な諸規範を意識的に肯定するのだが、その諸規範の長所が、ある神聖な起源から伝統的に伝わってきたこと自体にある、と主張するような態度のことである」。ここにおいて市井の態度は明瞭である。すなわち、伝統をはなれて革新というものはない。もし革新があるとすれば、伝統をふまえて、伝統の神聖観念を切断するたたかいをたたかうことである。

こうして彼は江戸時代における百姓一揆の中に、藩主や役人の「伝統主義」にたいする命をかけた「伝統」のたたかいをみるのである。この一揆の「伝統」は明治初期の自由民権運動にも受けつがれてゆく。千葉卓三郎の『王道論』（明治十五年）は「それ王道は為政の大道にして君主の道に非るなり。ひとりこれを君主国に顕彰すべきのみならず、君主なき国家に於ても、亦王道なかる可からざるなり」とのべているが、市井はこれを評して「まさに伝統を独創的に再構築するものであった」としている。

市井の率直かつやや性急な思想は、いま日本とヨーロッパとを問わず、世界が追いこまれている精神の危機の一つの表現であると私の眼に映る。科学者としての市井が警世者としてあらわれねばならないほど、それだけ、社会は病んでいるのだ。

市井の共著者である布川清司は江戸時代の庶民の倫理をこまかく分析している。そのていねいな作業を私は評価する。ただ、その分類の仕方に、私は倫理の自律性が強調されすぎないようにとねがう。そこには倫理主義のわなが待ちもうけているようにおもうからである。とくに下層倫理のばあい、その感が深い。

さいごに、市井・布川ともに『日本庶民生活史料集成』（三一書房刊）の一揆史料をいたるところで駆使して論旨をすすめている。この『集成』の企画編集にかかわりあってきた私としては、このような利用がなされたことに、よろこびを感じないではいられない。

（「日本読書新聞」一九七二年五月一日）

青の伝承

青といえば未熟さの形容詞と思われるが、そればかりではない。ノバーリスの『青い花』、ロープシンの『蒼ざめた馬』、上田秋成の『雨月物語』の中の「青頭巾」とならべると、この「青」の形容詞が憂鬱《ゆううつ》でロマンチックなものの象徴であることに気がつく。すなわち、それは終局として、青年期にあり勝ちな死への憧《どう》憬《けい》とつながっている。

「青年」と「死」の色

青は青年の色であるばかりでなく、死の色でもある。蒼ざめた馬に乗るものは死であると「黙示録」にあるように、生者が死者に投影した色である。死者の国の青衣の美女に会う話が、中国の志怪小説集である『続捜神記』には載っている。「二月堂縁起」に出てくる有名な青衣の女人は、自分の名前が過去帳によみあげられないのを怨《えん》じて、すがたをあらわす。小栗判官と照手姫の物語では、藤沢の上人の夢に、冥府《めいふ》の使者と称する青衣の官人がやってきて書状をわたす。

死者の衣を青色で表現するのは中国渡来の考えの模倣かというと、かならずしもそうとはいえないふしがある。

沖縄では奥武《おー》と呼ばれる地先の島が七つある。これは、もと古い葬所となっていたと推定される島だ、と沖縄の地理学者、仲松弥秀氏はいう。仲松氏によると、この「おー」は青から由来するものである。古代の沖縄では、赤、白、青、黒の四色のことばで表現するほかなかった。この中で青ということばの領域に黄色もふくまれる。冥府の色は、うすぼんやりした明るさを示す黄色であり、黄色を青ということばで呼んだのだ、と仲松氏は指摘する。この説の当否はともかくとして、青の島が死者の島を意味するものならば、それは本土でも適用されはしないものか。

もし、本土の海岸や河川の流域に「青」を冠した地名があって、一つには埋葬地と関係があり、二つには海人族とつながりがあるならば、それはなにがしか民族移動の痕跡をたしかめる手がかりともなろう。

若狭には青という地名がのこっている。ここは、もと青の郷と呼ばれた地域の一部である。地元の考古学研究者、大森宏氏によると、平城宮出土の若狭関係の木簡は二十六点ある。若狭湾は名だかい古代製塩遺跡のあるところだから、その二十三点までが貢進物として塩を記載してある。残る三点はタイすしと貽貝《いがい》というわしの塩干物で、これらがいずれも青の郷の貢進物となっているのがふしぎである。すなわち贄《にえ》ものをささげた「青」の地域は他所とはちがった生活習俗をもつところであったはずである。ちなみに、この付近の山腹や稜線《りようせん》には後期古墳が群集している。

湖と海と古墳と……

小浜市の青井は八百比丘尼の神像をまつった神明神社のあるところだが、その近くにもとは火葬場があった。そしてこの青井には現在も市営火葬場がある。これは郷土史研究家、小畑昭八郎氏から聞いたのだが、若狭湾の国道ぞいに見える蒼島という小島には、熱帯樹がしげり、昔から島の木を切るとケガをするといわれている。若狭一帯は古くから南方と関係ふかいとみなされているが、この蒼島もどうやら神聖ないわれを、その植物の実と一緒にはこんできているところらしい。

鳥取市の西方に湖山《こやま》池という小さな湖があって、その南方に青島という小島がある。ここからは縄文《じようもん》、弥生《やよい》、古墳期の遺物が出土している。この湖山池のさらに西の東郷池の近くではもと水葬であったが、のち火葬に変わったというのは、亡くなった民俗学者、田中新次郎の推定である。この東郷池の北端の浅津地方の数百戸は火葬だけで墓地はなく、灰は池に流したという。さらにとおく出雲地方では、出雲大社の祭祀を司る国造《こくぞう》が亡くなると、小さい門から赤い牛にのせてはこび出し、杵築の東南にある菱根《ひしね》の池に水葬することになっていた。私はこれら一連の事実を民俗学者の五来重氏の教示によって知ったのだが、前記の湖山池の青島もあるいは水葬と関係があるのではないかと想像する。それが証拠には、この池は江戸時代に水葬が禁止された事実があると、現地で聞いた。出雲美保神社の青柴垣《あおふしがき》の神事はコトシロヌシの水葬儀礼だといわれているが、山陰地方に水葬の痕跡があることは注目してよいだろう。

さらに西にいくと、対馬に青海《おおめ》と呼ぶ部落がある。この海岸は両墓制のステバカに相当するもので、だれ彼なしの死体を埋めた場所であり、荒涼とした風景を呈していると伝えられる。

日本文化の〝原型〟

はじめにのべた小栗判官と照手姫の物語の中で、照手姫は美濃の青墓《おーはか》の長者の家で酷使されるというくだりがある。この青墓は美濃の中でも古墳の集中する地域であり、『古事記』にいう美濃の喪《も》山の候補地の一つに比定されている。ところで、この青墓はくぐつの女のたまり場で、後白河院に今様を教えた乙前《おとまえ》などの遊女が出たところだ。くぐつ女と海人族の関係は密接であり、青墓のとなりの赤坂港口には明治の中ごろには五百そうもの帆船がおり、揖斐《いび》川を通って伊勢湾とのあいだを往来した。青墓はかならずしも山中にふさわしい名ではなかったかも知れぬ。

大波加島という小島が隠岐にある。この大は青であろう。壱岐には渡良村の鹿の辻に青波加《あおはか》明神がまつってある。漁民の尊崇のあつい神で、鹿の辻は数十の古墳が存在するところである。私は最近、沖縄本島の東海岸にある阿部《あぶ》オール島という地先の小島があることに気がついて、現地に問合せをしてみた。すると、オールはたして沖縄の方言で青を意味し、このオール島は洞窟に人骨が葬られている神聖な島だという返事がかえってきた。しかも阿部は海人の活躍する村である。本土でも阿部は海部と関係のある言葉とされて、徳島県の阿部《あぶ》には今も、もぐりの海女が働いている。これを考えると阿部の地先の青島《オール》は日本の各地の地名とつながっているかも知れない。

私は青という地名にすべてこうした意味がある、と言っているのではないことをことわっておく。しかし、折口信夫が古代において、青は喪の服の色であり、また物忌みの色であったとしていることを自分でも注意してみたいとおもう。たんに地名の問題にとどまらず、日本文化の根底にある文化の概念がすでに沖縄にあり、日本人の意識はそれに規定されていることを実証することができると考えるからである。

（「朝日新聞」夕刊、一九七二年五月二四日）

新・遠野物語

岩手県の遠野といえば柳田国男の『遠野物語』で有名なところだが、六月初めに訪れてみた。十五年まえに遠野の土を踏んだときには、柳田が宿泊した旅館が残っていて、私も彼が見たという部屋の窓から、六角牛《ろっこうし》のやわらかな山容をながめたものだった。歳月の波はこの北上山系の中の地方都市にも押しよせていて、その白壁のうつくしい旅館は見当らなかった。たずねると、とりこわしてしまったのだという。南部の曲り屋といわれる鍵形の茅屋もほとんど見られなくなって、そのかわり「曲り屋」という名の民宿旅館が誕生していた。まえに会ったことのある土淵《つちぶち》の佐々木喜善の未亡人はすでに他界していた。

『遠野物語』を読んだものは、昔、六十以上の老人を捨てたというデンデラ野や、ある風の激しい日にとつぜん帰ってきたというサムトのババアの話を忘れるものはあるまい。そして今、土淵部落の佐々木家のうしろにあるデンデラ野は畑となって見分けがつかなくなり、松崎部落の橋のたもとにあるサムトの家並みも道路ぞいにいたずらにほこりをかぶるにすぎなくなった。附馬牛《つくもうし》のあたりをながれる猿ヶ石川や天神の森に、遠野の「物語」はわずかに残っているらしかった。変らぬものといっては、遠野市のどこからでもみえる六角牛だけである。

遠野市は柳田国男がおとずれた明治末年ごろと今日とでも、その領域はまったくそのままである。西は小峠と五輪峠、東は立丸峠、界木峠、笛吹峠、仙人峠、南は赤羽根峠とそれぞれ物語をもつ峠があって、その内がわが遠野盆地である。ひろさは東京二十三区と匹敵する広大な地域であり、四国全体とほぼおなじ面積をもつとされる岩手県下の市町村でも二番目に大きい。その中に三万三千人の人びとが住んでいる。

遠野市の駅前の繁華街を歩くと、昼間でも人影はおろか猫一匹のすがたも見当らないほど、しんとしずまりかえっているときがある。

こうしたところだから、今でも狐や狸にバカされる事件がひんぴんと起るらしい。

遠野市役所では昨年暮れの忘年会を目抜き通りの酒亭でおこなった。にもかかわらず宴会場を出たとたんに、市役所の小使さんがバカされて、遠野市中の鍋倉城址のある城山のほうにのぼっていった。あとで正気づいた小使さんが城山の上から「おーい」と叫ぶと、ふもとのほうから心配げに答える人たちがいて、やっと元にもどることができた。あとで小使さんが自分が迷いこんだ坂道をもう一度たどってみたら、雪の上の自分の足跡のまわりに、点々とキツネの足跡がまつわりついていたという話を、市役所の菊地さんは真顔で語った。

こうした証拠があっては狐の仕業にまちがいないと、遠野の人たちは深く信じている様子であった。

江戸時代に南部藩がひどい飢饉に見舞われたとき、『耳目凶歳録』という本は、人間を食う光景を叙して「化物幽霊恐るる世には害なし」と述べた。なぜなら化物が人を食ったことを見たことはない。また幽霊が人を殺したことを聞いたことがないからだ、と皮肉ったが、狐が人をバカすことなどは、遠野ではのどかなありふれた風景にすぎない。

遠野市のイタコと呼ぶ巫女から聞いた話のひとつに、どろぼう神の話がある。ある男がたまたま人形を拾ったが、それがどろぼう神だったのだ。そのために、その男は人形をふところに入れてさえいれば、どんなにどろぼうしても、けっして発見されることはなかったという話である。あとで気味悪がってだれかが人形を焼いてしまったそうだが、遠野では神も仏も堂の中にすましかえっているのがどうやら嫌いらしく、地蔵さまやオシラサマが子供の中にまじってあそぶばかりか、悪い相談にものるらしい。こうした話を聞いて『遠野物語』の中の個々の風物は失われたが、その「心」だけは昔と少しも変らぬものがある、と私はおもった。

もとより、こうしたことは遠野にかぎらないであろう。遠野と似通った名のひびきをもつ信州の遠山地方にも、おなじ類の話はいくつものこっている。遠山の霜月祭は十二月の中旬に幾夜も徹しておこなわれる。そのときうたわれる神楽歌に「しずかなれ、しずかなれ、精《せい》しずかなれ、深山《みやま》の百千《ももち》の精もしずかなれ」という言葉がある。深山の百千の精にたいして、その精霊のしずめの呪文であるこの言葉は、たいそう印象深いものがあった。霜月祭には鬼や天伯（天狗）も出てくる。人びとは湯玉のように飛びはねながら「八幡様もよく舞うよ」というハヤシ言葉を終夜くりかえす。山々の神も祭に参加してよろこんでいることをあらわしているのだ。

ところが東京はどうだ。人間以外にはなにものもない。樹木も見当らない。自然という衣をはがれた人間たちが赤肌のまま歩いている光景は、裸の王様を思い出させる。東京の人口を一千万として、おなじ面積の遠野が三万少々だから、これでは化物も人間をこわがるのはとうぜんだ。人間は、人間以外のものとのかかわりの中において、はじめて生きられるという古い知恵は都会ではとうに見失われている。

遠野で聞いたもう一つの興味ある話は、モリアオガエルのことだった。岩手日報遠野支局の佐藤さんが教えてくれたところでは、このモリアオガエルは、遠野市の北にそびえる早池峯《はやちね》山の近くをながれる荒川に棲んでいる。モリアオガエルは一匹のメスが四十から五十の卵塊を生みおとすが、一つの卵塊には三百個から四百個の卵がはいっている。その卵塊が木の下の池におちると、下でイモリの群れが待っていて、卵をたべる。三、四百個の中から五、六匹しかカエルは育たない。

そこでイモリを退治したら、モリアオガエルはもっとふえそうな気がするが、そうではない。イモリがいなくなると、モリアオガエルはものすごい勢いでふえて、その棲息する付近の食物を食いあらしてしまい、食物がなくなって、急に絶滅へとむかう。

つまりイモリがいることは、モリアオガエルを根絶やししないための自然の摂理である。ではイモリはふえすぎて困りはしないか、というとそうではない。荒川渓谷に棲んでいるクロサンショウウオとイモリとはたがいに卵を食い合って、その増加を防ぎあっている。これは一関の修紅短大の山本弘氏の説である。

私にはこの話は、狐拳または庄屋拳をおもいおこさせる。モリアオガエルとイモリとクロサンショウウオの三者は自然の法則にしたがって、相互に種の絶滅を防止し合っているのである。これを神と人間と自然（ケモノや精霊）との間の親和力をもつ交渉におきかえたものが民俗学であると私は考えている。人間と自然との対話の歴史を追求することによって、人間の復権をめざすという根本的な考え方を、柳田国男は『遠野物語』の豊富な実例によって、私たちに示そうとしたのであった。

昨今、風土や自然を大切にしようという運動がさかんであるが、私はそれだけではけっして十分ではないとおもう。自然を客観的な形で対象化し保存しても、人間と自然とのかかわりが真に生きてこなければならない。それには自然の循環体系が価値として確立される必要がある。

だから民俗学はたんなる風土尊重論や環境保護論をこえて、自然の意味の中核に迫ろうとするこころみともいえるのである。

遠野も遠山もかつて辺境であったにちがいないが、ここでは今でも人間と神、神と精霊、精霊と人間との三者のコミュニケーションがまだはっきり生きている。こうしたことはプリミチブな認識の段階であると考えるものは、かならず復讐されるにきまっている。なぜならどのような高級な政治的または宗教的イデオロギーも、自然における人間の優位という観念だけではけっして成立することができないとおもわれるからである。

（「朝日ジャーナル」一九七二年七月七日号）

無意識的な時間の観念を導入——神島二郎『常民の政治学』

柳田民俗学の中核である常民の概念について戦後はやく発言したのは神島二郎と橋川文三であった。そのひとりの神島が本書の冒頭において常民の「民」は「官」に対するものであり、その「官」は西欧化、近代化によって武装されていた。そのただなかで生き残るべく苦悶する伝承文化の変容に着目し、柳田は「現代の学」として「世相解説」の必要を説いた、といっているのは注目に値する。

すなわち体制の学が文書史料に依拠していたファシズム期において、最高潮に達した権力との緊張関係が、民間伝承に拠って文書史料をあえて拒否するという柳田の異常な固執ぶりをもたらしたことを神島は指摘するのである。ここにおいて常民の「民」はただうすぼんやりとした概念ではなく、あくまで「官」にたいするものであったことがわかる。そこで敗戦後「官」にたいする緊張がゆるみ、また秘密史料の公開がすすむにつれて、柳田は民間伝承だけでなく、ふたたび文書史料をも取りこんで立論する方向を取りはじめたと、神島はいっている。

神島のこの発言は私には重大な示唆を含んでいるようにおもわれる。なぜなら柳田の常民概念はそれととりくむ民俗学者の姿勢と切りはなせないものだ、ということになるからである。私は最近、橋川文三が、常民という概念は柳田にとってきわめて緊張したものであり、そこから緊張感をとり去るとき民俗学はダメになってしまうという趣旨のことを述べたのを聞いて、なるほどとおもったことがある。橋川の言葉は隣接科学と民俗学との関連にふれて洩らしたものであったが、神島と橋川の二人ともが、柳田の常民概念は民俗学の緊張した在り方とかかわりがあると述べているのに興味をおぼえたのであった。

吉本隆明は知識人の営為の対極に大衆の原像を置いたが、このばあいも、たんに知識人と大衆といった二分法による平衡錘としての大衆ではなく、きわめて緊張したものであることは疑いを容れない。すなわち、大衆の原像という概念が知識人の営為を緊張させるという意味において、それは柳田の常民概念に近いものを私は感じるのである。

これらのことは私をひとつの感慨にさそいこむ。いうまでもなく、民俗学が細部において精緻さを加えながら、全体として弛緩している現状についてであるが、そこから抜け出すには緊張した常民概念をとりもどすほかにない、ということになる。この点についても、民俗学者が「現象的な民俗を記述すれば足ると考え、そうでなくとも、ときどきの疑問をまんぜんとおいかけておれば、それでこと足るとおもっているむきがあった」と神島はその学問的姿勢の欠陥を指摘している。

「記述されるべき現実の生活事実とそれをとおして問われるべき問題とは、たがいに関連しながら、認識上別個のレベルに属するものであることが、ほとんど自覚されていない。すなわち、学問上の所与と課題とはまったくレベルをことにするということが、みおとされている。これらが区別されなければ、民俗誌と民俗学との区別も、じつはなりたたないのである」という彼の発言は痛烈である。もし民俗学が「採集資料を適当にならべて記述したにすぎない」ものであるとするならば、学問の名に値しないものである。そこで神島は「所与としての民俗と課題としての常民とをはっきりと区別し、民俗は常民との関連において選択抽出されるところの採集資料でなければならぬ」と考える。

彼は常民概念を「歴史の過程を通じてあらわれてくるところの個性的な集合主体」とみなすのである。神島は空間配列の事実の中に、時間の観念を導入しようとする。もとよりそれは年代記的な時間ではなく、むしろ集合的な無意識的な時間なのである。それを反省し自覚することが新国学とも呼ばれる民俗学の成立の与件であると彼はいっているように私にはおもえる。

本書は過去二十年間のエッセイをあつめたものであるが、神島の一貫した主張が汲みとられる。書評のついでにいえば、私はかねがね神島がなぜ移動大学などに参加するのかとおもっていたが、本書において移動大学批判をはっきり出していることで、彼の姿勢を理解することができた。移動大学というのが、神島のいう常民概念といかにそぐわないものであるかを、彼は体験をとおしてはっきりと述べている。

(「日本読書新聞」一九七二年八月二八日)

深く多様なかかわり――和歌森太郎『神ごとの中の日本人』

神ごとは神事である。仏事に対する神事という意味で、それは日本人の生活を古くから支配してきた。氏神の祭をはじめとして、各家々での年中行事としての祭があり、物忌《いみ》をして仕事をやすむことも神ごとの中に含まれる。田植のあとのサナブリなどがそうである。日本人の生活には生産暦がある。ということは、神ごとにも季節があるということである。

著者はそれを山伏の春の峰入りを例にして述べている。これは大隅地方などで春四月に若い男女が山にのぼってツツジを手折ってくる行事と関係がある。その意味は結局は春になって山の神が里に下って田の神となるという信仰にもとづく山の神むかえなのである。それがやがて四月八日の仏教でいう釈尊誕生会とむすびつき、また修験道の春の峰入りともなっていく。修験の衆徒はこれによって超人的な信仰の力を得ようとするのである。

夏祭、秋の収穫祭、そしてさいごは年越し、こうした行事のほかに家の神の祭がある。その中で重要なのはカマド神である。著者は、平安時代の貴族社会ではカマド神は男女両神とみなされ、家族の男が死ぬと男神を棄却し、女が死ぬと女神の方を棄却して、カマドの神をあらたにしたふうがあったという興味のある例を紹介する。

また長野県の一部から山梨県にかけて、同族の神である祝殿《いわいでん》または祝神《いわいがみ》の信仰がある。この祝殿の神には稲荷が圧倒的に多数であることに着目して、稲荷は田の神なのだから、この田の神は祖霊と関係があると著者は考える。この本の中で、対馬の天童《てんどう》信仰については、もっとも詳細な分析がなされている。「天童信仰には、日本人一般にはかすかになった日天信仰の対象としての面のほかに、一般の山岳信仰に顕著な、祖霊信仰の結びつきという面をも指摘できる」という。

こうした神ごとのきびしさは、後世になると娯楽的な要素をもってくる。つまり芸能化するのである。田の神祭にともなう行事と田楽や狂言などが結びつく。また八幡神信仰と人形芝居の関係もある。

本書はこのように、神ごとが日本人の生活にどれだけ深く、多様に入り込んでいるかを述べたものである。著者の創見も各所にばらまかれている。ただ文章が著者のいかにも多忙な生活を裏書きするように、書きっ放しになっているところがすくなくない。

（「東京新聞」夕刊、一九七二年一〇月一四日）

記紀神話をどう読むか——古代の実質的二元論の世界

記紀神話が天皇の権力を聖化することを中心にして編纂されていることは学者の指摘するとおりである。しかしそういう学者でも記紀が文字化された形で記されていることにはあまり疑問をもたないようである。つまり、柳田国男が的確に発言しているように、神話とは、ある一定の日に、一定の人物によって口頭で述べるという厳格な掟がまずあったのであって、この三つの条件を兼ね備えない神話は、まず神話の枠を逸脱しているか、拡大しているかのどちらかであるかを知る必要がある。それにもかかわらず、神話流行の今日、アマチュアはもちろん、プロの神話学者もこのことにあまり注意をはらわないというのが現状ではないか。これが第一の私の不満である。

第二の不満は記紀神話を現代的に恣意的に解釈しすぎるということがある。記紀の文辞は素朴である一面、洗練されてもいる。そこで記紀に述べられた事実を文芸的な視点から見るのは結構だが、それを想像力の世界に属するものと考えがちである。これはあやまりであると私はおもう。記紀に述べられたことはまず事実の反映と考えるべきである。事実をどのように反映しているかに検討を加えるべきである。文学的な表現であっても、それは記紀の筆者や当時の人びとの頭脳の所産ではなくなにがしかの事実をふまえたものである。Aという事実があってDという表現があれば、その中間項のCもしくはBをたどって、Aなる事実が写し出されているのである。したがってD＝Aという短絡した解釈はまちがいであるが、DとAとはまったく無縁であるとするのもあやまりである。

記紀は形式的二元論であり、しかも実質的一元論であるという世界観の上に立っている。このことから記紀の二元論は形式的な作為であるとする見方がある。しかしそれは半面の真理にすぎない。なぜなら、記紀が二元論をとったのは天皇政権の公平さと優位を作為する意図をもつばかりではないからである。すなわち、古代の二元論的世界を素地としているのである。それはもとより実質的な二元論の世界であった。それを形式的二元論につくりかえたのが記紀の世界なのである。このことを理解しないかぎり、記紀の世界観の底に達することはついに出来ないであろう。ところが神話学者はそれを往々にして論理的二元論と思いこみがちなのである。

記紀とその周辺の文献を操作することをもって足れりとすることはできない。安楽椅子に背をもたせて、そこで推理小説をよむように記紀の謎ときをたのしむ今日の風潮を私はけっしてとがめない。それは記紀を聖典として押しつけた戦前の教育からすればよほどましである。だが、記紀は理詰めで考えて解決せられる世界ではないと私はおもっている。

（「日本読書新聞」一九七二年一〇月三〇日、のち『古代史ノオト』「あとがき」に引用）

内なるアジア——72年その底流

高松塚古墳の発見

ことしほどアジアが問題になったのは戦後はじめてではなかったか。アジアは公然と姿を日本人の生活の中にあらわし、私たちはテレビや新聞をとおして色々なものを経験した。野心家の大統領が毛革のえりのついた外套を着て、寒さの中で愛想をふりまきながら、万里の長城を見学していた。高松塚古墳壁画が発見されて話題をにぎわしたのは、大和国中の桜がほころびる寸前であった。沖縄が本土に復帰したのは若夏《ばがなつ》の候である。つづいて、汗かきの首相が扇をひまなく動かしながら、北京料理のテーブルで佐渡おけさを聞いていたのは秋口であった。

そして、北辺の少数民族がアイヌモシリ（アイヌの国土）を主張しはじめたとき、それは冬の到来を予告する不協和音のひびきをもっていた。中国、アメリカ、ソビエトの三大国間の関係調整の連鎖反応と言えるベトナム和平交渉も、クリスマスまでは仕上げを終わると予想されている。

奇妙なことにこれらの諸事件は季節の色どりをもっている。季節とむすびついて私たちをとらえたこれらの諸事件は、季節とともに遠くに流れ去ってしまえば、空しいものとしか映らないこともたしかである。高松塚古墳壁画の発見や田中訪中に見せた国民の熱狂は今となっては一体、何であったのか。当時、大きな渦潮の中に吸引されていく小舟の快感があったことを、私たちは誰しも否定できないであろう。

国外の一切に眼を閉ざさねば確立しがたい空虚な権威への「冷笑者」としての歴史の存在を、国民は肌《はだ》に感じとっていた。

アジアの中の日本

日本というものを日本の中だけで解こうとしても不可能であり、アジアを不可分の単位として考えねばならぬことを、これほど明瞭に教えられたことはなかった。

しかし、日本の中だけでは解けない問題をアジアを単位とすれば解けることを悟ったときに、日本人の感情は、日本を相対化する視点をはるかにこえて国外にとめどもなく流れ出した。ほかならぬパンダに象徴される中国ブームを指すのであるが、アメリカとの間の経済関係の悪化がこれに拍車をかけたのは疑い得ないとしても、戦ったあと敗れればアメリカ一辺倒、そして、アメリカがダメならばこんどは中国という日本人の心情の振子運動、すなわち歯どめのきかない事大主義が、問題なのである。

他の外国をふみつけ

特定の外国を崇拝して身をすりよせ、その代償に他の外国を軽蔑してふみつけにするというのは、孤島としての日本が歴史的にたどってきた最大の特徴である。そしてそれが今度の中国ブームにも遺憾なく発揮されたのであった。これぱかりは、中国や朝鮮やベトナムなどアジア大陸をたよりにしてみただけでは癒《い》やされない。事大主義という国病の治癒は、日本人がどれだけ冷静に自分を直観することができるかという、その一点の勇気にかかわっているのである。

高松塚の問題にしても、その投じた一石は限りなく波紋をひろげ、韓国、北朝鮮（高句麗）、中国のどれにつながっているかという学者の宗家あらそいにまで発展した。だが高松塚をめぐる論議には一つの視点が欠落している。それは、大陸の文物が日本列島に渡来してきても、ありふれた人びと、すなわち日本民俗学で言うところの常民のすべてとはつながらないということである。

大陸に日本文化の根源をすべて求めることができるという考えは、支配層の文化と常民文化とをごちゃまぜにして、比較論議するという誤謬に陥らないではすまない。日本古代国家の枠組みが中国や朝鮮をぬきにしては考えられないことは、高松塚古墳壁画のもたらした最大の教訓であるが、さてそれは常民文化の秘密をなにほども明かしてはいない。

すべて開かれていない

その空虚さがかえって浮薄なブームを呼ぶことは、中国との国交回復問題においても同然である。いわば、それは彼我の為政者どうしの関係が再開されたことであって、日本人民と中国人民の直接の交流が再開されたことをすこしも意味しない。これまで民間人の中国訪問はあいついだが、中国人民とのじかの接触がなされたわけではなかった。アジアはすべて開かれているのではない。半透明のいら立たしさが私たちにおおいかぶさっている。

韓国や北朝鮮が高松塚古墳壁画の源流を自国に求める主張にも納得できないところがある。なぜなら、日本文化の主流が大陸渡来のものであることを強調したところで、その論議は支配層の文化と常民の文化とをはっきり区別した上でなされているのではない。

常民とは朝鮮では役人になることのできない階層を指すのであるが、儒教の伝統が日本と比較にならぬほどに重い朝鮮の文化は、それだけ文字をもった有識層の文化にかぎられる。にもかかわらず、文字を独占する権力層の文化と文字をもたない常民の文化とが峻別されないままに、大陸文化の名で論じられているのである。したがって、その論議はナショナリズムのわなに陥るのである。そうした大陸国家のナショナリズムの尻馬に、わが国の知識人が乗っている図は笑止である。

政治、国境をこえて

これからは彼我の人民と人民、常民と常民がじかにつきあうことによって、政治や国境をこえたアジアを発見する以外に道はないようにおもう。つまり、相手の生活や思想などをつぶさに知ることで、相互の差異点を見きわめるほかはない。

私はこの秋に韓国の都会の大田《テジョン》の夜市で見た物売りの女たちのすがたを思い出す。秋の夜は冷気はきびしかったが、それをものともしない女たちのほとばしる熱気が盛り場の大道にあふれていた。私はまた沖縄が本土復帰前後にみせた亜熱帯のさむさを今よみがえらせる。緯度のちがうこれらのアジアの常民のすがたに共通な命運を発見するとき、私たち日本人のアジアへの旅はようやく始まるのであろう。

（「中日新聞」夕刊、一九七二年一二月九日）

日録――「日本読書新聞」日録

十二月五日（火）

午後プチモンドで三一書房の森田氏と会う。『日本庶民生活史料集成』（全二十巻）が五年がかりで終了したので、編集部とそのしめくくりの旅行の相談。「庶民史料」の企画は六七年の夏の終りごろからはじまった。当時私は胸の病気が思うように癒えず、山の根の病舎をとりかこむ烈しいヒグラシの声と一緒にくらしていた。当時三一書房も閉塞状況を打開しようと模索していた。そこでこのように向う見ずな企画が実現したのだった。私は父の死をきっかけに、脱走するように退院した。それから五年たったのだ。

夜、九段の「あや」にて岡田喜秋氏と対談。筑摩書房の中島氏と児玉氏同席。岡田氏とは数年ぶりの再会。

氏の特徴ある唇の動かし方をなつかしく思う。対談後に雑談。信州人の中島氏いわく「信州ではゴリやモロコなどはたべない」イナゴやザザ虫に食欲をおぼえるみすずかる信濃びとが美味な川魚を見のがすとは。ふしぎな話を聞いた。

十二月七日（木）

北陸から帰って十日経つ。能登の悪天候にさんざんなやまされたので、帰ってみると東京の晴天がウソのような気がしている。名古屋中日新聞と東京新聞にそれぞれ原稿をおくりに近所の郵便局に出かける。第一便で速達を出さないと間に合わないのに、午前十一時まえにはやばやと締切ってしまっている。集配は十一時五分である。窓口のイジワルな小娘のことは太宰治も書いていたようだ。午後、淡交社の岡本氏、写真家の渡辺氏とつれだって来訪。遠山と志摩の取材旅行の打合せ。

十二月九日（土）

小学館の雑誌「創造の世界」の座談会のゲラを送り返す。京都のあるホテルで座談会の最中、グラグラと地震がきた。湯川さんは伏目になってテーブルを見つめていた。そのときの湯川さんの長い頭と、そのソフトの帽子を今も思い出す。雑誌「流動」連載の「常世論」第二回を書きはじめる。締切まで三日しかない。

（「日本読書新聞」一九七二年一二月二五日）

十二月十三日（水）

夜、遠山につく。昨年は後藤総一郎氏の父君の家に世話になったので、和田に立ち寄って挨拶。猪鍋をごちそうになる。昨年夏に水窪《みさくぼ》の宿で出された鹿の刺身を思い出し、途中肉屋で冷凍の鹿肉を買い求めて、上村の旅宿にいく。そこで食べてみるが、肉が凍って固く、うまくない。鹿のスキヤキをやったがやはり固くてダメ。同行の藤田明氏、岡本氏、渡辺氏と雑談しているうちに夜更けて雪が降り出す。

十二月十四日（木）

朝、標高千メートルをこえる下栗の部落まで、岡本氏の運転する車でのぼる。南アルプスの雪をかぶった嶺が間近に見え、風景はすばらしいが、昨夜の積雪のため車は山坂でスリップ。途中から引き返す。午後、赤石岳の山麓の程野分校を訪れて分校主任に挨拶。昨年はやはり程野部落の霜月祭を見にいって宿直室を貸してもらった。分校主任の話では、生徒総数三十名。その父兄二十五名のうち十六名が「信濃教育」という教育雑誌をとっている由。さすが信州と、この過疎の部落での向学心におどろく。のち程野の八幡神社で催される霜月祭で夜を徹する。焚火にあたらねばこごえそうな寒さである。焚火の薪の煙が目に沁みる。「山住様もよく舞うよ、八幡様もよく舞うよ」という単調な笛のしらべがとぎれることなく神社の夜をつらぬいた。

十二月十六日（土）

昨日は遠山から新野《にいの》へぬけ、売木から豊根村、東栄町と、奥三河の花祭の地帯をとおって豊橋へ。そのあと三一書房の正木氏及び「庶民史料」の諸君と伊豆の宿へ。そこで雉鍋が出る。これで数日のうちに猪鍋、鹿鍋、雉鍋をこころみたわけだ。ここのは高麗雉の飼鳥ということで変哲もない味。今日は午後から西伊豆の稜線を車で走る。峠の展望台から富士山の左側に南アルプスの雪山が見える。一昨日に信州遠山から真東に眺めた山々を伊豆からまた西北方に見るとは奇妙な感じである。

（一九七三年一月一日）

十二月二十二日（金）

午後駿台荘にて、雑誌「伝統と現代」のために川村二郎氏と対談。「近代とは何か」という主題をめぐってだが、問題が大きいのでなかなか話が収斂できなかった。のち、川村氏と雑談。氏の文学上の意見に同感するところが多かった。

十二月二十五日（月）

今年をふりかえって多忙なばかりで索漠とした気持。自著は春には『埋もれた日本地図』、秋には『孤島文化論』を出した。しかし現在の私にはなぜか索漠感があるのみ。私には残された二つの仕事があり、「老い」のなげきが到来するまえにそれに手をつけなければならないのだが一日延ばしにしている。一つには青年期に影響を受けたイエスの思想について考察を深めること。二つには日本人の原意識ともいうべき信仰の原型を追求すること。この二つを何とか自分なりに納得してみたいのである。

この二つの仕事で私の人生は一杯だという気がする。柳田さんのような人でも、晩年には、「時間がない」と口ぐせに言っていたそうだ。私などにも、もはやそんなに余裕があるはずはない。

十二月二十七日（水）

高群逸枝の仕事ぶりを評価するのは、彼女が女性史研究に一切を捨ててかかったことだ。それは私など考えてもできそうにない徹底した生活であった。私も自分の残された仕事を推進するために、なるべくコマギレ原稿を書かず、時間を持続的な仕事にふりあてることを考えねばならぬ。酒もこれから一切廃す。

歳末の索漠とした気持はアメリカの北爆再開によっていっそうかき立てられている。これを書いているとき、とつぜん宮古島の仲宗根恵三氏から長距離電話。鹿児島まで出張できているという。電話で三十分も宮古島の話をあれこれと聞く。新年にはユタたちの大会を開くからぜひ来島してくれという。ゆけるか分らないが、島の老婆の顔を思い出し、とたんに私は元気を取り戻す。

（一九七三年一月一五日）

一月一日（月）

志摩の石鏡《いじか》の宿で、岡本氏、渡辺氏、藤田氏と目をさましたのが、午前九時。大晦日は片田、船越、波切などの各部落でおこなわれる行事を見てまわった。そして石鏡についたのは午前四時。夜明けの潮垢離を見るつもりだったのが、疲れはてて眠ってしまったのだ。午後は、岡本氏運転の車で安乗《あのり》にゆき、小雨の降る波打際での三棚《みたな》神事を見る。夜は賢島の旅宿へ。一晩中風雨が烈しい。

一月二日（火）

朝、雨があがる。磯部で仕事に関係のある文書の撮影をすませたのちふたたび安乗へ。安乗文楽の翁の三番叟を見る。「とうとうたらり」というハヤシ言葉ではじまる古風な人形の舞いが、冬のなぎさでひとしきり展開する。まえに『埋もれた日本地図』の中で、安乗の食堂でたべたスシのことを一行の文章で書いたら、昨年はそのスシをたべたいと言ってきた旅行者がおしかけたそうだ。なかにはスシをたべないとかえらない、と二時間もねばった若者たちもいたと聞いて感激。果して私の味覚にまちがいなかったのか、それをたしかめるためにもう一度スシをたべる。みんなもうまいというので安心。

一月三日（水）

さいわいにも晴。朝は車で青の峯の頂上にゆき、正福寺で海難をまぬかれた漁夫たちの絵馬を撮影。このところ「青」にとりつかれたかたちである。そこから磯部に降り、横山の頂上までのぼる。英虞《あご》湾が一望に見渡されるだけでなく、紀州の潮岬まで見える。地上で見えなかった山並みや半島が現われ、なぜか「なつかしさ」をおぼえる。午後は立神という部落で獅子舞をふくむ行事を見る。はじめの五時間位は退屈至極だったのが、夜八時頃から壮絶華麗な火祭にかわる。素襖袴の村の若者たちがワラ火をボヤのようにまでもやすと、ハッピをきた村の若衆連が消しにかかる。これがえんえんと二時間近くもくりかえされる。季節の交替が若者たちの争いの形で示されるのだろうか。暮の二十八日に旅に出てから、今日まで車で千キロ走ったことになる。今年もまた旅に明けた。

（一九七三年一月二二日）

常世と御霊信仰

相似の世界

数年まえ、はじめて私が沖縄に旅行したときに、石垣島で出会った五十がらみのユタ（巫女）から、私はふしぎな話を聞いた。後生《ぐしょう》とは沖縄で来世とか他界とかを指す言葉であるが、そのユタは両手を広げたようなかっこうで空をとび、後生とのあいだを往来するという。後生には警察もあれば学校もあり、この世で警官であったものは後生でも警官であり、教師であったものは後生でも教師であると私に告げた。そしてこの世に葬式があるのと同様に後生にも葬式があるとも言った。つまり、後生にはこの世と寸分ちがわない光景が展開するというのであった。

この話は私の関心を引いた。そのあと、ある考古学者の書物をよんでいたら、沖縄の最西端で台湾に近い与那国島で聞いた話として、五月五日のハーリー船の競舟がおこなわれるときには、後生でもハーリー船の競舟がおこなわれていると島民は信じている、と述べてあった。またやはり沖縄の宮古島で調査をしたときに、ある老婆の話から、この世の太陽と同様に、後生にも太陽があることを知った。それを後生太陽《ぐしょうてだ》という。「てだ」とは沖縄で太陽を指す語である。

このようにしてこの世と来世とがまったく相似の世界であるという事実は、私の興味をそそらずにはすまなかった。南島では死後のたましいのゆく場所を海のかなたに想定して、そこをニライカナイと呼んでいるところがある。だから、後生はニライカナイとおなじものと考えて差しつかえない。南島の後生は「後生をねがう」という仏教用語と文字はおなじでも、その内容はまったくちがう。南島人の後生もしくはニライカナイは、仏教渡来以前の日本本土の死後の世界である常世《とこよ》に相当する。

こうした次第で、私はこの世と常世とがまったく相似であるだけでなく、価値をひとしくする二元的な世界を構成するものであると考えてみたのであった。古代人は、人間の誕生を他界にいる祖霊のよみがえり、すなわち再生とみなしたのだから、現世と来世とが等価値である必要があった。そして等価値であるためには、この二つの世界が相似形であるのに越したことはない。

たとえてみれば、現世と常世とは一つの事物、一つの現象をそのままそっくり写す合わせ鏡として存在するのであった。ただ古代の思惟《しい》の中で、現世と常世とのちがいは、常世は祖霊の住む島というだけでなく、穀物や果物がいつも実っているとおもわれていた。「世」とは今日でも南島で穀物のことを意味する。そこで、常世とは穀物の常熟するところというのが原義である。そこからして海のかなたから祖霊神が現世に豊熟をもたらすという信仰が生まれてくる。

常世の崩壊

だが海のかなたに思慕する祖霊の国があるという信仰体験がようやく色あせると、常世といえば不老不死の理想郷、つまりユートピアであるというふうに変わった。『古事記』や『日本書紀』にタジマモリがトキジクのカグの木の実、つまりタチバナの実をとりに海のかなたの常世にいった、という記事があるが、トキジクとは絶えずという意味で、香りの高い柑橘《かんきつ》類がたえず実る島が常世である。海底の常世である竜宮でくらした浦島伝説をみれば、常世には時間の流れが停止していることが分かる。

このように常世がユートピアふうに考えられはじめたということは、現世と常世とが相互に規定し合い、おなじ価値をもつとおもわれていた二元論の世界がくずれたことを意味する。ユートピアである常世はまぼろしの理想郷であり、到達できない架空の存在として扱われるようになった。それまで現世の王は常世の神にたいして充分の敬意を惜しまなかった。だが、常世を祖霊（母）の国とみなす信仰がうすらぎ、現世の王の権力が増大すると、常世の神を無視するような態度さえみえてきた。

現世と常世の二元論の明確な規範がうしなわれ、古代の天皇は現世の権力と常世の神聖さの双方を体現する絶対者となった。彼は現世の権力を意のままにするだけでなく、常世さえ支配しようという欲望をもつ。海のかなたとはいえ手の届く近さにあった常世は、国家の領域が拡大するとともに、国家の四境にまでしりぞけられた。常陸、出雲、土佐などが常世の国とおもわれるようになった。すなわち、古代王権の神聖観念が強化されたとき、日本人の常世観の退化はいっそうの拍車をかけられたのである。これが記紀の中に私たちのたどることのできる常世観のうつりかわりである。

死者の復権

生者と死者とが均等な世界を双方にもつという世界観にひびが入った。秤《はかり》は決定的に現世にかたむき、他界よりはこの世の意味のほうが重くなった。死者は忘れられ、生者から疎外された。日本人の死生観も跛行《はこう》せざるを得なくなった。現世と他界とのバランスが生者に重く死者に軽くなったとき、そのアンバランスな死生観にたいする異議申し立てが死者の側から起こったのは当然である。死者の復権を生者に要求する御霊《ごりょう》信仰が、帝王の絶対的権力の確立された奈良時代の前後から始まるのは注目すべきことと私は考える。

それは一元的世界に君臨する絶対君主の神聖観念に対抗して、二元論的世界へ復元したいという歴史の底を流れる衝動のあらわれであり、歴史の自己修正運動なのである。アンバランスな死生観を是正したいという死者の強烈な衝動は、もともと生と死、現世と他界とがおなじ価値をもっていたことをネガチブな形で物語っている。死者の要求の背後には、歴史の表面から姿を消したようにみえても、なお抹殺《まっさつ》されてしまったわけでない他界としての常世がよこたわっているのである。

このようにみれば、常世の思想は今日の私たちが考えるほどに迂遠《うえん》な問題ではない。現に、奄美や沖縄では、海のかなたの神への信仰や祭りは日常の風景としてあり、ニライカナイや後生の思想はきわめて濃厚な形でまだのこっている。それが原始の昔から今までつづいているのは、南島を支配してきた在地の権力機構が日本の本土ほどに強力でなかったことがあげられよう。ともあれ、日本の歴史のドラマである御霊信仰の起源を解明する手がかりとして、常世の思想が日本人の世界観の原点であることを、私はかたく信じているのである。

（「読売新聞」夕刊、一九七三年三月八日）

わが青い「鳥」

靴職人よろしく毎日机にむかって生活している私には、物を書くのが生活ということだけで、そのほかに報告すべきことなどはない。あるとすれば、時折ペンを休ませている間に、あるいはペンを走らせながらも、不意に訪れる羽ばたきのようなもの、あるいは嘴のように固いもの、あるいはこちらをとがめるきつい眼指を感ずること位だ。私は韓国に昨年秋、旅行した折、コットウ品などには手を出さず、剝製の一羽の鳥を旅行鞄の底にしのばせてきた。その瑠璃色の羽が私を捉えたのだった。私はカササギのたぐいだと思い込んでいたのだが、何分にも羽の色がちがうので疑わしくも思っていた。調べてもらうとカケスだという。私は剝製の鳥が好きだ。理由はかんたんで、餌をやらなくてもすむからだった。それに剝製のほうがイメージを抱くのにつごうよくできているとおもう。たった一羽、剝製の鳥がいるおかげで、私は無数の鳥にとりかこまれている気になる。それは、正確には鳥の気配といったほうがいいかも知れない。そして生きている鳥ではこのようにはうまくゆかない。

鳥のことが気にかかるようになったのは、韓国の旅以来のことである。ある村の入口には、石製の鳥竿が立っていた。

また、訪ねていったあるムーダン（女巫）の家では、脱魂状態のムーダンの踊りがつづいている傍らで、軒につるした鳥かごが意味あり気に揺れていた。私を案内した韓国の民俗学者はエクスタシイ（脱魂状態）におちいったとき、女巫はしばしば鳥語を発し、また鳥がついばむような所作をする、とささやいた。一般に脱魂状態では、女巫の魂は山のほうに飛んでいくそうである。私はあとで、別のテープを聞かせてもらったが、録音された女巫の鳥語というのは鳩が鳴くような声だった。

韓国の民俗学の中核はシャーマニズムであることは誰でもみとめている。しかし、そのシャーマニズムが、かくも鳥と関係があるとは私は想像できなかった。そして日本の民俗学においても、鳥への関心がいかに重要な問題をはらむかについて、やっと気がついたのだった。日本の地名にも鳥の名前をつけたものが多い。それが裏日本にかたまっているのはけっして偶然だとは考えられない。たとえば能登にある一青《シトト》とか黒氏《クロジ》とかいう地名は、ホホジロのたぐいというが、鳥にたいする特別の関心をもとにして生まれたものにちがいない。そうした眼であらためて日本民俗学の問題を見直すと、啓示を受けることが多い。

そこで、私は「朝鮮の鳥・琉球の魚」というテーマで日本人の民俗信仰を色分けできないかとおもったのだった。毎年、一定の期間をおいておとずれるのは、渡り鳥であり、回遊魚である。それが神の使者として受けとめられる。日本民俗の根底にはこうした鳥や魚にたいする信仰がよこたわっているが、それこそは、朝鮮半島と琉球弧にはさまれた日本列島の特異な風土をそのまま物語っているように私にはおもわれる。というわけで、私は韓国の旅このかた、鳥のイメージを引きずってきた。私に剝製の鳥が一羽あればそれで充分なわけが、読者には分ってもらえたとおもう。

しかし、鳥などになぜ関心をもつか、という自分への疑問はやはりいくらか残る。人間と他の生物との段差がまえほど明らかでなくなったのはたしかだ。深沢七郎が今川焼屋をやるように、老いると若い時分のみたされぬ欲望を果たしたいという第二の欲望が再生する。私も二十代の前半には生物学の本（といっても観察記録のたぐいだが）をよむのがたいそう好きだった。「老い」の最初のきざしがおとずれたのか？　それだけでもあるまいとおもう。

私は本誌の三月号で、日本人の星にたいする観念をたどった松田修氏の文章をよんで、啓発されるところがあった。邪悪な星、叛逆者の星。松田氏の指摘するように、日本人の星にたいするイメージは、けっして明るいものではない。それは最近の日本の一青年が仰いだアラブの星にもつながっているというのは、ややきわどい発想だが、松田氏の才筆のおかげで、充分にたのしめた。私も二月初めに、その邪悪な星、カガセオの都である常陸の大甕《おおみか》を通過し、さらに北上して、磐城の浜通り、原町市にある大甕までいってきたばかりだった。このことについて今、触れるつもりはない。

しかし、短絡させながら事物間を無関係と想定すること、そのあいだにできるだけ多くの媒介項を捜し、そしてもっとも脆弱な糸を引きのばしてみること。一方では逆に無縁と思われる遠い事物のあいだに、ある関係があると想定してみること。この双方の操作が必要であると私はかねがねおもっている。私が鳥に執着するのも、それが観念の鳥であるからであり、私の中に伝わってきた潜在意識と古代の鳥とのあいだをつなげてみようとしているからである。

(「現代の眼」一九七三年四月号)

『山口麻太郎著作集』第一巻・説話篇 解説

一

山口麻太郎は明治二十四年に長崎県壱岐郡郷ノ浦町（もと沼津村黒崎）の農家に生まれ、百姓の子としてその土地に成長した。十九歳のとき長崎通信伝習生養成所を卒業、郷ノ浦郵便局通信事務員となった。のちに長崎郵便局に転じ、台湾総督府民生部通信局に転じた。大正三年には、東京市町村雑誌社に入社し、かたわら自由講座、国教学館などに文学をまなんだが大正六年、二十七歳のとき郷里にかえって居住した。昭和八年から壱岐出身の松永安左衛門の援助のもとに、郷土研究に専念した。

今日八十幾歳の老齢に及んでなお健在である。

日本民俗学界の中では、山口麻太郎の名は知らぬものはいない。じじつ壱岐の郷土研究の第一人者であり、『百合若説経』『壱岐島昔話集』など本巻に収められたものをはじめとして、多数の著作がある。

『壱岐島昔話集』の「自序」で彼は次のように述べている。

「昔話に就ては祖母にも父にも負ふところがなかつた様である。祖父は私の生前に没した。兄も姉も無い。叔母が一人居たが永くは一緒にも居なかつたし、それらしい記憶も残つて居ない。母はよく語つてくれた。子守唄や毛毬唄もよく唄つて聞かせた。殊に私は九つまで母の乳をのみ母の懐に寝たので、寝床の中で囲炉裡のはたで、よくせがみもしよく聞かされもした。其のわびしい思ひ出は、甘い乳の味や温い懐の記憶と共に、年歯を重ねるにつれて濃やかになるのを覚えるのである。更に私の昔話は、私の六つか七つ位の時、作男として私の家に居てくれた忠《ちゅう》やんに負ふところが多い、忠やんは、其の当時十六七でもあつたらうか、雨降りや夜業の藁仕事の一方によく語つて聞かせた。」
この文章からみれば、山口が壱岐の昔話や説話に示した情熱の基礎は彼の母と、忠やんと呼ぶ少年によって形成されたということができよう。こうした経緯は『壱岐島民俗誌』（昭和九年）の「自序」の中では更に具体的に魅力的な筆致で描かれている。昔話とか諺とかにまつわる、初時の印象が魂の深部に刻みこまれて、後年にいたるまで成長しつづける過程が捉えられているので左に紹介する。

「初夏のうるはしい日の光、黄色に色づいた一面の穂麦がざわざわと風に動く。若い夫婦はせつせと麦を刈つて居る。発育のよい麦の茎が、鎌の刃に弾いてさわやかな音を立てる。うす甘いそして水々しい、熟れきつた麦の香気が漂ふて来る。

しかしそんな事は百姓にはなんでもない。今日一日で是非此の畑を刈つてしまはねばならぬと予定している若い夫婦には、極めて合理的に、暴力的に働いて居る強い意志があるばかり。若い精力のままに側目もふらずに、額の汗を押し拭ひ押し拭ひ刈り急いで居るのである。

其の時畑畦に遊ばしてあつた一人の男の子が、麦笛が鳴らなくなつたのにむつかり出した。若い父親は、忙しい鎌をそこに置いて、子供の所に行つた。そして『ビーボージョなれーよ、長者どんの耳切つチかましうで』と呪文の様に唱へながら、麦笛の中に一ぱいになつて居る唾を出してやり、自分で一吹き吹いて見せた。ビーボーははたしてよく鳴り出した。

しかし此の時強く子供の頭に印象づけられたものは『長者どんの耳』なる語であつた。長者どんはどんな人間であるか。それとも動物なのであるか。其の耳はどんな味を持つているのであらうか。ビーボーは如何してそれを好物とするのであらうか。幼児の純真な脳裡には一大不可思議の世界が展開せられざるを得なかつたのである。

私達の幼児にはななほしてんとうむしの事を長者どんだと教へられて居たが、ビーボーに噛ますべき耳の所有者たる長者どんだとは明示されず、又切つて噛ますべき耳らしいものも発見せられないので、何うしても想像は昔話の長者どんに行かざるを得なかつた。しかし長者どんの耳をビーボーに噛ますといふ事は如何しても考へられない事であつた。

私が学問的にこんな事も考へはじめてから『庄屋どんの耳切り』なる俗諺を或古老から聞いた。それは百姓が官に納付する雑穀《ざっこく》の耳を切つて自分の懐を肥やす事で、これは実際にやられた事らしい。私は此の庄屋どんが、長者どんに誤られたか、世の所謂長者どんなるものが、やはり世の良民の耳を切つて自分の基礎を築いた事の言ひ伝へではないかとも思つて見た。」

山口麻太郎は、この文章で見ることができるように幼児体験にあくまで固執し、そこから俗諺にふくまれている意味を追求しようとする。山口はそうして更に疑問につきあたる。一つは当時の百姓がそんな気の利いた皮肉を言い得たであろうかということであり、今一つは耳に対する味覚を伝えた例が、他にもかなりありそうに思えたことであった。第一の疑問に対しては、長者どんの耳を切って噛ましようという言葉つきには、少なくとも長者どんに好意をもったものでない要素が見てとれる。しかし第二の疑問については資料があつまるにつれてかえって結論が出にくいと言っている。そうして「私は何うも子供の時から、斯うして大きな民間文芸の問題を背負はされて居る様でならない」と結んでいる。

ちなみに言えば、耳は動物が危険を察知するときによくうごく。それと関連して、人間の中でも最も動物的な部分とされている。

琉球料理のミミガー、すなわち豚の耳は珍重されている。しかし耳にたいする嗜好はそれにとどまらない。敵の捕虜の耳を切ったという「耳塚」の故事を太古の信仰とむすびつけて説いたのは柳田国男であった。すなわち動物の耳を切ることは、いけにえの名残りだというのである。諏訪信仰における遠山の耳裂鹿もその一例である。また「耳無し芳一」のばあいも耳だけが切られたのは、そうしたこととつながる仔細があったとみなければならぬ。山口の関心は昔話や伝承を採集し整理するだけで事足れりとするものではなかった。「長者どんの耳」という一語ですらが、その中に下々の百姓の庄屋や長者にたいする憤りをかぎつけ、さらに人間の実存の深みに降りようとする。そこに彼の面目がある。

二

山口麻太郎は『壱岐島昔話集』（昭和十八年）を出すにあたって、彼が郷土研究所から昭和十年に刊行した『壱岐島昔話集』に収録したものと、その後の採集の百余話及び友人の目良亀久採集のものからえらんだと述べ、なお筆者編の稿本『吉野秀政説話集』からも数話とったと記している。本巻に収めたのは郷土研究所刊の『壱岐島昔話集』と未刊本の『吉野秀政説話集』である。吉野秀政は正徳三年に生まれ、天明末頃に死去した壱岐の神道学者である。その著書は二百余種あり、その主著には『壱岐国続風土記』や『壱岐史拾遺』がある。吉野秀政は昔話をはじめ各種の民間説話に留意し、つとめて採集し、その数は数百にのぼるとされている。その吉野の著述の中から山口麻太郎は一六九話をえらび、それをさらに、昔話、物語、伝説、口碑、世間話の五部に分け、謎々の一項を付記することにした。

その中には、貴重な伝説が記載されていることを見ることができる。たとえば、伝説の部の筆頭に「青波加大明神の渡来」という一項があり、壱岐の神田浦《かみだ》というところに沖から甕が流れ着いた。そこでその甕を家のかたわらに埋め、その上に石を置いて、甕石と呼んだとある。山口麻太郎の『壱岐島民俗誌』によると、壱岐島の小崎の氏神はもと鹿の辻にあったアヲハカ（＝アラハカ）さまを移し祭ったものとされていて、「このアラハカ様は甕にはいつて（或人はうつろ舟と言つた）神田浦に漂着し、渡良浦に上られたのを高処がよからうと言ふので、シカの辻にお祭りしたのであるが、ここは対馬から肥前の方をずつと見渡す高処で、沖を通航する船は、帆を一段下げて、このアラハカ様に敬意を表さねばならなかつた。此の事を知る地の船はよかつたが、うつかりして其れをしない他国の船は、神の怒に触れ」た、と述べている。

甕が沖から流れついたという説話は対馬の志多留にもある。箱船やうつぼ舟にのって海の彼方から流れついたというのは朝鮮の史書に記された神話であるが、また日本の海岸や南島などでおびただしく採集できる伝承でもある。しかし、甕にのってきたとか、甕の中に入ってきたというのは、南島にはない。甕棺葬が九州に特徴的な埋葬方法であるのと照合して、それは朝鮮渡来のものなのであったことが推測できる。甕の中に入れるのは人間の身体だけでない。人間のたましいもそうである。事実、記紀万葉時代には、甕を自分のたましいと見立てていたことが、甕を寝所の枕の近くにすえて旅行者の安全を祈るといった詞章がいくつもみられることで確認できる。これは旅行者のたましいと甕とが同一物であるとみなしていた証拠である。現に五島付近では、漁に出ている夫の安全を祈るために、妻は台所の水甕に水を一杯満たしておくことを忘れない。こうしたかずかずの例証から壱岐や対馬や五島に朝鮮の民俗文化の影響が蔽いかぶさっている事実は否定できない。

日本民俗学は民俗現象の普遍性を強調するあまりに、その地域性を軽視するという偏向に陥らざるを得なかった。この青波加明神の由来についても、それをたんにうつぼ舟の伝承という風に拡大解消することは当を得ない。壱岐島のように、東西約三里、南北約四里という小島でありながら、一国としてのまとまりをもち、しかも『魏志倭人伝』の古い時代から大陸と九州とをむすぶ交通路に当っているところは、それなりの郷土学が必要である。壱岐島に住む山口麻太郎がその郷土学の提唱者であることは、深い意味のあることだと私はおもっている。

もちろん山口麻太郎の提唱する郷土学は、従来の郷土史家が狭隘な視野を脱することができなかったようなものではあり得ない。郷土中心の独善性を打破して、しかもなお地域の特性をみとめよ、というものである。閉ざされた郷土学でなくて、開かれた郷土学である。民俗現象の全国分布を知りそれを空間的に配置するだけでは満足せず、それぞれの地域のたどってきた歴史社会と民俗現象とは無縁ではあり得ないことを強調するものである。

その例はさきにあげた甕の漂着の伝承でもたどれると私はおもうが、壱岐島の説話として欠かすことのできない「百合若伝説」にもそれをさぐることができる。

三

本巻には「百合若説経」が収録されている。この伝説はすでに室町期の「幸若舞曲」の中の「百合若大臣」にあらわれている。それには、高天原の神議によって託宣をこうむった百合若大臣が鉄の弓矢をたずさえて出陣し、蒙古の敵を撃滅して凱旋する途中、少憩をとるために玄界島に上陸して仮眠をとる。ところが逆臣が百合若をその島に置去りにして逃げてしまう。ここに百合若の奥方は緑丸という鷹を飛ばして百合若をさがす。鷹は三日三夜を飛んで玄界島につき、百合若が木の葉に書いた血書をもって奥方の許に帰る。奥方は折返し紙と筆をそえた大硯を鷹に結びつけて放ったところ、鷹はその重さに耐えきれずに、途中で墜落して死ぬ。その死骸が島の波打際にあるのをみて、百合若は悲しむ。百合若の奥方は鷹が帰ってこないので宇佐八幡に祈願をこめた。その甲斐があってか、壱岐の島人がこの玄界島に漂着した。百合若はその島人にたのんで島を脱出することができた。そして新年の宴のときに百合若がかつて手馴れていた鉄の弓矢を誰も引く者がいないのを見てとって、自分がそれを引いてみせる。こうして百合若は名乗りをあげて悪人ばらをこらしめ、もとの地位を回復するという趣向になっている。この「百合若大臣」が置去りにされた玄界島というは、博多港から北西へ五里の小島で、千人あまりが住んでいる。野間吉夫によると、この玄界島の船着き場の近くには、小鷹神社があるという。百合若大臣の許へ使者としてやってきた緑丸という鷹をまつっている。

この「百合若大臣」をもとにして近松門左衛門は「百合若大臣野守鏡」という浄瑠璃の台本を書いた。この近松の百合若は「幸若舞曲」の粗筋とはかなりかわっていて、鷹は出てこないで、天香具山の香取丸と緑丸という雌雄の鷹の羽ではいだ一対の鏑矢が出てくるというふうに技巧をこらしている。しかしそれだけにかえって力強さに欠けるきらいがある。

坪内逍遥は、この百合若の話はギリシアのユリシーズと筋が似ているところから、その物語の輸入であるということを唱えた。『民俗学辞典』（柳田国男監修）はこの説は誤りであるとしている。だが、ギリシアの物語と酷似するこうした伝承が、九州西辺に自生したとみるほうがかえって無理というべきではないか。

たとえば朝鮮の史書で古い伝承をも記録した『三国遺事』には王様の耳が驢馬の耳のように長いのを王妃も宮廷の人たちも知らず、ただ下僕の頭だけが知っており、しかも人にその事実を打明けることができないので苦にしていた。そこでいよいよ死のうとするときに、人気のない竹林の中で竹に向って、吾君の耳は驢馬の耳のようだと打明けた。その後風が吹くと、竹林が鳴って吾君の耳は長いという声が聞こえたという。——というギリシア神話と酷似する記事がある。こうした説話が東西にまったく無関係に、しかも揆を一つにして作られたというのは考えることは困難なのである。これは新羅の伝承である。しかしそれとまったくおなじ話がインドネシアにもあるという。「高麗島」の滅亡伝説は朝鮮にもあり、また「長崎の魚石」の話は明らかに中国から渡来したものである。『隋書倭国伝』には阿蘇山に「如意宝珠あり。その色青く、大いさ鶏卵のごとく、夜はすなわち光あり、いう魚の眼精なりと。」ある。これでみるとすでに「魚の目石」の話は隋にみえ、しかもそれが九州に伝来している趣きがふかい。

壱岐の百合若伝説もまたこれらとおなじことが言えると私はおもう。この百合若伝説と酷似する話は中国やインドにもある。百合若伝説は日本全国に分布しているとされている。岡山県の吉備津神社では百合若大臣のもったという鉄の大弓が伝わっているというし、また能登にもそうした百合若伝説がある。能登の真脇にある鷹王山上日寺には、百合若の愛した鷹の遺骸がこのあたりの海岸に流れついたという伝説を残している。百合若伝説の中で特異なのは、沖縄の多良間島の近くにある水納《みんな》島の伝承である。百合若の勇名をねたんだ友人のウスワカがこの島に百合若をおきざりにして帰り、百合若の妻に言いよって自分のものにしようとするが、百合若の妻は夫が死んだなどとは信じないで、飼っている鷹に手紙を託する。鷹は水納の島に使いをして帰ってくる。妻は鷹にもう一度小麦粉と酒とをはこんでもらう。しかし荷の重みにたえかねて、やっと島にたどりつくと鷹は死ぬ。のち百合若は通りかかった船にたすけられて大和に帰り、ウスワカの仲間を討ち、もとの地位についたという。そこで水納島には今も鷹の墓と称するものがある。また百合若が眠っている間に置去りにされたということから、朝寝坊の子供たちをユリワカディーズと呼ぶ。この水納島に百合若と鷹の話が残されているのは偶然ではない。というのも秋の新北風（ミーニシ）が吹く頃になると水納島の上空を横切ってサシバ（鷹の一種）の大群が北から南へと渡る光景が見られるからである。その大群の中には羽をいためて水納島に不時着し越年するものもいるにちがいない。こうしたサシバの渡りに季節を感じてきた水納島の人びとが百合若伝説をつたえてきていることを私は興味ふかくおもっている。

さて、山口麻太郎は「百合若説経」の末尾で壱岐島につたわる百合若伝説を三種に分類している。この中で注目されるのは、これらの伝承がたんに昔語りとして祖母から孫へ伝えられてきたのではないということである。すなわち、平戸にある藩侯の松浦邸でのかまど祭のときに、壱岐の神官が奉誦したという事実がある。またイチジョーとよばれる壱岐の巫女がユリ弓をならして、百合若説経を語ったということである。ユリというのは楕円形の大きな曲げもので、穀物も入れるが祭器にもつかう。これに弓をつけて鳴らすと音響効果があるのである。そこでユリワカという言葉がここに由来するのではないかとする考えもでてくる。ワカというのは若宮というように完全に神になり切っていない状態を指すのかも知れない。

イチジョーが念ずる神は天台ヤボサという神である。このヤボサ神の分布は九州の西北部にとくに多く、壱岐では百三社をかぞえることができる。この壱岐のヤボサにイチジョーが仕え、昔は毎月二十八日が祭日で弓打ち（弓の絃を打って楽とする）をもって神文を誦する。その中には語り物の百合若説経もまじっていた。住吉神社で旧四月二十八日に軍越祭《くさごえ》をおこない、イチジョーの百合若説経も奉誦された。「日本の乾の方からの日本の潮界、千倉が沖を過ぎて鯨満国《げいまん》には五万の小鬼が住まいをなし、我国に禍いをなすによって、これを退治せよとの帝の命である」という文句を唱えた。鯨満国は鬼満国とも書いてある。これを征服して国家の安泰と国民生活の平安をはかろうとした。この日、島民は戸を閉ざして家にこもったと、山口麻太郎は彼の著『日本の民俗 長崎』の中で伝えている。

外来者として壱岐島に関心をよせたのは折口信夫であった。彼の著述の『壱岐民間伝承探訪記』には百合若伝説に触れたところがあちこち出てくる。参考資料となろう。

最後に、私が壱岐を訪れたのは昨年（一九七二年）の初夏であった。明るい島の風景をみて、これが玄海の一孤島かとうたがった。丁度麦秋にさしかかった頃で、麦の熟れた野づらがうつくしかった。山口麻太郎をたずねたが不在で、山口の友人の目良亀久と会い、あちこちを案内していただいた。山口とはその後、東京で会うことを得た。壮者をしのぐ矍鑠《かくしゃく》とした姿で、壱岐にその人ありと知られた著者の姿に眼のあたり接してよろこびに耐えなかった。

（佼成出版社、一九七三年一一月）

新発田の民俗——新発田市編『新発田の民俗』

柳田国男は一国民族学としての民俗学をつきつめていけば、やがてはフォークロアはエスノロジイの一部門として吸収されてもかまわないと考えていた。そのばあい民俗学という言葉はさらりと捨てて、民俗誌とか民俗史という言葉にかえることを意に介しない、と述べている。つまり民俗学はエスノロジイの一部門としてのエスノグラフィとして甘んじようというのである。

民俗学というのは他の学問のように社会法則を発見することを目的とする学問ではない。むしろ常民の生活にこめられた願望にたいして忠実であろうとする学問である。体系化ができないといって悲しむに足りないのである。ただ常民の願望の法則というものはあるだろう。そしてその法則は辛気くさい事実の採集の中から取り出すほかはない。法則という言葉が堅苦しければ、それを常民の生活の規範といい、あるいは世界観と呼びかえてもよいが、事実にあくまでしたがうのが民俗学の身上である。そこで民俗誌というのは民俗学者の研究に不可欠なものとなる。ただこの場合に問題なのは民俗誌は個々の記述に終始してよいかどうかということである。読者にたいして全体のイメージを与えることが必要ではないかということだ。でないと、個々の事象の意味も充分に捕捉することがむずかしくなる。しかし、あらゆる先入主は拒《しりぞ》けねばならない。事実をして、事実を語らせることにならねばならない。ここに民俗誌の困難さが横たわる。

ところで、民俗学における民俗誌の必要性とは別なところで、郷土の中にも郷土誌を書きのこしておきたいという欲望がとうぜんある。村落いたるところに見つかる耕地整理の記念碑、寺社参詣の感謝碑、あるいは牛馬の供養塔などは、村の道傍にのこされた郷土誌の破片といってもよい。それを一冊の書物にのこそうとする意欲は大正時代に入ってから、にわかに高まった。そこではたんなる民間有志だけでなく、地方行政の首長の意向も大きく働いている。

こうしたことは、郷土誌とか民俗誌を作るばあいの混乱となって引きつがれている。今日ではさすがに歴代の市町村長の顔を並べることは少なくなったが、問題はこれら郷土誌が一体誰のために書かれるべきかという視点がじつにあいまいだということである。原始、古代は考古学、中世と近世は記録文書、近代は行政沿革といったたぐいのつぎはぎだらけの郷土史や郷土誌が大半を占めている。内容の構成が一貫していない上に執筆動機がさまざまであるので、いたずらにぶ厚い書物ができあがるが、焦点が定まらず、したがって読後の印象はきわめて不鮮明である。こうした妥協の産物としての多目的ダムのような郷土誌が生まれるのはあたりまえの話である。

そこで郷土誌の一つの方法は常民の歴史に限定した民俗誌を作ることである。文書記録はともかくとして、村の歴史は大昔から存続して今日にまで及んでいる。それは常民にもっとも親しい歴史であり、支配機構の末端に位置する人たちのための歴史ではないことが何よりもよろこばしい。

ただ、民俗現象というのはせまい知識ではその意味が判らないのはいうまでもなく、またその事象すらが正確にはとりあげられない。意味は後代のこじつけが多く、事実もくずれたりしてさまざまな変容をみせるからだ。そこでどうしても専門家である民俗学者の指導が必要とならずにはすまない。民俗学者が民俗誌を必要とするのと、郷土の中から民俗誌を作っておこうとする欲求とが一致するのはもっとものぞましい形である。

私はかつて『万葉集』が天皇から遊女乞食の歌まで集録しているひそみにならって、私の郷里である水俣の郷土誌を作ってみたいと考えたことがあった。つまり、遊女も狂人もバカも乞食も村の中の構成者としては不可欠な要素であると考えたからであり、彼らもまた地主や町長や工場主とおなじ一票をもつと思ったからである。この計画は協力者が不熱心で挫折したが、それが実現すればおもしろいものができあがったにちがいない。つまり地方銀行の倒産も繭の値上りもさては河川改修のときの朝鮮人労働者たちの生態も、その町の歴史の一コマとしてえがかれる。という具合で、それはフィリップやチエホフのえがく「小さき町」の歴史にもっともふさわしかったと思う。もっとも私の空想したのは「民俗誌」というよりは「常民誌」である。だが「民俗誌」には、それら民俗の個々の現象にトータルなイメージを与える「常民誌」が必要ではないのか。

さて、ここに『新発田の民俗』という民俗誌がある。上下あわせて千三百ページを越える厖大なもので、新潟市に近い新発田のすがたがとらえられる。監修者である東京教育大教授直江広治氏の言葉を借りれば「何よりもまず急激に変貌しつつある民俗現象をできるかぎり綿密に調査し、現時点において正確に記述することを基本的な態度とした。そしてこの地域の民俗文化を、経済伝承、社会伝承、儀礼伝承、信仰伝承、芸能伝承、口承伝承という六つのわく組みで把えることにした。このように六部門に分けて記述すると新発田市といった広い地域の民俗文化の全体像を浮き彫りにすることはできるが、その反面において、個々の民俗現象が村落生活においてどのようなからみ合いのもとに存在し、どのような機能をもっているかという点が欠落されるという欠点が生ずる。そこで六部門の配列に加えて、茗荷谷民俗誌という部門を設けて、一部落のインテンシィヴな記述を試みることにした」とある。

直江広治氏はまた次のようにいう。「本書の刊行にあたって、念願していることが三点ある。その一は、土地の方々が本書を読まれて、われわれの誤解もしくはまだ気づかずにいる点を、遠慮なく指摘していただきたいということ。その二は、われわれが生きている現在は、過去の総決算として在ると同時に、その中に未来をはらんでいるものである。本書は、遥かな過去から一歩一歩生活を切り開き続けてきた新発田住民の生活の歴史を、現時点において記述したものである。現在をよりよく生き、さらによりよい未来を計画するために本書を役立ててほしいものである。その三は、本書は新発田という日本全体から見れば小地域を取り上げながらも、民俗学の上から全国的な比較研究の場にのぼせるにたる民俗事象には、格別の注意を払って記述したつもりである。多くの民俗研究者が本書を利用して下さることを期待したい」とある。

つまり本書刊行の目的は地元の人たちが過去を知って未来をきずくよすがとするためであり、また民俗研究家の利用のためにある。

民俗学者の利用書として、本書は民俗学辞典のような精細をきわめている。おそらくこの『新発田の民俗』以上に整備されたものはないであろう。他地方の民俗誌を作るばあいの手本になることはたしかである。十年の歳月をついやして、この民俗を蒐集し、かつまたそれを整理し、文字化した労力は並大抵のものではなかったことが分る。

そこで私は讃辞をささげて終りたいところだが、これだけの豊富な資料を配列しながら、本書がかならずしも読みやすくないことは一言しておかねばならぬ。本書はもともと『新発田市史』の「民俗資料篇」として作られたものであるから、それを望むのは見当ちがいなのかも知れない。読者に全体の印象をつかませる工夫とか配慮とかは不要なのかも分らない。だが本書をひもとくのは民俗研究家ばかりではない。

総じて民俗学者の書いた民俗誌は退屈であるといわれている。これは私ばかりの意見ではない。事象間の相互の有機的な関連がつかみにくいためであるか。たとえば野口武徳氏の『沖縄池間島民俗誌』は労作であるが、私の知合いの民俗学者たちはことごとく、あとがきともいうべき「わが回想の池間島」の部分が本文よりもおもしろいという感想を洩らしていた。あのような生き生きした文章を書く著者が本文となると至極きまじめになり、読む者を退屈させるのも少しも意に介しないというふうになるのである。野口武徳氏のような野人がそうなるのだからふしぎな話である。「おもしろいのは学問でない」とか「学問はおもしろいものではない」とかいうこともできよう。それには一理ある。しかし、私は柳田国男の『北小浦民俗誌』をはじめ、石田外茂一の『五箇山民俗覚書』とか森山泰太郎などの『砂子瀬の話』をおもしろく読んだ経験をもっている。

ひとつは採集された民俗事象が植物採集の腊葉《さくよう》のような形で分類配列されるところに問題が出てくるのではないか。そこにはたんに空間性がみられるだけで、時間性が欠除する。ということは、その地域に生きかつ死んでいく生活者の「主体」が欠除することでもある。つまり民俗現象ばかりがあって肝心の「主格」がないのである。

ひとところ「昭和史論争」で人間不在が論議の的となった。民俗誌に果して人間が不在なのかどうか。一度徹底して討論する必要があることを感ずる。

（「季刊柳田國男研究」第四号、一九七四年一月）

「季刊柳田國男研究」第四号　編集後記

「民俗学」と「官僚性」とは相容れぬ矛盾概念ではないか。柳田国男が民俗学者として問題があるとすれば、彼が明治官僚の限界を突破できなかったことである。しかし彼には一方に強烈な在野精神がある。常民を黙殺する「官学」にたいして猛烈ないきおいで怒りをぶっつけ、挑戦した。

ところが昨今の民俗学者の中には、柳田の官僚性だけを模倣する輩がいる。つまり民俗学者としてはもっとも下等な「官僚的民俗学者」が横行し始めている。それは一口に言って「ごますり民俗学」ではないか。その「ごますり」は常民への侮蔑を前提としないで果して可能なのか。今更「常民」などに思い入れするのは恥かしいと思うほどに「民俗学」は進歩したのか。文化庁や文部省の役人とのしみったれた駆引のうまいのが「民俗学者」の資格なのか。

民俗学とは何か。調査にいった先の老婆から「そんな事実はない」とか「そんな考え方はできない」と否定されたら、老婆を責めるのでなくてむしろ自分の体系や理論のほうを手直しする学問である。一人の老婆にたいして謙虚な学問の姿勢は、民俗学に他の学問とちがった健康さをもたらした。その民俗学から、常民への共感がうしなわれたら何が残るか。

だが、岡正雄氏、橋浦泰雄氏、比嘉春潮氏、有賀喜左衛門氏、池上隆祐氏、神谷慶治氏などの話をうかがうと、柳田と火花を散らして生きた青春の燠火は少しもおとろえていないことを感じる。半世紀も胸中にたくわえられてきた強烈な批評精神は今なお旺盛である。こうした燠火を後世にうけつぐことに本誌は役立てたいとねがう。

私たちの真のライバルはもちろん「ごますり民俗学者」でもなければ、「官僚的民俗学者」でもない。青春の火を手放さないで、半世紀後ももちつづける老人たちのきびしさであることは疑い得ない。

本誌は四号を重ね、三号雑誌の埒を突破した。次回からはいよいよ正念場にさしかかる。（一九七四年一月）

「季刊柳田國男研究」第七号 編集後記

「我々の学問にとって、沖縄の発見ということは画期的の大事件であった」と柳田国男は述べている。実に日本民俗学のキメ手は沖縄であった。本土では霞をへだてて空想していたものが、沖縄では確実に眼前に存在した。これまで机上の文献操作にゆだねられていた歴史は、常民の手に奪還された。私は柳田や折口信夫が沖縄を自分の思考の片腕としていたことが理解できる。私もまた沖縄先島への旅の体験によって民俗学にたいする自信を得た。

戦前の沖縄は全く忘れられた島であった。戦後、沖縄の問題がジャーナリズムをにぎわしている時代しか知らぬ者にとっては合点のゆきかねることであるが、これは事実であった。学問の世界も同然で、言語学や考古学や日本古代史の秀才たちはこぞって、中国や朝鮮の研究に奔った。南島の考古学研究は八重山を例にとると、明治三十年代に鳥居龍蔵が調査して以来、全く空白のまま放置された。終戦直後に国分直一氏が八重山の再調査をするまで五十年の歳月が流れていた。

わずかに柳田、折口、そして柳宗悦などが沖縄に関心をよせたにすぎなかった。これらの人たちの努力がなければ、南島は学問の世界でも忘れられた存在であったにちがいない。

今日、沖縄にはその小さな肩に政治的経済的に過重な負担がのしかかっている。このとき何の民俗学ぞやという声を耳にすることがないではない。たしかに学者たちの沖縄調査には多くの問題がある。なかには琉球という語を使用するのは沖縄へのいわれない差別などといきまく低能な民俗学者もまじっていて、学問の世界も低迷し混乱している。

本誌の「座談会」はそうした状況をふまえておこなったものであるが、あらためて大きな壁にぶつかったという感じである。沖縄という語も、最初私が沖縄にかかわりをもった二十数年まえからすれば、苦渋にみちている。沖縄は本土復帰によって、何もかも失ないつつあるような気がしている。

（一九七四年一〇月）

民俗学に新しい側面——宮田登『原初的思考——白のフォークロア』

日本の民俗学者は柳田国男の教えを直接に受けた者と没後の門人の二通りに分けることができる。生前の柳田を知っている者は、柳田の呪縛からのがれることはむずかしく、文章の中でも柳田国男と敬称ぬきに書くことは、気がとがめて仕方がないという人たちが多い。本書の著者の宮田登は柳田の葬式のときにはじめて柳田の邸に足をふみ入れたというのだから、没後の門人の筆頭であり、二通りの民俗学者の橋渡しの役をする重要な存在である。そしてまた一般の人目にさらす文章を書くことのできる数少ない民俗学者のひとりでもある。

それは著者が民俗学の枠にとじこめられない主題と取り組む意欲をみせてきたことと無縁ではない。本書の第二部においても論じられているミロク信仰がそうである。ミロク信仰は日本における千年王国への願望であり、メッシアへの期待であり、終末観や世直しともつながる生々しいテーマでもある。歴史社会を貫流する実践的な衝迫であると共に、反復と回帰の間をうごく常民の世界の追求でもある。またミロク信仰は仏教の思想でもあるがゆえに、著者は民俗学に新しい側面をひらくことになった。

ミロクへの待望と同時に日本の常民にひそむものはウマレキヨマル思想である。これは修験道の苦行などにも今日までつづいているが、それが白《シラ》とかかわりあうことを著者は本書において明らかにした。三河の花祭のときには、白山《しらやま》と呼ばれるまっ白い建物がつくられ、その中に白装束の人たちが夜ごもりをする。明け方に鬼の面をかぶった者たちが白山に乱入する。それは参籠者の再生をうながす儀礼である。ウマレキヨマリの思想は人間のお産をシラと呼び、また稲霊の再生産の場として、稲積みをシラと呼ぶことにもあらわれている。

ミロク信仰といい、シラの思想といい、それは歴史社会における常民の生と死の問題にほかならない。本書においてはじめて、常民の意識における終末と始源の問題が投じられたことに私は注目したい。こうした視点は日本人の意識をとらえるあたらしい方法論であるということができる。

ただ「白のフォークロア」の追求は著者においてやっと始まったばかりである。歴史学や人類学などに気を使いすぎる著者の弱点をみずから克服して、「原初的思考」をいっそうきたえ発展させていくことを切望する。

（「東京新聞」一九七四年五月二七日）

四ヶ月分の旅行

本紙編集部からこの原稿を依頼されたので、今年はいったいどの位旅行したかを、家人のメモを頼りに計算してみると、一月から十一月末までの十一ヶ月に、百十七日間を旅の空の下で送っていることが分った。年にして四ヶ月、月にして十日は旅行している勘定になる。旅から帰ると、三、四日は身うごきならぬ位に疲れて寝込むのは毎度のことで、その間は訪問客も一切謝絶している。

だから、残りの月半分の仕事で一月分の家族の生計費と旅費の大半をひねり出さねばならない。ということになると、半月間は息をつく暇もないほど、原稿書きに追いまわされる。頭は空焚きする釜に似てくる。

どうしてこんなことになってしまったか。七年まえに私は入院生活を打ち切って退院した。当時私は胸部の持病が再発したので病院住まいをして、一年半のあいだヒグラシにとりかこまれた丘の上にいた。ヒグラシは夕方だけでなく、夜明けにも、夜中にも鳴くことをそのとき知った。明けても暮れても同室の患者たちと、トランプや花札になけなしの銭を賭けながら、今度退院のきっかけが一寸でもつかめたら、脱獄囚か脱走兵のようにハダシのまま息のつづくかぎり走ってみたいと考えていた。故郷の父が重病に陥ったので、私は一時退院を許された。私はそれきり病院にもどらなかった。

それから七年間私は原稿書きを始めた。その傍ら数多くの旅をした。それは入院生活当時の渇きの衝動をみたそうとしただけのことであったかも知れぬ。だが今や、一息入れるために小休止を必要とする時がきたようだ。このところ民俗学的な主題を追っているが、前途はいよいよ行路難である。一年のうちに百日も旅をしていると、手かきのシャベルで山をくずしているような気になる。

来年は柳田国男の生誕百年祭だそうだが、お祭りさわぎは私には無縁である。柳田国男はそんなに昔の人ではない。柳田は彼の死んだ年を基準にして考えるべき人なのだ。

（「日本読書新聞」一九七四年一二月一六日）

Ⅱ

無告の民

［初期評論2］

『風土記日本』はじめに

わたしたちの祖国を見直そうという新しい動きがはじまっている。民衆の働きと知恵のすべて、共同の哀歓のすべてをわたしたちのものとし、これを明日の理想をになう人々の、今日の糧《かて》としたいという願いから本叢書《そうしょ》はくわだてられた。

本叢書が、風土記の形式をとり、各地方の生活と文化を通じて、日本文化の本質をとらえようとするのは、従来の文化史の枠《わく》をやぶって、真の民衆の歴史を描こうとしたからにほかならない。これまでいわゆる日本文化史なるものは、中央の一部社会にかたよりすぎるか、さもなければ階級の緊張関係の上に組み立てられたものがほとんどであり、歴史の裏街道にかくれて生きた民衆社会の内部にいたっては、かえりみられることがあまりにも少なかった。

しかも民衆こそはつねに地の塩であり、大地の深部を形成する民族の源泉の力であり、それぞれの地方の主人公であった。地方には地方の特色があった。それはゆらぐ炎のようにひろがり、かさなりあい、そそりたって、日本文化の母体となり、祖国の明日《あす》をおぼろげに照し出す。本叢書は、これを消えることのない民族の火として鍛え上げるために、幾千年このかたの民衆の実感を、諸学問の成果のなかにたしかめようとする最初のこころみである。読者は日本の民族文化をひろくまた深くながめるならば、それはやがて日本民衆の歴史と一致するものであることを本書によって知るであろう。

（『風土記日本』第一巻　平凡社、一九五七年五月）

『風土記日本』雑感

『風土記日本』の準備にとりかかろうとする一年位前のことだったろうか。暗い織機の間をイメージだけが梭《ひ》のように飛び交っていた。当時糸はかけられていず、したがって一片の布が織られているわけでなかった。——戦後進歩史学の方で民衆史がやかましくいわれてきたが、実作業がどれほど進められたか怪しい。戦前幅を利かした官製の御用史学を転倒させることに精一杯で、その結果、啓蒙主義いいかえれば一種の教訓主義のままに錆ついたのは当然であった。それに弾圧だけが民衆史の鋳型をつくるという考え方は、どこか民衆への侮蔑の思想を含まずにはすまない。ヴァイオリンケースがヴァイオリンの形をきめるとはいえないからには、民衆史にはもう一つ別の作業が要る。民衆の眼の参加なしには形成されにくいという事情を、日本の民衆は久しく手ににぎりしめている。一体それは何だろうか。日本に民衆史が生まれないという最大の原因はいうまでもなく史料の不足であるが、それだけでなく民衆史をつくろうとする側に何か不足するものがあった。その欠けたものとは何だろう。こうした疑いで一杯であったが、民衆の方へどうして歩いていったらいいかもちろん私には分らなかった。民衆は大地を相手とし、めざめて耕し日くれて眠る。そして共同の愛を自治という形で生かしつづけるだけで充分である。共和的な魂だから反政治という姿勢を頑強に守る。それが脅かされたとき政治的となる。はるかな昔から世界史のなかでたしかめられてきたこの事実を、日本の民衆について証明するにはどうしたらよいか。ここで私は民俗学の成果を利用しようと思った。日本民俗学は無時間的唯心論にはまりこむ傾向はあっても、これを克服することができるならば、日本民族の

「内省の学」として有力な利器に仕立てることができるだろう。そして心理的解決を歴史にむかって浅薄に適用することから、われわれの過去を救いあげることができるだろう。そうした考えのもとに民俗学者の大藤《おおとう》時彦、鎌田久子両氏に相談をもちかけた。大藤氏によれば、民衆史という考え方はすでに明治初年にあった。しかしそれはいわゆる裏面史で楽屋のぞきといった程度のものだ。あとになって堺枯川《こせん》などによって平民史が唱えられ、また大正デモクラシーを背景として社会史・文化史がいわれはじめるが、いずれも結実しなかった。とすれば『風土記日本』はまさしく民衆史の先駆となることができるだろう。私は大藤、鎌田両氏の推薦をえて宮本常一氏に参加して貰った。宮本氏は知る人ぞ知る現代日本人のなかのまれな大旅行家の一人である。この二十数年間に歩き廻った日数は三千日を越え、泊まった民家は八百軒におよぶという。二百日を旅にすごした年も少なくない。それも交通不便な土地を選んでのほとんどが乞食旅行であってみれば、いやでも民衆の実生活にふれずにはすまされない経験家であった。宮本氏のこうした体験と蓄積によって、『風土記日本』は決定的となった。しかし一つの新しい試みには、無限の犠牲が要求され、烈しい消耗の日々が待ち受けることはいうまでもなかった。『風土記日本』は編集委員、執筆者の方々、それに編集部がこうした書物の目ざすものを理解し協力しあった所産である。それに読者の方々のはげましがどれほど力になってわれわれの心を支えたかはかり知れない。日々の仕事が苦しければ苦しいほどそうであった。今や『風土記日本』は見るべき形を残して終焉を告げる。この叢書は民俗学、歴史学のほかに先史時代を扱う考古学にも特色あるページを残した。そこには現代の課題として解かねばならぬものが多かったからである。もしわれわれが南海の風物に接してそこに知識以上の何物かを感ずるならば、われわれはそれを学ぶまえにすでに知っていたといわなくてはならないだろう。またかりにソヴェト領東北アジアと自由に往来できるようになれば、数千年このかたわれわれの意識の閾《しきい》に眠っていたものはめざめ、われわれの血管は北へむかっても開き、はげしく脈搏つだろう。

こうした民衆のすがたは明治になって大きな変貌を強いられる。全国の何万という村はいっせいに動揺し、青ざめ苦悶しながら新しい資本主義の支配網のなかに再編成されていく。しかし民衆はいつまでも懐かしい追憶の歌、過去への挽歌を歌いはしない。彼らの魂は今なお烈しい時代の底に生きつづけていることを私たちは信じてよいのである。

(『風土記日本』第七巻月報、一九五八年一二月)

『日本残酷物語』刊行のことば

これは流砂のごとく日本の最底辺にうずもれた人々の物語である。自然の奇蹟に見離され、体制の幸福にあずかることを知らぬ民衆の生活の記録であり、異常な速度と巨大な社会機構のかもしだす現代の狂熱のさ中では、生きながら化石として抹殺されるほかない小さき者の歴史である。民衆の生活体験がいかに忘れられやすいか——試みに戦時中の召集令状や衣料切符、戦後の新円貼付証紙を保存している者が、わずか二十年後の今日ほとんどないことからみても、現代がむざんな忘却の上に組み立てられた社会であることがわかる。小さき者たちの歴史が地上に墓標すら残さなくなる日は眼前に迫っている。それだけにいっそう死滅への道をいそぐ最底辺の歴史を記録にとどめておくことの必要の今日ほど切なるものはない。

民衆自身の生活にとって、納得しがたいことがいかに多いか、しかもそれらがいかに忘れ去られてゆくか――これが『日本残酷物語』をつらぬく主題旋律である。つつましい炉の炎を確保するために地獄に近い地底に降りてゆかねばならぬ小さき者の後姿ほど、納得しがたい物語を背負ったものがあるだろうか。しかし体制の最底辺にあって体制の爪にもっとも強くとらえられた者たちこそ、その実はもっとも反体制的であり、体制を批判する人間の自由をどん底でやむをえずつかんだこともたしかである。ゆえに『日本残酷物語』は非日常的な特殊な事件とはまったく無縁であり、つねに日常的な姿勢のもとに、ごくあたりまえの民衆層に受けとめられた生活の断面なのである。わたしたちは、追いつめられた民衆がこの断面に施したさまざまの陰刻から、もっとも強烈な生の意味を汲みとろうとする。

そうした願望を集大成した最初の試みとして『日本残酷物語』はその価値を世に問うのである。


（『日本残酷物語』第一部　平凡社、一九五九年一一月）

『日本残酷物語』貧しき人々のむれ　序

日本の民衆はひさしいあいだじつに貧しかった。貧しさのなかにいると、貧しさがわからなくなってくる。

だが日本をおとずれた外国人たちの目は、日本民衆の悲惨な実状をけっしてみのがさなかった。朝鮮の外交使節として十五世紀のはじめ、足利義持に国書を捧呈した老松堂もその一人であった。彼は京都までの旅の往復の印象をまとめているが、その紀行文『老松堂日本行録《ろうしょうどうにほんこうろく》』によると、小さな船に甲冑をつけて麻のようにつっ立った海賊たちが、海路のいたるところにわだかまっていたようである。壱岐から博多へ、赤間関から室積《むろずみ》へ、唐加島から高崎（大乗）へ、尾道へ、牛窓へと彼の船の進むところ、海賊たちの影も動き、彼をおびやかし、色をうしなわせた。これら海の掠奪者たちが、じつは食うにこまる小さく貧しい民であったことは、あまねく人の知るところである。陸ならばゆきあう人ごとに食を乞うことができたが、海の上ではそれができなかった。そこで小さい船でおしかけて食物をねだったのであろう。そして相手がつよいとみれば近よらず、弱いとみれば物をとり、抵抗されると殺傷もしたのであろう。じじつ老松堂は兵庫で陸にあがると、物乞いのむれの多いのにおどろいている。「日本には人が多く、また飢人が多い。路ばたには残疾者がすわっており、ゆきあう人に食を乞い、また銭を乞う」。そしてまた「京都では女が男の倍ほどもいて、道ばたの店で、男がその前を通りかかると通せんぼうをし、袖をひき宿のなかへ連れこみ、お金をもらって白昼でも売春している。これは京都だけではなく、国々村々みなおなじことである」と書いている。してみれば掠奪者も乞食も遊女もその暮しざまに大差はなかったのである。もとをただせば、彼らはすべて貧しき人々のむれであり、明日を知らぬ貧窮がこうした小さき者たちをなみはずれた行為にかりたてたのであった。

そして老松堂が「博多はもと城がなく、夜になると賊が人を殺すことが多かったが、その賊をとらえることはできなかった。そこで代官の伊東氏が町の岐路に門をつくって夜は閉ざすようにした」とのべた時代、すなわち民衆が自衛手段をとらずには生きていけなかった時代から五百年すぎた。そのあいだ民衆の生活はいちじるしく向上したが本質的にはどれほど改善されたであろうか。掠奪者も乞食も売春婦も依然として跡をたたないままに、過去の歴史とつながっている。

老松堂の一行が朝鮮を出て九州にむかう途中、対馬のほとりで魚をとっている小さな倭船に出くわしたことがある。その船は使節の船をみると漕ぎよせてきて魚を買えという。そのとき老松堂が小船を見おろすと、僧が一人乗っており、食物を乞うている。そこで食物を与えてわけをきくと「わたしは揚子江の南の台州の者です。一昨年捕えられてこの島に連れてこられ、頭を剃られて不幸な奴隷の境涯におとされていますが、その辛苦に耐えられません。どうかわたしをここから連れ去って下さい」と泣く。すると日本人が、「米をくれ、そうしたらこの男を売ろう」といった。そこで老松堂は米を出して、その男を買いとって下男にしたという話がのっている。当時こうした人身の売買はきわめてさかんであったと思われるが、倭寇が中国人を連れ去って奴隷にした道すじ、中国沿岸から東南アジアにかけては、やがて日本の女たちが貧窮の村を捨てて海外へ流出していった道すじでもあったのである。すでに日露戦争当時のシンガポールには、日本人のいとなむ女郎屋が五百軒もあった。明治直前に鎖国の禁が解かれると時をおかずおびただしい女たちのむれが海の彼方に身一つで渡っていった。そして彼女たち、すなわち日本帝国主義の無邪気な使徒たちに進出をうながす原因は、はやくも江戸時代にはらまれていた。

日本の農村はこんにちのように進歩した技術をもってきていてさえ、一人の農民が平均して一・九六人の食糧を生産しているにすぎない。つまり三千万の農民は六千万人足らずの食糧を生産している。この生産の低さではじぶんの一家をやしなうのがやっとのことであり、それ以上の生産をあげるには、さらに過重な労働が強いられることになる。

ましてむかしの農民の貧しさはこんにちの比でなく、その日常がほとんど飢えつづけていたのである。田畑をふやすことはならず、しかも生産に必要な人手は確保しなければならなかった。したがって一人の家族たりとも勝手にふやすこともへらすこともできなかった。十八世紀はじめの享保のころから十九世紀半ばの明治初年まで、日本人の人口が百五十年間ほとんど増減をみることがなかったのは、こうした理由による間引き堕胎の風習がしきりにおこなわれたからである。義理と人情のしがらみということすらが、いっぱんの民衆世界では余裕ある者のぜいたくにほかならなかったのである。

しかも一戸一戸がつつましく暮していく場合には、なんとか方法もたつが、一家の中心となる者が死んだり、凶作や風水害に出あったりすると、蓄積のない家はたちまち窮迫して、一家離散するか他家の下僕になって暮さねばならないことが多かった。それもできず、最後の手段に訴えて、みずからの命を葬るというのはよくよくのことにちがいないが、他人に迷惑をかけまいとし、また周囲からの救いの手がないと、当人にとってはそうするよりほかに方法がなかったのである。しかしその一人一人の死についてみても、その最後まで庶民的なつつましさで身を守り、人間的な誇りをもったものが多い。柳田国男氏の『山の人生』のなかの一文は、そうした人々の健気でしかもあわれ深い姿を描いているものとして心にのこる。

明治三十年前後のことである。「世間のひどく不景気であった年に、西美濃（岐阜県）の山の中で炭を焼く五十ばかりの男が、子どもを二人まで、鉞《まさかり》で斫《き》り殺したことがあった。女房はとくに死んで、あとには十三になる男の子が一人あった。そこへどうした事情であったか、おなじ歳位の小娘をもらってきて、山の炭焼小屋でいっしょに育てていた。なんとしても炭は売れず、なんど里へ降りても、いつも一合の米も手に入らなかった。最後の日にも空手《からて》でもどってきて、飢えきっている小さい者の顔を見るのがつらさに、すっと小屋の奥へはいって昼寝をしてしまった。

眼がさめて見ると、小屋の口いっぱいに夕日がさしていた。秋の末のことであったという。二人の子どもがその日当りのところにしゃがんで、しきりになにかしているので、傍へいって見たら一生懸命に仕事に使う大きな斧を磨いていた。阿爺《おとう》、これでわしたちを殺してくれといったそうである。そうして入口の材木を枕にして、二人ながら仰向《あおむ》けに寝たそうである。それを見るとくらくらとして、前後の考えもなく二人の首を打ち落してしまった。それでじぶんは死ぬことができなくて、やがて捕えられて牢に入れられた。この親爺がもう六十近くなってから、特赦を受けて世の中へ出てきたのである。そうしてそれからどうなったか、すぐにまたわからなくなってしまった」。

その人々にとっては、生命を断たねばならぬほどせっぱつまった重大なことも、世間はそれをごくありふれた人生の片隅のできごととして忘却の彼方へおしやってしまった。陰影にまぎれ去る小さき者たちの歴史の底に、偉大な人間苦の記録がふたたび埋もれてしまったのである。


(『日本残酷物語』第一部、一九五九年一一月)

『日本残酷物語』で意図したもの

この世の幸福から追放されたと見える「小さき者」たちにこそ、人間の誇りはもっとも純粋にあらわれるというのは、いまさらおどろくに足る事実ではないかも知れぬ。しかし最近岩手の無医村地帯を巡回したさる医大の医師たちは、そこの住民の人生を生きぬくりっぱな態度に深く感動したといわれ、また薩南十島村の住民たちは、戦後しばらくしてアメリカの手から日本に復帰した節、ほどんど餓死寸前にありながら、たんなる衣料や食糧の配給を受けとることに、拒絶に近い羞恥の色をみせたという。これらのささやかな事実はわたしたちの胸をゆすぶる強さをもっている。

また十島村よりもはるか南の先島《さきしま》の住民を考えてみよう。先島は沖縄本島と台湾との間に群在する小さな島々である。ふるくこの島々は自給自足の生活にあったが、やがて宮古、八重山のもとにつき、宮古、八重山はまた沖縄島に隷属し、沖縄全体は薩摩藩の付庸国となり、内部では士族と平民の対立をひきおこしたが、明治以来は日本の最辺境としてまま子扱いをされ、いまはアメリカ政府の行政管理に苦しんでいる。このような四重五重の鎖をつけられた島で、何百年ものあいだエネルギーを奪われつづけた住民は、珊瑚礁の島同然の低い水準の文化しかもたないと考えがちである。しかしそれが正当な把握であろうか。むしろ何百年にもわたる孤島苦、収奪への抵抗、痛憤と憎しみのエネルギーは解放されることなく、そのまま蓄積されていったのではあるまいか。とすれば明治なかばまで人頭税の残されたこれらの小さな島々に蓄積されたエネルギーは、厖大な量にのぼることはたしかである。たとえ目に見えなくても、すくなくともそれは、沖縄全島をおおうアメリカ軍の火薬庫に匹敵するにちがいない。しかもこれら「負のエネルギー」はせまい入り組んだ回路の中で、はけ口をもたぬ狂気として、屈曲した心理の層を形成しつつ存在しているのである。この心理の存在価値を的確に探りあてる者のみが、彼らのエネルギーを解放して、小さき者を巨人にふさわしいものと仕立てる資格があるだろう。

ゆえに現地の遅れた現象を勝手に迷信と名づけるのは、あきらかに近代人の偏見であるとともに、そこにヨーロッパやアジア大陸なみの残酷さを発見しようとする試みも、みのりのない企てにおわるだろう。つまりわが国には同胞間の大量な殺しあいも処刑された王もなく、しかしそれゆえに社会進歩の発条である自然と人間、人間と人間の強い対立に欠けたのである。この対立の不明確さこそ、わが歴史を低次の調和で偽装しながら、日本の風土に諸大陸とはちがう残酷の特殊な陰影を強いることになった。この残酷さは、不幸を不便と受けとる日本人の日常生活の心理の底に、あらかじめ失敗を予期したたえまないつまずきとして、隙間をくぐる水のように沈澱した。他者との対立に欠けていたから自然であれ社会であれ、自己の中に他者の侵入を容易に許容した。すなわち日本における残酷さは、非日常的な特殊な事件としてではなく、差出人の名のない贈物として、つねに日常的な姿勢のもとに、下部民衆層に受けとられたのである。ここに『日本残酷物語』がそのまま日本の最底辺の歴史へと通じる地下回廊がある。ただ日本の為政者およびそれにつながるすべての人たちが、すべての瞬間に、同胞人民の抑圧収奪を企画したということはできない。問題は彼らが、善行をほどこすのには詫びながらしなければならぬという一詩人の痛烈な言葉を忘れたことにある。かくて小さき者たちは、政治を忘れることなく、しかも抗議の言葉をもたず、歴史の潮騒の彼方に消えた。

『日本残酷物語』はさきに刊行した『風土記日本』とおなじく、「小さき者」を主題にした企画である。小さき者たちの世界は、入口こそ目にとまらない位だが、中はほとんど巨人に見まごうばかりのエネルギーと、多種多様な表現に色どられている事実をできるだけ発掘したいと念願する。

（『日本残酷物語』第一部月報、一九五九年一一月）

『日本残酷物語』忘れられた土地 序

人がその仲間たちから忘れられるということほど、おそろしいことはない。それは一種の抹殺である。近代人は孤独から出発したといわれるが、それは群れからはなれて、ひとり暮したということではなく、群れのなかにいるか群れにつながりをもちつつ、孤独を発見したということである。仲間から忘れさられたのではなかった。そこで忘れられるということが、どのようなことであるか、また忘れられた世界で人はどのように生きてきたか、ということをふりかえって、おたがいの意識の上へのぼしてみたい。

昨日まで忘れられていたものが、今日ふたたび民衆の意識にのぼってくるのは多くの場合不幸なできごとを媒介にしていた。たとえば沖縄はひめゆりの塔とアメリカ軍占領によって、対馬は李承晩ラインと韓国との密貿易によって、山間の村はダム工事のため立退きとその補償金問題というような形で……。しかしそうして意識にのぼってきた場合、それはしばしば歪められていたり、忘れられた世界のほんの一部であったりする。だから、その世界のほんとうの苦痛は、とりあげられることで、かえって忘れさられる。忘れられた世界が、そこで生きる人々の問題として全的に掘りおこされ、わたしたちの仲間として意識されることは少ない。

ここで、忘れられるということがどんなことか一つの例をあげてみよう。

情島《なさけ》は山口県大島の東端にある。情島といったのでは、この島のものかその付近に住む人たち以外には印象の中にないだろう。しかし映画『怒りの孤島』にでてくる愛島《いとし》といえば、「ああ、あの島か」と思い出す人もあるだろう。『怒りの孤島』には「瀬戸内海におこなわれていた事実だ」と前書があったから、今でも内海にはあんなにひどい児童虐待がおこなわれているのかと、映画を見た人たちは強い怒りと悲しみをひきおこしただろうが、映画と現実はかなり相違する。この島は怒りの孤島というよりも、むしろ忘れられた島なのだ。そのことをわたしたちは見なおし、考えなおしてみる必要がある。

情島は現在九十四世帯あり、そのうち八十二戸は漁業を主業としている。部落は、ゆるやかな傾斜地に畑の開かれた島の西北部および南部にはなく、山が海にせまっている東海岸の入江にかたまっている。つまりこの島は、そのはじめから、漁業を主業として成立したのである。島の人たちが猫の額ほどの土地をもとめて東岸に住みついたのは、その前面がまれにみる好漁場だったからだ。広島湾や上浦（倉橋島東部海面）へはいる魚の多くはこの海を通る。そこは潮流がたえず烈しく動いている諸島《もろしま》海峡であり、ここで島人たちは、一年中自分たちの生計をたてるほどの魚を釣りあげることができたから、他浦にみられるような出稼漁は少なかった。

さてこうした瀬戸にのぞんで一本釣のおこなわれるところでは、まず船を潮上に漕ぎのぼしておいて、潮の流れにのって潮下へと釣っていき、また潮上へのぼっていく。潮につれて下っていくとき、船の方向を一定させておかぬと、釣糸が垂直に水中に垂れないので、そのために一人櫓につかまって船のかじをとりながら、船の方向を一定させる必要があった。梶子《かじこ》というのはそういう仕事をするもので、家々の子どもがその仕事にしたがっていたが、漁船がふえ、一軒で二そうももつようになり、働けるものはみな釣に出かけることになると梶子が不足しはじめた。そこで大正の終りごろ愛媛県の三津浜地方から貧しい家の子をやとってくることにした。八十円、百円という金を子の親に前渡しして三年または五年働かせてかえすのである。この子どもたちを「伊予子」といった。手のない家はどこでもやとい、昭和十年代には六十人もいたことがある。取扱いは家の子どもとたいして変るところもなかった。

それが戦争がはげしくなってから愛媛県からそんなにこなくなった。どこの家でも手不足がはなはだしくなったからである。いっぽう、そのころから船に動力をすえつけることがさかんになったから、できるだけ動力にたよって、梶子もあまり使わなくなりだしたが、じぶんの家に、子どもや若いものがいない場合には遠方から雇ってきた。戦後は広島県の八本松や呉の養護施設の子を使用する家もできた。多くは戦災孤児であった。そしてこれは愛媛県からきていた子どもたちとはかなり様子もちがい、戦後の混乱のなかにあって性格が異常になっていたものも少なくなかった。

そういう子どもたちがきはじめて、驚きもし困惑したのは島の人々であった。島の生活は単純で他人を疑わねばならぬようなことのない世界であり、家をあけはなしにして留守にしておいても、物一つとられるではなく、夜など戸じまりしてねる家はほとんどなかったが、こうした子をやとうようになってから村のなかに盗難がおこり、ときには飯櫃が空になっていることもあった。今までなら子どもを叱りとばせば、ふたたびくりかえされることはなかったのだが、今度はそういうわけにはいかなかった。すれた子ども、しかも性格のやや異常なところのある子を、裏も表もない単純な大人たちが取扱うのだから、まったくもてあましたのである。

とくにもてあましたのは、異常性格のうえに胃拡張で、いくらたべてもまだ足らぬという子どもだった。どこの家にでもいって、人がいなければ釜のなかの飯をたべた。そういう子をやとっている家では他家への迷惑も大きく、ほとほと困ってしまった。かえすべき子の親もともない。叱ってもおどしてもどうにもならなかった。つまり取扱いを知らない人々の世界へ異常性格児をおいたことが、一つの悲劇をうんだ。島人が手を焼いて折檻もしたが、結局食べすぎがもとで死んでいった。

その後また二人の子どもが逃げた。巡査につかまってから、逃亡の理由に虐待をあげた。それから問題が大きくなってきた。警察の取調べがあり、占領軍からも調査にやってきた。それまで島の人はのんきだった。根が正直だから、何もかも話した。何もかもといっても、島民がどのような生活をしているかについて語ったのではなく、取調べするものの質問にだけ答えるのである。取調べる方は最初から一つの意識をもっている。ただ虐待の事実だけをききただそうとする。話している方は生活のなかのひとこまのつもりで話している。そして世間の人はものわかりがいいと思ったから正直に話したのだが、受けとる方はそうではなかった。

しかし情島は、実際には「怒りの孤島」である前に、忘れられた島であった。瀬戸内にも忘れられた島は多いが、この島もその一つである。島は周防大島といちばん接近しているところは五百メートルもないであろう。それほど親島に近いにもかかわらず、渡船は郵便船が一日一回しかない。それ以外のときにこの島へ渡ろうとすれば船をやとわねばならず、船をやとえば片道四百円である。渡船回数が少ないのは各戸が漁船をもっているからであるが、じつはそのため多くの無駄もしている。渡船が発達すれば、安い運賃で周防大島へも出られるだろうし、漁業以外の産業もおこるだろう。島内の道もはなはだわるい。一本の山道で、それも海辺の崖の上を通っているところが多いので、すこしあれる日には子どもを学校へやることができない。島の子たちは学校へ弁当を持っていかないで、昼になると家へ食べにかえる。家々で食べている食物が粗末だから持ってゆけないというのである。小学校は本浦というところにある。伊ノ浦から通う子どもは家と学校のあいだ約一・三キロほどの道を三つの坂をこえて往復する。学校では昼の休みを一時間半あけているが、それでも往復二・六キロの道は子どもの足では走ってせい一杯である。とにかく一日に二往復して、しかもその一回は走らねばならないほど悪条件の道が今日までそのままに捨ておかれたのである。島民はそれを訴えることを知らなかった。むしろそれをあたりまえだと思っていたのである。しかも皮肉なことに、情島は瀬戸内海国立公園の指定区域のなかにふくまれている。

昭和二十一年の台風のあったときには部落と部落をつなぐ道はさらに悪かった。また浦には防波堤もなくて、百そう近い漁船のほとんどが叩きつぶされ、流失して、使用にたえるものがわずか三そう残った。そうした八方ふさがりを打開しようとしているとき、昭和二十三年の梶子事件がおこった。そしてそれはゆがめられた形で映画にもなり、世間に印象づけられた。島の人たちはその弁明をするまえに無口にならざるをえなかった。

わたしたちの周囲にはこうした形で忘れられた世界がじつに多い。かつては海外への出口として船の往来も多かった九州の南の島々や、朝鮮海峡にうかぶ対馬、壱岐などは、江戸幕府の鎖国政策に忠実な協力をしたことによって忘れさられた。伊豆沖に点々とうかぶ伊豆諸島のごときは、自分たちがそこに住んでさえせまく窮屈であるのに、多くの流人をかかえ、そのうえ本土への渡航は制限され、ひさしく島内に封鎖されて生きてきた。こんどの戦争では、老人子どもは内地へ強制疎開させられる憂き目もみている。山の奥にも忘れられた世界があった。そこにはみずから忘れられようとつとめて分け入った敗残者も多かったが、山間に住む農民たちとは別個に、山を相手に生きるマタギ、木地屋、タタラ師などの仲間もいた。彼らは農民との交渉もうすかっただけにまったく世間から忘れられ、ときには蔑視され、恐れられて生きてきた。しかも山の民はきびしい自然とのたたかいからくる息苦しさに、はげしい怒りを爆発することもあったが、それを押え押えて安住できる世界を何とかしてつくりあげようとした。しかしその計画と努力は空しくやぶれ去ったものが多い。

人間が自然をその意志のもとにおくためには、じつに歳月を要した。とくに人の居住の希薄な地帯では、自然はまだ飼いならされていない荒々しい力でわたしたちにせまった。生物もまたその恣意のままに生活していた。風雨、地震、噴火をはじめ虫や鳥獣の害は、わたしたちをしばしば徹底的にたたくかと思われた。そこでは人間がいかに小さかったことか。この苛酷な自然と四つにくんで、黙々とたたかってきた最前線の人たち、それは多くは名の知れぬ最底辺の人々であった。

（『日本残酷物語』第二部、一九六〇年一月）

『日本残酷物語』鎖国の悲劇 序

鎖国はみずからの生活をみずからの手で束縛した歴史のひとこまであった。鎖国はいわば僧侶の戒律生活のようなものであった。

周囲には欲望を満足させうる環境と条件が左右しながら、一定の枠をつくって生活し、世間一般の欲望に左右されまいとする。戒律僧たちはそのために、人間のもつ本能的な欲望の抑制に異常なまでの努力をしなければならない。そしてその努力の成功したものは、一種の抑制の美しさを見ることができたが、多くの人々は、人に見せる外面生活と人の目につかぬ内面生活にくいちがいをもつ二重人格的な生き方を余儀なくさせられ、あるいはその戒律にたえかねて破綻の苦悩をなめた。このような破綻を戒律者たちは堕落とよんだが、人間性の解放は、その堕落からおこってくる。

中世の終りごろの日本では、武士をふくめた民衆のエネルギーはすばらしいいきおいで爆発をつづけていた。政治的な支配力が弱まり社会秩序がみだれると、民衆はそれぞれの生活環境のなかで放恣無頼な生き方をはじめた。下層の勢力は上へ上へとつきあげ、外へ外へとのびていった。そしてわれわれはついに異質の西欧文化と握手するにいたった。

とくにキリシタン宗のもつ社会観人生観はいままでのわれわれのなかになかったものである。それは、われわれに生命の尊さを教え、不合理なものに対しては主人の命《めい》といえども抵抗する精神を植えつけた、そうしたものによって庶民は安定した世界を発見し、安定した生活をきずきあげてゆこうと努力するようになった。それは腕ずくによって民衆の支配者になろうとする者にとっては、なにより手ごわい相手としてしだいにそのゆくてにたちふさがるようになった。そのはじめは勇敢な兵士をつくる手段として、また南蛮貿易の利益から、キリシタン宗を歓迎した諸大名もまもなくこれを弾圧しなければならなくなった。いったい政治家たちは、松浦氏や島津氏に見られるように、宗教と貿易を区別する考えであったが、大虐殺が各地にくりかえされ、おびただしい人々が追放され、つづいて海外貿易が禁止された。

鎖国を可能にしたものは何であったか。鎖国以前の海外貿易がさかんであったとはいっても、国民が貿易品にたよらなければ日常生活がなりたたないというほど重大なものにはなっていなかった。いちおう食糧の自給はでき、その他のものも乏しくはあっても、なんとかやっていけたのである。したがって鎖国の成立する可能性はあった。しかし鎖国が完璧といえるほどみごとな国内体制をつくりあげる条件となったことについては、海外とくに中国と朝鮮の動向を考慮に入れぬわけにはゆかない。明は倭寇に手をやいてすでに鎖国状態にはいり、王朝が明から清へと移ってもその政策に変りはなかった。中国の付庸国であった李朝も、それにならって清以外の国とはすすんでまじわりをもとうとしなかった。こうした隣接二国の鎖国状態が、日本の鎖国をうながすことはあっても、さまたげることにならなかったのはとうぜんのことであるが、それはしあわせなことでもあった。もし明および清が鎖国をせずに海外との活発な貿易政策をとっていたら、事情はいくぶんちがった形で進行しただろう。当時日本は中国に物質的ならびに文化的に恩恵を受ける立場にあったから、かりに鎖国はできたにしても、それが純粋な状態で保たれたかすこぶる疑わしい。

すくなくともヨーロッパは一直線に日本に開国をせまることになったろう。しかし事実はまず中国に侵入しようとしてアヘン戦争をひきおこし、太平天国の乱をまねいたのであった。この中国最初の民族主義運動から得たにがい教訓は、ヨーロッパ列強が日本に手心をくわえた有力な原因であった。

海外の事情は日本の鎖国にさいわいした。しかしそれまで沸騰しつづけていた民衆のエネルギーはどうしてとりしずめられただろうか。それを冷却させなければ鎖国をながく維持することができない。

幕府はその手段として民衆の前進しようとするあらゆる芽を摘みとろうとし、また民衆の生活をきびしい枠のなかにはめた。そのためには刑罰を言語に絶するほど重いものにした。江戸時代に長崎から江戸までの間を旅行したオランダの使節たちは、その沿道で磔刑になった罪人やその首のならべてあるのをしばしば見かけており、それは彼らの目に異様な風景としてうつったのである。それればかりでなく、犯罪者の家族まで罰せられるのがふつうであり、罪は九族におよぶといわれた。

創意や工夫に富む者すら、犯罪者なみに危険視され抹殺されることがすくなくなかった。大和の飛鳥寺はたびたび焼けて、現在の寺は小さいものになっているが、日本ではもっとも古い寺で、その本尊の阿弥陀如来は止利仏師のつくったものといわれる。坐像八尺で、丈六の大仏とよばれているが、ふしぎに仏像だけは残った。そこでいまの寺をたてて仏像をそのなかへ納めようとしたとき、建物が小さいために軒につかえてどうしてもはいらない。困りはてていると子どもがきて、「これはなんでもないことだ。もとを掘りくぼめ、軒の下をくぐらせて入れればよい」といった。なるほどよい考えだというので、そうやってなかへ仏像を納めたが、さてその子どもの知恵におどろいた大人たちは、「そういう子どもを生かしておいては、いつお上《かみ》からにらまれるようなことが起るかもわからぬ」とひそかに相談して、子どもを殺してしまったという。もとよりこれは一つの口碑にすぎないのであるが、こうした話は半世紀前の村々にはみちみちていたのである。知恵者がいるといつ謀反《むほん》を起すかわからないと、民衆自身がみずからをかたくいましめていたばかりでなく、そう考えさせる大きな枠が上からずっしりと重く民衆をしばり、枠からはみ出す者の存在をゆるさなかったのである。鎖国によってわれわれは世界を失っただけでなく、日本をも失ったのではないだろうか。

鎖国によって、日本の土地はもはや大きくなる気づかいはなかった。したがって年貢のとりたてを厳重に実行するために、幕府および大名の用いた手段は苛烈をきわめた。藩によっては毛見《けみ》といって、秋、田のみのったころ役人が田のほとりをあるいて、坪刈をさせ、籾の量を見て年貢をきめることがよくあったが、毛利藩ではそれは秋のよく晴れた日に限られたものだと、毛見に立会った老人がみずから述懐している。役人はあちらこちらの田を一坪ずつ刈らせ、その籾をとって、女に箕《み》でさびさせて（ふるいに落とさせて）シイナ、すなわち空の籾をとりのぞき、よく実の入ったものばかりを枡ではかって出来高を見るのであるが、そのときシイナを受けるのに筵《むしろ》を用いないで、紙障子を用いたものだという。秋の晴れた日ならば紙は、ピンと張っている。よく実の入った籾がその上に落ちればポンと音がする。その音で判断しながら、実の入った籾はなるべく紙障子の上に落とさないように注意して箕をさびさせる。すると枡のなかには実の入った籾ばかりが多くて、それだけよい出来高と見つもられ、年貢を多くかけることができた。ここに異常な細かさが苛烈とむすびつく日本的風景が現出するのである。

やり場のない民衆の憤りは下へ下へと沈み、内へ内へと抑圧されていった。この憤りを下へ沈ませるために抜きさしならぬ身分制が設けられ、また憤りを内攻させるために極端な分裂政策が用いられた。上下のつながりを断ち切るとともに、内と外のつながりも断ち切ったのである。武士は百姓町人を土百姓素町人とよび、百姓町人は穢多《えた》非人を家畜なみに扱うことになにがしかのよろこびすら感じていた。しかも最下層の穢多と非人は、じぶんの方が相手より身分が上だと思いこんで、たがいにいがみあった。江戸時代においては何百という藩がいわば一つの小さな鎖国状態にあった。藩がちがうと他国者であった。部落がちがっただけでそこに人間らしい交流をはばむ感情が生れ、部落のなかでさえ、たえず人目を気にして生きた。そこでその抑圧は家庭内でしばしば爆発した。いまから半世紀まえまでの日本の家庭の大半は、家族の者の団欒《だんらん》しくつろぐところではなく、外でのいきどおりをぶちまけるところであった。そこが人間の感情をあらわにできる唯一の場所であった。亭主は女房にどなりつけ、女房は亭主にわめきちらし、子どもを叱りとばし、姑は嫁をいじめ、嫁は姑をないがしろにする家々はめずらしくなかった。むろんおだやかな明るい団欒が家のなかにないわけではなかったが、今日よりもはるかに騒々しい家が多かった。そしてむかしになればなるほど、親兄弟のあらそいは他人とのあらそいよりも陰惨をきわめることがしばしばだった。

それは民衆の冒険心や好奇心が犯罪と紙一重の時代であった。きびしい法の網目をくぐって極刑かくごの密貿易者が抜荷舟をあやつった。漂流者が帰国するときびしい吟味をうけた。遠洋航海にたえる大型帆船のかわりに、一本マストに一枚帆の素朴きわまる小舟で漂流をつづけた人たちは、水平線のむこうがわから新しい世界知識をつかんでかえってきた。漂流帰国者の知識が、幕府の最高方針をきめる羅針盤となったとはなんという皮肉であったろう。

鎖国によってわれわれのまえに立ちふさがった海の壁はくずれはじめた。にがい潮風が吹きつけてくる。だれしも封建社会では名づけようのない一つの言葉、「近代」というものを感じる。だがその日本の近代とはいったいどういうものだったろう。

港は開かれたが、鎖国意識は日本人のなかにながくくすぶりつづけた。政治家もそれを利用した。そしてその事態はまだ終っていない。

（『日本残酷物語』第三部、一九六〇年三月）

『日本残酷物語』不幸な若者たち　序

日本近代の不条理をもっともあざやかに肌に刺青してきたのは農村の若者たちであった。知識人ならば社会の矛盾を近代化の方向に整序することで自分を正当化することもできたが、彼らは知識人よりももっとするどい形で日本近代の矛盾と刺し違えるほかはなかった。しかし、日本近代の不条理を不幸な星形として手首にしるした若者たちの悲劇は、都会をはなれた草深い軒下や人目につかぬ岨道を舞台にしたため、世人の関心を呼ぶことが少なかった。「あまねくこれ青年なり。しかして一は懐中にいだかれ一は路傍に棄てらる。いわゆる田舎青年とは路傍に棄てられたる青年にして、さらにこれをいえば田舎に住める、学生の肩書なく、卒業証書なき青年なり。学生書生にあらざる青年なり。全国青年の大部分をしめながら今やほとんど度外に視られ、論外におかれたる青年なり」。日本青年団の創始者山本滝之助が当時の風潮を痛憤した明治二十九年から今日まで、この批評はさして光彩を失ってはいない。

かつてわが国の農村は、いわば単子のように、窓のない無数の小宇宙からつくられていた。もはや開拓の余地のない村では、自分の欲望を充足させるためには隣人の土地を侵さねばならなかった。つまり一枚の田を買うものがあれば、一方ではその田を売らねばならないものがある。そしてそれはそれだけ貧富の差をつけることになる。一軒の家の成長が、周囲の家の成長をうながすというようなものでなかったことに農村の悲劇があった。だから農村だけでできている村は大きな親方を中心にして子方がそのまわりで暮らしているか、そうでなければおなじ位の大きさの農家ばかりあつまってお互いが支えあい、制約しあって生きているかであった。それによって安定が保たれていたのであるが、安定している村といえども、お互いが貧乏であるよりほかに安定は得られなかった。蓄積ができて周囲に買うべき土地のある場合はよい。それのない場合は、利益を非生産的なものにつかわざるを得なかった。こうして住宅に投じたり着物を買ったり吉事凶事のあつまりに蓄積の大半を使ってしまうことが多く、利益が再生産のために投じられることがなかった。

これにたいして山麓や山間、低湿地帯など開拓すべき余地の多いところでは、資本をもつ者が開墾地主になり、農民を使ったが、開墾地の低生産が直接開墾にしたがった農民たちをどん底生活に釘づけにしてしまった例が無数に見られる。彼らは最初から小作百姓であり、じぶん一代だけでなく、その子孫さえ小作から一歩もぬけ出せなかった。彼らはわずかばかりの土地を得たいと必死になったが、制度の変革がなければそれを入手するほどの力をもつことができなかった。

戦後の農地解放は耕作農民をどんなに力づけたことか。しかし気づいてみると、農村は完全に土地にしばりつけられていた。不在地主は許されなくなっていたから、村を去ろうとすれば土地を捨てるよりほかなかった。土地を守ろうとすれば、そこにとどまらなければならぬ。そのうえ、財産の分割相続が法制として実現した。それでなくてさえ、わずかな土地を小さく分割しなければならなくなった。分割相続制が実施されて一年あまりのあいだに、大阪府下の農家は耕作反別三百以下の農家が全農家の五割以上にふくれあがった。実質的には一家で耕作していても、名目上では兄弟それぞれの名義に分けたからである。そして弟が離農する場合には、弟は当然その名義分を兄にゆずる形式をとり、そのかわりに代価を要求する風が見られるが、それを兄はただちに払いえず、借銭になっていく傾向がつよくなった。と同時に家庭内のあらそいが急にふえてきた。長兄の権利のつよい東北地方では次三男の相続放棄の申請があいついだ。小さい土地をいくつにも割ったのでは共倒れになってしまう。といって、次三男が土地相続を放棄すれば将来農民としてたつ希望は断たれることになり、いきおい他に職業をもとめなければならなくなる。こうして次三男問題がようやく大きくなってきた。次三男を学校に通わせるほどの余力のあるものはよかった。しかし耕作面積が一町歩内外の農家では次三男たちを上級学校にやることは困難であった。そこで彼らはやむをえず都会の中小企業の工場や商店に働き口を見出さねばならなかった。中学校を出ただけの者にたいする働き口は、条件的にはもっとも悪いものであったが、かつては紡績会社や製糸会社の女工にのみ見られた集団就職が少年たちの間にも見られるようになってきた。彼らは学歴のない不利をなんとか自分の才覚と努力によってカバーしていかなければならなかった。

一方、家にのこった長男たちはそれによってどれほど救われたであろうか。すすみゆくインフレーションにたいして米の値も上がりはしたが、それ以上に消費物価も上がり泥まみれの生産生活からはなおぬけだすことができなかった。娘たちは農家へ嫁にいくことをきらいはじめた。それには母親の意見も大きく加わっている。自分たちの歩いた苦しいみじめな道を子どもたちには歩ませたくないという母親の願いは、娘にたいしては農家へ嫁にやることをきらい、長男にたいしてはあとをとらせようとする。こうした親の意志の分裂が、家にのこる子どもたちを苦しめている。農家の若者たちの結婚難は今さらはじまったことではない。かつてわが国の農村では、耳目をよろこばせるたのしみといえば、共同作業やよりあいなどの人間関係のなかにしかなかった。こうした世界では、都会人の大切にする孤独は水一杯の価値すらもたなかった。とりわけ農村の単調さをまぎらわしたものは男女のつどいであったろう。若者宿や娘組の目的の一つが恋愛技術のまじめな習得にあったことはくりかえすまでもないが、しかしその風習がすたれ、また招婿婚《しょうせいこん》の流れを汲むよばい(呼ぶと同義)が、不道徳な行為としてきびしくとがめられるようになると、男女の語らいの機会という若者たちの最大のよろこびは村から消えた。

もともとよばいの風習のある村々での結婚は、家格の高い少数の家をのぞいては、多く恋愛結婚であったといえる。たとえ何人かの異性を知ったとしても気もあわず肌もあわねば結婚するようなことは少なかった。長く連れそう見込のあるものだけが結婚したのである。いったんそうなると、世間は忠実な夫婦であるように見守ったのである。ところがそうした男女の交際がさしとめられると、結婚も遠方の見も知らぬところから仲人をたてて嫁をもらうことがおこなわれはじめる。この場合には何よりも家格が大事な標準になる。こうして家と家との結びつきを中心とした結婚が一般化してくるのであるが、それは娘たちにとってはかならずしも幸福ではなかったばかりではなく、若者たちにとってもまた不幸であった。女をひきつける男の若さがにわかに弱まっていったからである。かつてはいかに外部のものから旧弊な慣行とみえようとも、共同の秩序と自治をもって村のなかで独特の年齢層を形づくっていた青年たちは、成人するまで村全体からの保護と訓練とをうけていたといえよう。そしてこの時期がおわると、青年たちは大人としてふるまうことができたのである。彼らは村の政治や家の問題について一人前の発言権がみとめられた。村と青年たちはこの時代には有機的なかかわりを失っていなかった。ところが、青年たちが村ぐるみ無慈悲な近代的生産の社会にほうりこまれ、このような慣行がすたれてくると、青年たちは保護を失って放りだされた。保護から離脱すること、その当初にはそこに青年たちの解放感も宿っていたにちがいないが、かといって彼らは一人前にあつかわれるわけでもなかった。青年たちはいわば社会のなかのはみだした年代になってしまったのである。しかも彼らの前途にはさまざまの厚い壁がたちはだかっていた。

一方、若者たちの団体であった若者組は青年団に改組され自主的な教養団体として発足するが、やがて天皇制を中心とした全国的な青年団組織ができあがるとともに、ついに官設青年団にまで発展し、政府の意のごとく動かされるようになっていった。青年たちの向学心をみたすために重要な役割をはたしていた青年夜学会および後身の青年補習学校はやがて青年訓練所に改編され、さらに青年学校に発展して完全な軍事訓練の機関になってしまう。このように田舎の青年たちはみずからを充実させ、社会的な地位を確保しようとすればするほど、それを政府や軍隊から利用され、エネルギーを国家へ吸収されてしまうように仕向けられていった。

日本の農村はみずからの犠牲において近代社会の安全弁の役目をはたしてきた。日本近代の矛盾を顕在化しないための任務がながらく農村に背負わされており、農村を土台として日本近代社会の二重構造が成立したと考えてよいのであった。日本近代国家は農村に残る前近代の枠組を利用して、行政組織の最下辺である部落を見かけだけの自治体として温存した。その実は国家の意志を伝達する機関にすぎないものであり、地主の自由になる自治であったが、かつての連帯組織を破壊してまがいものの共同体をつくりあげ、共同意識のかわりにいつわりの部落感情を名目として与えたのである。この結果、農民個人の欲望はおおやけまたは自治の名のもとにおさえられ、自治への協力は国家または地主階級の利益におわる巧妙な回路がつくられた。日本近代国家がこうした不条理きわまる部落組織を創出した下手人とすれば、農民たちが出口をふさがれた世界の論理をみずからの苦悶として受け取るほかないことは当然であった。知識人や学生に錯乱と見える論理こそ、じつは出口のない世界の論理なのである。農村内部にとどまろうとすれば、農民の人格は無限に分割の危険にさらされ、外部の資本流動の社会に脱出をもとめれば、無限に解体の恐怖に遭遇しなくてはすまされない。

かつては一つの色どりをもつ年代であった青春が、こうしてその特有のみずみずしい内発性と創造性を日常のなかに生かす方途を失っていった。彼らじしん自分たちの青春を、実社会の有利な地位にのしあがるための一つの不幸な過渡、一つの手段として思い描くようにさえなった。日本近代の貧しい多くの若者たちにとって、青春は逆説的といえる存在であったのである。

（『日本残酷物語』現代篇2、一九六一年一月）

『日本残酷物語』編集後記

わたしたち日本残酷物語編集部は、「第一部　貧しき人々のむれ」を発刊した三十四年十一月から最終巻をこのたび刊行するまで、そのまえ半年余の刊行準備期間を含めれば一年八ヵ月のあいだ一つの鍛冶場をつくり、灼き、溶かし、延ばし、鍛鉄する作業を日夜わかたずおこなった。宮本常一氏をはじめこの企画に援助と寄与を惜しまれなかった人たちは百三十名にのぼり、紙上に参加できなかった人々を加えれば二百名を優に突破する。したがって日本残酷物語に掲載されなかった記事も多い。しかし、おそらくそれはわれわれの日常生活にそれほど残酷物語の萌芽がおびただしいことを証示するものである。足もとの日常生活に、その考察に値するもののすくなからず存在することは、日本残酷物語の残酷が実存的であるか社会的なものであるかという論議をかもし出したが、ここでは実存的残酷と社会的残酷は、内包と外延の関係にあるのではあるまいか。

日本残酷物語は無名の読者の熱烈な共感を得ることができたが、ここにわたしたち編集部の鍛冶場は解散し、更に新しい未知の分野に進みたいと願っている。

（『日本残酷物語』現代篇2月報、一九六一年一月）

『日本残酷物語』の波紋──編集者として

近代に復讐することが近代社会に生きる唯一の存在理由であると考える私のような人間が、近代の告発をテーマにした『日本残酷物語』を企画したのは、しごくあたりまえのことといえる。人間の疎外と解体を不断に強いる近代の残酷さにたいして、民衆はいつまでも無防禦であるわけにはゆかないということを、さまざまな事実をあげて、いいたかっただけである。しかし、収奪された者が収奪者を収奪し、被害者が加害者を加害する時点まで追いつめられた民衆の状況を、どうしたらあざやかに照らしだすことができるかということになると、日本の近代社会は厄介な状況を示す。それは近代と前近代、都会と田舎、中央と辺境、頂点と底辺といった具合の跛行的な発展の途上にあり、それだけに意識の重層をひきおこしている。異なる暗黒の意識が民衆の領域を重なりあって犯しているのである。

そこで読者を塩っからい感動の柱にしばりつけ、民衆に絶望こそ勇気であることを告げるためには、二重の疎外感覚によって民衆（もしくは読者）の退路を遮断することが必要なのである。

たとえば女工は会社の労務管理と故郷の村または家の貧窮にはさまれて、炭坑夫は危険な地下労働と地上の非人間的な扱いにせめたてられて、アイヌは前近代のあくなき搾取と近代の名目だけの保護政策になぶられて、タコ部屋は都会の失業と辺地の囚人労働の収奪にさらされて、また長崎原爆被害者は、ヤソ信者にたいする排他的迫害の対象と被爆者としての苦痛という二重の桎梏を背負わされて……というように。

そして、最近の三池闘争で第一組合の中核の役割をはたしたのがヨロン島出身者であったことを思い浮べるならばひとたび忘却によって抹殺される離島苦をあじあわされた人たちが、ふたたび近代産業の烈しい疎外にあって、島の団結を組合の団結にまで生長させてゆかねばならなかった絶望の勇気がじっさいにどんなものか分るだろう。

以上は『日本残酷物語』が断乎として採用した方法である。一部の進歩的文化人は、封建遺制にたいしては批判するが、そのわりには近代にたいして甘すぎる見解しかとることができず、したがって民衆の真に残酷な立場を指摘することができないのである。

（「図書新聞」一九六〇年八月二七日）

「太陽」創刊のことば

全国の家庭のみなさん！

どの家庭にも、ひとつの太陽が要るように、ひとつの雑誌が要ります。その雑誌こそ、今月から欠かさずみなさんの家庭におとどけする「太陽」です。

戦後二十年、民主化はすすみ、経済は高度に成長しました。しかし日本には、家庭に持ち帰り、一家こぞって楽しめる雑誌がまったくありませんでした。

わたしどもは、こうしたふしぎがふしぎと思われない日本文化のあり方に、根本的な疑いをいだきました。

その疑いがもえあがった日こそ、新しい雑誌「太陽」の創造にむかって、ともづながとかれた日です。

それから創刊の今日まで、まる一年間、わたしどもは、コロンブスの航海のようにむずかしい仕事をつづけてまいりました。夜昼なしの編集会議を、おそらくは数百回くりかえしたでしょう。

卑しい心にこびる雑誌であってはいけない。スケールが大きく、意表をつき、しかも清潔な雑誌を。知識のおしつけや思いあがったお説教をまったく禁じた雑誌、そして豊かさと美しさだけが至上命令である雑誌を……。

こうしてついに「太陽」が創造されました。

全国の家庭のみなさん！

雑誌「太陽」は「きりのない百科事典」であると同時に「目で見る詞華集」でもあります。

雑誌「太陽」は、創刊号につづく第2号、第3号と巻を追い月を重ねるごとに、比類のない美しさで、みなさんを圧倒し魅了することをお約束します。わたしどもは、知識の太陽系を創造しようという野心にそって、もっとも厳密な計算をたてているからです。

「太陽」は、日本の代表的な雑誌にふさわしく、見て楽しめる雑誌の有利さをもっています。

「太陽」のテスト版は、チューリヒやパリに送られ、パリマッチやレアリテなど、世界一流誌の編集長の親切な助言や感覚を聞くことができました。それだけでも「太陽」が、日本の代表誌としての資格を国際的にもつ、といえるのです。文字だけの雑誌では、それはまず不可能とあきらめねばなりません。

全国の家庭のみなさん！

もっともありふれたところに、もっとも独創的な泉を掘ろうとする「太陽」を見守り、そだて、はげましてください。日本民衆の未来のために、日本文化の健全さを立証するために。「太陽」編集部の三十五名を代表しまして、一言お願いを申し上げます。

編集長　谷川健一

（『太陽』創刊号　平凡社、一九六三年六月一二日）

負の前衛――『日本庶民生活史料集成』によせて

徒党も組まず孤独

普通教育が国民の義務となる明治以前は庶民は文字を知らなかった。だから庶民の手で書かれた生活の記録はひじょうにすくない。そのほとんどが、庶民ではない有識者の手で書きのこされたものである。そこで江戸時代から、その名ごりが尾を引いている明治初年にかけての庶民生活記録には一つの特徴がうかがえる。

それは有識者の庶民生活に触れた記録は、かなり意識的なものだったということである。という意味は、民情を記載するのが、そもそも意識的な行為であり、役人の書きとめた口書や、上司への報告書のたぐいは別として、その表現行為の背景には、民衆生活への同情がつよくうごいていた、ということである。功利からではなく、やむにやまれぬ衝迫がなければ、わざわざ自分らと階層も生活もちがう民衆の記録を書きとめようという気にはならなかったはずである。そこに前近代の庶民記録のまぎれもない特質があると私は思っている。

民衆の先頭に立って、権力とたたかうのが前衛であるならば、意識的に民衆の生活にわけ入った彼らは何であったか。民衆の最前線に立つ者をかりに正の前衛と呼ぶとすれば、民衆の最後方をまもる彼らは、負の前衛と呼べるのではないか。負の前衛は正の前衛のように徒党を組まず、孤独である。しかし、正の前衛の先駆者としての役割りを果たしているのである。

台風を父と呼んで

たとえば、最近沖縄の本土復帰運動がはげしくなったが、笹森儀助の「南島探験」や、岩崎卓爾の「ひるぎの一葉」がなかったとしたら、飢餓や人頭税とたたかいながら、しかも本土の日本人よりはるかに人間的で、はるかに高尚な沖縄の民の歴史を誰がつたえたであろうか。そして民族運動の根底をなす民族の誇りの歴史的な裏書きを誰がしただろうか。

「ひるぎの一葉」の筆者は、石垣島の測候所に赴任して、気象観測に一生をささげ、台風の観測中、飛石のために一眼を失明した。彼は妻子を郷里の仙台にかえしたまま、最後まで島をはなれなかった。子供たちが父に会いたいとせがむと、岩崎卓爾は南の島から手紙をよこした。台風は石垣島をとおって日本本土にやってくる。だから、台風をお父さんと思ってほしい、と。私は台風を自分と思えといい放った卓爾の言葉に、平静ではいられない。そこには、前線から後退させられることをもっともおそれる老兵士の心情が脈打っている。「ひるぎの一葉」が地誌でありながら地誌にとどまらぬのは以上の理由からである。

幕府が禁じた本

また「南島探験」の筆者は、八重山群島を探検調査するにあたって、もし自分がマラリアで斃れたら、自分の遺体を東京の病院におくって医学の研究材料にしてほしいという意気ごみで、出発した。「かつてこの旅人のごとき無私の目的をいだいてここに半歳の日子《にっし》をついやそうとしたものが果して一人でもあったといえるかどうか」と柳田国男を感動せしめた笹森儀助は、私をしていわしむれば、やはり負の前衛の一人であった。

このことは松浦武四郎の「近世蝦夷人物誌」についてもいわれよう。この書物は、彼が北海道探検中接触したアイヌ人の生態をくわしく書いたものであるが、あまりに率直なので幕府から禁書とされ、そののち一世紀し実物をみたものがなかったという稀本である。しかしこの書があるために、私たちは本土の日本人がアイヌにたいしておこなったかずかずの非道な仕打を弁明することができないのである。日本人が中国人や朝鮮人におこなった残虐な行為、それは日本の帝国主義とともにはじまったのではないことを、ここに注意しておく必要があろう。それは明治以前に日本人の血管のなかにあったものである。それがアイヌにたいして発動したことを「近世蝦夷人物誌」は証言しているのである。

樹木と対話して涙

吉田武三氏著の「松浦武四郎」の序文に一つの挿話がのっている。武四郎が南近畿の大台ヶ原山で一生をおえることを考えた明治十九年頃の話である。北海道の名付け親となったこの大探検家は七十歳になろうとしていた。武四郎は大台ヶ原の伯母峯でみかけたマンサクの木（マンサクは三メートル位の落葉灌木）を、夜中、柴小屋から抜け出してタイマツを点《つ》けて、わざわざ見にいった。「マンサクよ。エゾの山で見たおまえも、この山におったのか」と彼は頬ずりしたという。人跡まれな深山で、夜中、樹木と面会し対話する彼を私は想像する。エゾの山野をかけめぐったとき親しかった樹木にむかって、涙をながしよろこんでいる老探検家。それは負の前衛たちが置かれた言い知れぬ孤独とその孤独にもかかわらず、湧きあがる名もなきものへの愛を示している。

記録文学の先駆者

有名な「八丈実記」を書いた近藤富蔵は二十三歳から、明治十三年赦免を与えられるまで八丈島に流人生活をおくった人物である。それから二年あまり本土の土をふむが、明治十五年ふたたび島にかえって、明治二十年に死んだ。赦免のとき彼は七十五歳の老人になっていた。よごれてやぶれた着物をひきずるように歩いていたという。からだにシラミをわかしていたが、とることもしなかった。億劫だったわけでなく、シラミに対しても、そのいのちをおしんだのだという。若いときあやまって人を殺したその罪悪感がさいごまで彼のなかでウヅいていたのだったろうか。しかもこの意識があったからこそ、「八丈実記」のなかに記録文学の先駆ともいうべきすぐれた記述をのこし得たのである。

今回、三一書房が刊行する『日本庶民生活史料集成』は負の前衛たちの民衆生活によせた記録集とみることができる。

負の前衛と正の前衛とが手をにぎることがあるか、それは知らない。しかし本叢書はそのためのささやかな賭である。

（「図書新聞」一九六八年五月二五日）

『日本庶民生活史料集成』企画者の言葉

最近私は沖縄旅行から帰ってきたが、宮古・八重山の庶民の生活をつぶさにみて、彼らのくらしがこれまで記録に知られていないことにおどろき、かつ恥じないわけにはいかなかった。一口に離島の庶民といってもその生活ぶりはさまざまであって、簡単に類推することはできにくい。私たちが今日でも、もっとも頼りになる史料は、明治二十六年の笹森儀助の「南島探験」である。この事実は、その後七十余年間、先島の生活をそれ以上に叙したものがなかったことを意味し、笹森翁の業績の高さを思うよりは、後人の怠慢をみとめざるを得ないことに多くの問題を残しているのである。極限すれば庶民生活の記録は空白にみちみちている。そしてそのことに思いをいたすものはあまりに少ない。つまり私たちが歴史記録というものは庶民の生活にくらべれば、ほんの一しずくでしかなく、それで組み立てているのが記録であるという確信を私は先島旅行の体験から得たのであった。考えてみればこれはおそろしいことではないか。私たちの判断はわずかな知識と体験を手がかりにしていることにはならないか。それによって判断があやまらないと信じ切っていることはいっそう危険なことだと私には考えられる。庶民生活史料は、そうした判断の誤りを是正するのに役立ち得るものであり、先入主にいろどられたイデオロギー過剰の現代人にたいする解毒剤の効力をもっている。庶民生活史料は説教しない。また啓蒙もしない。しかしそのおどろくべき多様な経験的事実をとおして、狭隘な判断にたいする反措定を提出することは可能である。日本におけるヒューマニズムの底が浅いのは、それが知識の次元にとどまっていることにあると私には考えられる。民衆の体験がつかんだ情念の底知れない深さに正当の関心をはらうことが少ないためである。

『日本庶民生活史料集成』は民衆生活の事実にたいする畏敬から出発する。そしてこの企画は心ある知識人の多くの共感を得た。その公然とした、またひそかな支持のもとに、第二期を刊行することは、庶民生活の中に一層の照明を与える事業として、その意義はけっして少なくないと私は確信している。とくに第二期には、第一期よりも、より多く民衆の情念の主題に力を入れた。その特色は充分に出ているはずである。

編集委員代表

（『日本庶民生活史料集成』第二期内容見本　三一書房、一九七〇年）

民間宗教 序

本書に収録された諸宗教は、民間宗教という題で一括されているが、教義や宗派のちがいこそあれ、いずれも江戸時代から近代にかけての日本の社会の中で、みずから体制を拒否するか、あるいは体制から迫害を受け疎外されて生きるほかなかったものである。

これらは、純然たる民間信仰とちがって、教理や教団の組織をもってはいるが、隠し念仏やカヤカベや隠れキリシタンがそうであるように、民俗的屈折ないしは呪術的色彩を濃くしたものである。日蓮宗の不受布施《ふじゅふせ》派でさえも、その宗派の祖である日奥の像は、米俵の上に、経巻とふくれた財布とを両手にしてすわっている、という形で表現されている。

大本（教）や天理本道《ほんみち》のばあいも、教祖の託宣のもつ役割は大きい。教祖や教団指導者の人格が、明文化された教理以上に信者の尊崇を受ける点において、体制と癒着し、組織によって固定化した既成の教団とは質を異にする。

独創的で包容力のある教祖は、教理を整序しないままにさまざまな異質のものを吸収している。それは神道と仏教とはたがいに習合しつづけ、キリスト教といえどもそれら神道や仏教の影響を受けずにはすまなかったという日本の混淆宗教の性格を積極的に反映したものである。

民間宗教は弾圧に耐えるための英知と称すべきものを、新興宗教の創造性と民間信仰の呪術性との双方から汲みとっている。体制側に否認された諸宗教が、それを維持してゆくために、新興宗教の教祖のもつ創造力と庶民の呪術的な現世利益の信仰を役立てたという点において、それはふつうの民間信仰とは異なっている。

このようにして、仏教やキリスト教などの外来宗教はもちろん、教派神道やそれに類する神道系の宗教も、庶民生活のもっとも深い内部にまで降り立つことができたのである。だからそれを既成宗教の尺度によって異端邪説ときめつけることはけっして当を得たものではない。このように弾圧をこうむって孤立した宗教こそ、宗教本来の目的である土着化、つまり庶民の生活に根を下したものであるということの実際に証明されたものだからである。

ただ、隔離された宗教にとうぜん起る現象であるが、教理または教義に加えられた屈折は、体制側の弾圧がいったん解除されたばあいでも、元に戻らない性質をそなえている。たとえば日本伝来のキリスト教の受難は、明治六年二月に耶蘇教の国禁が解除されて終止符を打ったのであるが、それでも隠れキリシタンは依然としてその秘密の組織に固執したし、薩摩藩以来の真宗禁制は鹿児島県にも引き継がれて明治九年までつづいたが、隠れ真宗であるカヤカベは今以ってその秘密を明かさない。そして組織の崩壊をふせぐために独自性をいっそう強調して、その屈折した教義や教理になんらの修正を加えることをしない。そこで迫害され孤立した宗教のたどる経緯がいかなるものであるか、孤島民の心情の純粋培養に匹敵する興味ある実験例を提示することになったのである。

既成宗教が教理の精緻な体系化に腐心するのにくらべて、民間宗教は教祖や教団指導者の人格の感化力に大きく依存している。超越的な絶対者への帰依というよりは、活力をもった人神的存在への尊崇にたよっていることが民間宗教の特色である。大本（教）のばあいの出口直《なお》、天理本道のばあいの中山みきおよび大西愛治郎がそうである。日蓮宗の不受布施派では日奥がそうであり、カヤカベでは宗教坊、そして隠れキリシタンではジュワンとバスチァンである。これら始祖の託宣のもつ意味は既成宗教にくらべてかぎりなく重要なものであった。

民間宗教のもう一つの特色はそこに独自な創世記の創作が見られることである。天理教には「泥海古記《どろうみこうき》」があり、カヤカベには「おつたえ」がある。この双方が、太古の泥海の中からの人間の誕生をしるしていることは、「記紀」の修理固成につながる日本人の思考の型を示している。隠れキリシタンの「天地始之事」では人間の滅亡が高麗島陥没の伝説と結んで説明されていて、従来の素材を発想のあたらしさによって補っている。しかも教祖または始祖の受難の物語がそのあとにつづくことが少なくない。そしてそれは当然のことながら終末論的な期待を信者に抱かせるであろう。

「大本神諭」は「上へ登りて居る人が、降《くだ》る世が参り来て、昇り降りで、世界は大分騒がしく成ると申してあるが、天地が覆《かへ》る世が参りたるぞよ」と叫び、天理本道は甘露台の言葉として、「御教祖様苦しめた理の返しは天災や、一夜の間に吹き落され、掃き飛ばされる処出来る、今年という今年はえらい節《ふし》や、節と云ふたら世上の不事《ふじ》や、皆心を入れかへて、やさしい心になって此の道にもとずかにや、こわい日がある」と唱え、隠れキリシタンは、処刑前のバスチァンの予言として「コンヘソーロ（告白をきく神父）が大きな黒船にのってくる」「どこでも大声でキリシタンの歌をうたって歩ける時代が来る」「道でゼンチョ（異教徒）に出会うと、先方が道をゆずるようになる」ことを切望した。

この強烈な終末論的時間があったからこそ、潜伏キリシタンは一六四三年から一八六五年まで一人の神父も、一つの教会もなく、その信仰を維持することができたのであった。またカヤカベは一六五五、六年ごろの宗教坊の捕縛と処刑以来、その信仰を堅持する姿勢をひとときもくずすことがなく、明治になるまでの二百年間を耐え忍んだのである。日蓮宗の不受布施派は「御難記」に見るように、日奥の受難を皮切りに寛永七（一六三〇）年の大弾圧を体験した。明治八年に岡山県では不受布施信者をことごとく獄に投じようという動きさえあったというから、その法難意識はカヤカベや隠れキリシタンにまさるとも劣らぬほどのながい時間をつらぬきつづけたのであった。

ここで注目すべきことは、これらの民間宗教の迫害弾圧が十七世紀の半ばごろから極度に厳重になったことである。その理由としては江戸幕府が寺院統制の手段として、寛永九年、十年に本末帳を提出させ、本寺と末寺の関係をあきらかにし、寛永十二（一六三五）年には寺社奉行を置き、キリシタン統制をきびしくし、寺請制度を実施したことが大きいと考えられる。そしてこれらの民間宗教がほぼ明治十年を境目としてはじめて禁圧からの解放を獲得したことは、明治新政府の国家神道中心のイデオロギーが支配的であったことを物語るものである。

国家神道を政治の中軸においた日本支配階級はその後もなお教化政策をつづけ、天理教が神道本局からの独立をやっとゆるされたのは、一九〇八（明治四十一）年であり、大本教は、一九二一（大正十）年になお不敬罪で弾圧された。

民間宗教は体制から疎外されているために、教祖の託宣に宗教、宗派の運命をかけるほかなかった。その予言は往々にして時の権力の結末を予告するものと受け取られ、それがいっそうの弾圧を招いた。

天理本道の「研究資料」の中に「愈々絶対の日が到来した事を承知せねばならぬ。今の皇室も新帝も『心に何も知らぬ』と云うであろう。何も知らないでも道に敵対したる因縁を受継いで居るのであるから、気の毒乍《なが》ら此の咄は聞けやうまい。聞けねば其の地位は何処までも踏ん張るであろう。……そもそも土台が分らんから余儀なき事である。皇統連綿々々々と云ふたとて誰しも同じ事、続いてあればこそ此の世に生を享けて居る……又千年続いても不正は不正である」といい切って、昭和三年に不敬罪で起訴されたのは、その教団指導者の独自な終末意識がいかに強烈なものであったかを示すものである。

ここで民間宗教の終末意識はかならずしも政治的な革命思想といったものではないことを指摘しておく必要がある。大本（教）がみろく世の到来といったところで、それは政治の支配権力の直接的な転覆を意味するものではない。だが民間宗教が国家至上主義的な思想の源泉である天皇の絶対観念にひとたび批判の眼をむけると、それは不敬罪として罰せられ、徹底的な弾圧を受けた。ここに外国には見ることのできない近代日本の宗教教団の特異な在り方がある。国家の宗教政策の統制に服しないかぎり、その教団としての存在を抹殺される運命しか与えられないというのは、近代日本の政治が天皇による神政政治の観念を土台においたものであることを明瞭に示すものである。だが、いうもおろかなことであるが、宗教がその名に値するかどうかの判定は、それが時の権力から独立しているかどうかによって測定される。時の権力に屈服したならばその宗教の生命はおわる。

そうした視点からすれば、体制と癒着した既成宗教や新興宗教にくらべて、本巻にとりあげた民間宗教ははるかに宗教的生命を失わなかった。そうして私たちの心を打つのは、迫害と弾圧の下で民間宗教がいかにしてその宗教の自立を守ろうと腐心したかということである。

一般的にいって潜伏キリシタンは仏教をかくれみのとし、非公認の仏教は神道をかくれみのとしたということができる。つまり一神教は多神教の中に姿をかくし、多神教は汎神教の中に姿をかくすことが可能でありつごうがよかったのである。しかし原因はそればかりではない。江戸幕府の寺請制度の下にあってうわべは合法的な態度をとりながら信仰組織を堅持するという偽装転向を強制された。不受布施派は内信という方法をとるほかなかった。表面は他宗に一応所属しながら、心の中では不受布施派を信仰するという妥協的なやり方である。寺をもたず、戸籍もぬいて純粋な信仰をつらぬく法中を、この内信者たちは下部から支えたのである。隠れキリシタンのばあいは、檀那寺の坊さんを呼んで葬式をしたが、坊さんがかえったあとでお経済しのオラショをしたり、棺をあけて頭陀袋をとりのけたりした。こうした偽装転向にともなってそこに民間の習俗や信仰がとり入れられたのは、自然な移行であったといえる。隠れキリシタンのオラショには呪文のようなものが多くまじっている。カヤカベのばあいは鶏は霧島明神の使者として神聖視されている。最初は白い鶏だけがそうおもわれていて、あとでは鶏一般にひろがったと考えられるが、それを神道への偽装とするとしても、そのタブーはカヤカベの信者の間に厳重に守られてきた。

秘密宗教にとって文字をもつことはタブーであった。そこで隠れキリシタンのオラショはすべて口伝によって幕末まで継承してきた。しかもオラショをとなえるのは声に出さず口の中でとなえるという習慣をかたくまもった。カヤカベの「おつたえ」も、幕末に「古書物」があって幹部のあいだに極秘にされていたというが、そうした例外を除けばすべて口伝であった。今でも声は押し殺したように低く、かすかで、やっと聞きとれる程度である。これらの文句がどのような形で伝承されたかは不明であるが、それが二百年もつづいて絶えることがなかったというのは驚歎に値する。ただ口伝の授受が外部への厳重な警戒と内部の統制の下に実行されたことは想像に難くない。カヤカベでは現地でガマと呼ばれる洞窟を利用して本尊をかくしたといわれる。カヤカベにかぎらず薩摩藩のかくれ真宗は見張りを立てて深夜集会をおこなった。

薩摩の真宗門徒が潜入した他国の僧を招いて説教を聞くときには、夜でも提灯をとぼさず村の役人の家のまえをとおりすぎた。草履をぬぎ、咳一つせず、息をこらしてとおりすぎたという。説教を聞くには大雨とか嵐とかの夜をことさらにえらんだ。場所は部落はずれの家か土蔵であった。村の要所要所には二歳衆《にせ》と呼ばれる若者組が見張りをした。また村の中でスパイ役をするようなうたがわしいものがあれば、これらの人を操縦する係りがもうけられた。酒飲みには酒の相手、釣好きには釣の相手をして集会が開かれていることを知らさないようにした。集会の最中に宗門奉行がふみこむようなことがあると立番の伝令で、ただちに灯明をふき消して、真暗やみにした。

南部藩に盛行し現在なお残存している隠し念仏も、その秘密の儀式は街道からはなれた家や土蔵をえらんでおこなわれた。信者は御内法と呼んでいるが、信徒以外の者はお庫《くら》念仏、庫法門、土蔵秘事などの名で呼んでいる。この隠し念仏は、帰依する者を土蔵の中や山中に引き入れたのち、善知識と称する最高徳者がタスケタマエを連呼させる。そうして入信者がくたくたに疲れ果てたところで、蠟燭の火で口の中や瞼のあたりをしらべて、救済されたかどうかを判定する。このばあいも見張りの役がちゃんときまっていた。

薩摩藩の真宗門徒は肥後と薩摩の国境にある野間の関所の役人の目をかいくぐって、水俣にある源光寺、西念寺、西方寺などにひそかに参詣して、法話を聞くことが少なくなかった。源光寺はもとの水俣川の川べりにあって、薩摩の信徒が夜闇にまぎれて小舟でその寺のすぐ脇に着くことができるようになっていた。そうして本堂の裏側に、説教を聞いたり隠れたりする秘密の部屋が設けられていた。この部屋のくぐり戸をあけると、本堂の縁の下に逃げこめるようになっていた。西念寺でも下座の奥座敷が隠れ部屋となっていた。こうした越境の信者たちにたいする探索者の眼も光った。誰がどのような風体をして水俣の一向寺に通っているかをこっそりしらべあげて、その報告を怠らなかった。そうした密偵のうらをかくようにして、本願寺から薩摩への使僧が派遣されたのであった。そのばあい、薩摩藩の役人からつかまっても、決して真相を告白することはならぬ、自分一個の行為であるといえ、と厳命されたのであった。秘密の信仰を堅持する信者、布教の僧侶、それを追う役人たち、三者のこの苛烈な動きは本巻所収の史料によってうかがうことができる。そうしてそれには密告者が加わって事件発覚の端緒を作ることが少なくなかったのである。それはときには信者のふりをして潜入した密偵であり、あるいは信心を強制されてそれに反撥した人間であり、あるいはまた転向または棄教した僧侶であった。外部からの弾圧だけでなく集団内部の内輪もめがこれにからまった。

その結果起った言語に絶する拷問や極刑についてはもはやここに触れるまでもない。民間宗教は受難をくぐって今日まで生きのびた宗教であると規定することもさほど不自然ではない。こうした受難はもとより強権の圧迫から起ったものであったが、正統性を主張する宗教教団は、必然的に異端を生み出さずにはおかないという、宗教の組織の宿命について一言触れておく必要があるだろう。もともと宗教組織は外部の敵とたたかうことをもって出発するが、それの組織が社会的に合法化され、支配体制と癒着すると、それは宗教的生命を涸渇させるにいたる。そこで当然内部からの批判が起ってくるのであるが、その批判勢力を異端として封じ、切り捨てることによって、いわばそこに内部の敵を見出し、それとの緊張関係を持続させることによって、その失われる宗教的生命力を再生させ更新することに役立たせるのである。しかも、宗団内部の分裂と抗争とは、時の支配権力によって、その勢力を抑えるのにきわめてつごうのよいことであった。その点において、体制と癒着した教団と支配階級の利害は一致する。かくして、宗教の生命を固持しようとしてあくまでその原理にかかずらう宗教、宗派は、にくむべき敵として社会から抹殺される運命にある。だが、このことよりも光栄なことがあろうか。太平洋戦争において国家神道はもちろん、仏教やキリスト教のほとんどが、国家政策に屈服したことを考えるときに、本巻に収めた諸宗教のたどったながい受難の歴史はいっそうのかがやきをますことはあきらかである。

（『日本庶民生活史料集成』第十八巻、一九七二年三月）

明治国家における売春の意味——円地文子『南の肌』

かつて新大陸をのぞく世界の売春地図は、日本人の娼婦とフランス人の娼婦とで勢力を二分されていて、その境界線はウラル山脈からスエズ地峡をつなぐラインだったといわれるが、売春はこのようにインターナショナルな動きをもつ。それがナショナルであれば、国境や人種や言葉をこえて、それほど勢力をひろげることはできないだろう。

しかし、いっぽう外地での日本人の売春業がふかくナショナルなものと結びついていたのも事実である。明治国家はナショナリズムの拡大を目的として、このインターナショナルな拠点または組織を存分に利用したのである。

以上のことを念頭において、円地文子の『南の肌』をよめば、そこに致命的な欠陥を見出す。この小説は、「村岡伊平治」をモデルにした勝沼という男が、婦女誘拐団の親分でおおっぴらに売春業をいとなみながら、しかも並々ならぬ愛国者を自任していた点の矛盾をモチーフに展開する。

だがそれを一個の人間の戯画として読者の笑いのなかに解消することを狙っているために当然の不満がのこってゆく。村岡の生涯をとりあげた劇団仲間の芝居を一見したときもおなじ解釈がなされていて、わたしは失望した。作者や演出家が手放しにこの矛盾をおもしろがっていては始末がわるい。

明治国家にあっては、「愛国心」と「売春」とはかならずしも矛盾するものではなかった。それどころか、外地の売春婦がいかに国家に貢献したかは、二葉亭四迷が浦塩《ウラジオ》で女郎屋をいとなみたいと考えていたという挿話や、同様に石光真清の『曠野の花』や宮岡謙二の「娘子軍始末記」に散見する記事によっても分るのである。日本のスパイは支那人の妾になった日本の女にしばしば助けられるが、それはもと女郎あがりがほとんどであった。

要するにそこに矛盾があるとすれば、明治国家のもつ根本的な矛盾であって、一個人のカリカチュアにおわる矛盾よりもはるかに深刻なものである。村岡伊平治というヤクザの手記のもつ非通俗性は、この矛盾の深刻さにかろうじて支えられているのである。その支柱を勝手に取り去った円地の小説が、見るもむざんに通俗化するのは当然であった。そうなればもはや道具立てでごまかす以外なかった。なお島原天草方言の「てにをは」のまちがいが目立つ。

（「日本読書新聞」一九六二年一月二二日）

戦場のフォクロア——長谷川伸『日本捕虜志』

日露戦争当初、ある中隊で捕虜を見学しようということになって、希望者を募集した。ところが半数が希望しなかった。中隊長が訳を問いただしてみると、一兵卒は「自分は国にあっては職人だが軍服を着たからには日本の武士である。いやしくも敵の軍人が運つたなく捕虜となってあちこち引きまわされ見せ物にされることは、気の毒でならない。自分は捕虜を見学にいって、はずかしめたくない」と答えた。この言葉に中隊長は喜んだ。また見学希望のものも同感の色を見せ、ついに捕虜見学はとりやめにしたという一挿話が『日本捕虜志』の冒頭をかざっている。つづくかずかずの事例は、蟻地獄にとりつく虫けらにひとしい戦場にあって、人間はなお人間であることを失わずにすむという証拠を提出している。

これは一兵卒のなかに組織と人間が平衡を失わず同居することができ、その心情がヒロイズムとダンディズムとをあわせもつことのできた時代の物語である。たとえば蔚山《ウルサン》沖の海戦では、撃沈した敵艦の将兵の救助にあたっていた日本軍属が、海上に放り出され板切につかまっていた小鳥を救いあげて、自分の部屋で飼っていた。捕虜になって収容されたロシア将校がその小鳥をみて、あれは自分の飼っていた小鳥だといい落涙した。

籠城のロシア兵から故国の母に無事を報ずる電報を打ってくれと頼まれ、それを日本兵が果してやったという挿話や、貰った勲章を自分の愛馬にまず下げてやった日本の将校の話はこの書物では何も物珍しいものではない。

しかし、わたしたちの常識を超えた奇蹟ともみえるのはこれが単に戦場美談集でなく、いまでは理解しがたくなった人間の謎を戦場のフォクロアのなかに宿しているからであるにちがいない。

芥川龍之介が「将軍」を書いて乃木大将が殉死の直前に記念撮影をするゆとりのあったことを皮肉ったのは大正十一年である。当時半過去のものとなりかけていた民族共同の心情が、一部のインテリの喝采を狙う作品の動機となりえたのであったろう。

しかし、日露役で毎日のように取ったり取られたりしている砲台のなかの排便の清掃を、文書で要求するという余裕からみれば、一将軍が死ぬまえに写真をとるなぞということはまったくありふれた行為であったはずである。それが理解できなくなったとき、「人間」は「組織」に売り渡され、ファシズムの土壌をおのずから形成したのである。このことに日本のインテリが全く無責任であるというわけにゆかない。

日露戦争前満州で軍事探偵として活躍した石光真清は、日露戦争の勝利後、ふたたび渡満して、そこに個人の創意活動を爪ほどにも許さない日本陸軍の徹底した組織化がはじまっているのを目撃し、失意を抱いて祖国にかえった。『日本捕虜志』がその大半を日清日露の役に割き、つづく第一次、第二次世界大戦にほとんど触れることができないのもこうした事情によるものである。後記にこの書の原稿は、太平洋戦争末期、空襲のサイレンを聞けば土のなかに埋め、解除のサイレンを聞いて掘出しながら書きつがれたと記されている。著者の志がどこにあるかをはしなくも物語ったものとして敬意を表する。その集めた記録資料のおびただしさにも、この書を説教集としたくない著者の強い態度がうかがわれる。

（「日本読書新聞」一九六二年六月一一日）

草双紙風な読物――水上勉『越前竹人形』

水上勉の『越前竹人形』は諸家の評言では『雁の寺』以来の佳作ということになっている。しかし私には毛ずね丸出しといった哀愁がなんともやり切れなかった（そのやり切れなさは、田宮虎彦の一部の作品に通じるものがある）。社会からも自分からも虚脱した――それだけに自己犠牲の焔と相手への思いやりに支えられて生きる男女。それを作家が描くのは勝手だが、そうした雰囲気を読者にも無限定に強制してはうすよごれてしまう。

『雁の寺』では環境を拒否する自我の燃焼がある。しかし『越前竹人形』では、人物たちは環境の上に温まっている。そこで当然のはなしとして、人間像は類型化され、平板化、半透明化されざるをえない。なるほどここにも思い詰めた主人公の行為は存在する。だがそれは相手の女のために、せっせと竹人形をつくる行為でしかない。自分をとりまく状況のために肥りもしなければやせもしない。

水上勉は作中人物たちの行為をつうじて訴えねばならぬ主張を、登場人物の背景や過去や環境など輪郭の描写の努力に解消してしまっている。そういうことで安泰な文章を書いている。たしかに文章は熟している（このことは、彼が最近「別冊文春」に発表した「蜂」ではいっそう著しくなっている）。だが、その描写に費やされたエネルギーの方向からして、作品は小説よりも古風な読物に近くなるのはやむをえない。

作品の人間関係が流動する状況の上に立とうと、あるいは職業的、風土的、社会的にかたく安定した環境に立とうとそれはどうでもよいことである。けれども作中人物と環境とが截然とわかれ、しかも人物像の一刷毛ごとに安油じみた哀愁がにじむとき――、要するに『越前竹人形』は小説の形式をとっていようと、草双紙風の読物でしかないというのがわたしの結論である。

（「日本読書新聞」一九六三年一〇月七日）

天地始之事

1

キリシタン時代の書物は、日本人の教化を目的としたものでなければ、外国人宣教師が日本語を修得する便宜のためにつくられたものであって、その内容自体に思想的な価値はとぼしく、問題はもっぱらどのようにほんやくされたか、ということにかかわる。しかし、そのえらばれた文体や用語の使用法にはまぎれもない特徴があって、当時の伴天連やその教えをうけた日本人信徒の考えを知る手がかりにすることができる。キリシタン関係の書物がどれほどしっかりした日本文に移植されているかは、たとえばずっと年代がくだった阿片戦争のころ、マカオにいたドイツ人のプロテスタント宣教師が、日本人漂流民のたすけを借りて訳したヨハネ伝の冒頭をみるだけで充分である。「ハジマリニ　カシコイモノゴザル　コノカシコイモノ　ゴクラクトトモニゴザル　コノカシコイモノワゴクラク」となっていて、未開社会むけにふさわしい文章の貧弱さをさらけだしている。これでは、キリシタン時代の日本人を説得することなどは、とてもできなかったにちがいない。

当時の日本人はキリシタンの渡来まで数百年をかけて、仏教の論理と感覚を消化していた。未知の宗教世界観を接受する素地が、日本人の教養のなかに準備されていた。あるときは仏教の用語を借り、あるときは原語のままにおしとおす識別の能力がそなわっていた。「霊肉」というところを「アニマ色身《しきしん》」とすれば、抽象と感覚、安定性と新鮮さが結合しながら、精神の内部に衝撃をあたえることができる。そこに経験知による本能的な計算ともいえる配慮がうごいていたことは、キリシタンの宗教画が日本人の仏教的感覚に親しいまんだらふうの形式を好んでとりあげたのでも分る。

同時に伴天連が、日本の民衆に説教したりざんげを聞いたりする必要から、口語が重要視された。こうして雅語と卑語、漢語と洋語とをとりまぜた和漢洋混淆文という、一種独特なキリシタン文体が創始された。それははからずも、明治期の啓蒙文学者、森鷗外や上田敏の文体の先駆となったばかりでなく、芥川龍之介や木下杢太郎の文体の規範となった。彼らのキリシタンへの関心は異国趣味からだけではない。キリシタンの文体におのれの血脈を発見したのである。

キリシタンの文体の特徴は、文章を支配する主格がはっきりしていることである。それはつねにデウスである。キリシタンの文体は日本の物語文学や仏教文学にくらべてみて、単純にすぎ、陰影にも映像にもとぼしいかも知れない。しかし「日本語ではあいまいなのがいちばんすぐれて尊重される」と指摘した伴天連フロイスの評言のように、あいまいな日本の文章とちがった、明晳《めいせき》さが、キリシタンの文章をつらぬいている。しかしわたしたちが今日でもキリシタンの文体の上に感じる、ある新しいかがやきは、それが欧文脈や洋語をとり入れているためだけではない。キリシタン思想が明確な意志をもって当時の社会につけくわえた精神的な役わりのためである。

永禄八年のキリスト降誕祭に、当時交戦中であった三好、松永両軍のキリシタン武士は敵同士でありながら、堺の教会にあつまってともに一夜を祝い、あくる日ふたたび別れて戦場にまみえ、花々しくたたかったという。信仰をおなじくするものは、敵味方である以前に神の兄弟であるという思想は、日本の武士道よりは西洋の騎士道にちかい。仏教の世界からは生れ得なかったこの思想は、神と人間との垂直軸が、人間同士の水平軸となることによってはじめて誕生したものである。キリシタンは当時流行していた男色や蓄妾やまびきの風習を痛撃したが、神のまえの平等という観念が、身分制や男女の差別観を打破するだけの力をそなえていたことは、布教の初期の段階でこそ大名や上級武士のあいだに信者を見出したものの、中期以降は圧倒的に女性や下層の民衆をひきつけた事実が物語っている。こうした生命の尊重と個人の独立の観念を前提として、あいまいさや宿業観を払底したキリシタンの文体が成立するのである。

その一例が新村出《しんむらいづる》氏の指摘する大切という訳語であろう。神の愛を意味するアモールという原語を、どうして愛とせずに、大切と訳したか。当時の社会では、愛玩愛撫という卑俗な使用のばあいも、慈愛という高尚な使い方のばあいも、上位者と下位者の関係をとおした感情の表現であった。それは神と人間との対等な交流関係を示す語としては適当ではなかった。そこで「でうすの愛」というかわりに「でうすの御大切」という表現をとったのだと、新村氏は推断する。

男女間の情愛が差別されてあり、身分間の親愛が平等ではなかった時代、平等な愛を示す語をさがそうとする苦悶のなかにわたしは日本語の開国をみる気持がする。

博愛の観念は仏教によって日本にもたらされた。地獄におちた身近かな魂はなぜ救われないのかとザビエルに訴えた日本人信徒のなげきのうしろには、あきらかに仏教の考えがうごいている。仏教の博愛はキリスト教のそれよりも、広大であるといえよう。しかし輪廻観に立つ当時の仏教は、平等への欲求を欠いていた。仏教の博愛しか理解できなかった日本人が、キリシタンの教義をとおして、平等という観念をおぼろげにつかむことができたという事実は重要である。キリシタンは神のまえの平等は判っていた。では神のまえの自由をどう理解していたか。

師匠　われらがおんあるじゼズキリシトクルスの上にてわれらを解脱したまうによってなり
弟子　解脱とは何事ぞや
師匠　自由の身となることなり
弟子　何たる人が自由になるぞ
師匠　とらわれ人、すでに奴《やっこ》の身となりたるものが自由になるなり
（「ドチリナ・キリシタン」）

この教義問答から察すれば、キリシタンは自由を解脱とおなじ意味にとっている。選択の自由はみとめられず、マルチリヨ（殉教）の行為のなかにのみ、自由の発現をみたのである。仏教の博愛が不平等をぬぐい得なかったように、キリシタンの平等も自由の抑圧とたたかうすべのないものであった。日本に自由の観念が渡来するのは、なお数百年おくれた時代である。それはカトリック国スペインに反逆して独立したプロテスタント国オランダから、はじめてもたらされた。

高野長英はオランダ語の自由「フレーヘード」という語を愛していたが、その語を身をもってあがなうために、牢をやぶり、国中を逃亡してまわり、顔をやいてすがたをかえ、ついには自殺をとげたのであった。

2

わたしはキリシタンの文体と用語がたしかな日本文のなかに肉付けされていることを評価する。用語の選択が賢明とはいえない例外の一つは、悪魔を天狗と訳したことである。伴天連が、魂という文字には、たたりをする亡霊の意味があるとして、たましいと平仮名書きにし、多くはアニマと原語を使用したのに、またザビエルがデウスを大日と訳してみて、その訳語にいかがわしい隠語の意味があると知り、原語にかえしたという有名な話がのこっているだけに、いっそう奇異な感じがする。悪魔と天狗は異形の相貌において似通うものがあるとしても、その本質は似て非なるものであることに、気がつかなかったのはふしぎな話である。むしろ、ジヤボという言葉でおしとおすべきではなかったか。

しかしキリシタンの文体や用語は別として、その思想は直輸入にすぎて、内容に発展がみられなかったことは否定できない。たとい万国共通の教義であろうと、表現に国籍がないかぎり、日本人の思想と呼ぶことはむずかしい。奈良時代このかた、仏教が日本の伝統と習合妥協しながら、民衆のなかにひろがっていったその道を、キリシタンの思想はあゆみはじめるまえに、はげしい弾圧と迫害によってついえ去った。

では、ついにキリシタンの思想の日本化はみられなかったであろうか。江戸時代地下に潜伏したキリシタンは、教義や祈禱文や説話を口伝えに子孫につたえてゆくほかなかった。ささやかな証拠品でも、それはただちに死を意味していたからである。慶応元年四月、プチジャン師が浦上のキリシタン教徒の間に発見した「天地始之事」は、一八二三年（文政六）ごろに、口伝えのままを書きとったものといわれる。島原の乱のおこった年からかぞえてみてもざっと二百年、そのあいだ口から口へ伝えられた内容が、キリスト教の教理や説話とは似ても似つかぬものに変容していたとしても、おどろくにあたらない。プチジャン師は「奇怪な伝説をまじえたとるに足らぬものであった」と黙殺してしまったが、しかし思想の土着化を考えるものにとっては、「天地始之事」は、思想が民衆のなかに、どのような曲折をへて接受されてゆくかの唯一の貴重な実例である。キリシタンの教義や説話が、自閉状況のなかで、民衆の心理の底に、屈折し変容してゆく試行錯誤にみちた過程が、手にとるように観察できるのである。

「天地始之事」の文体はなめらかで、リズムにとみ、語り物であったことを充分おもわせる。潜伏時代の信徒は、秘密の集会には、祈禱文（オラショ）でさえ言葉にだすことはゆるされず、指導者の手の動きやせきばらいを合図に、口のなかで無言の祈りをとなえるほかなかった。柳田国男氏は琵琶にあわせて語ったのであろうと述べたというが、セミナリオやコレジオのさかえた肥前が、琵琶法師たちの有力なたまりであったことを考慮に入れてみても、人目をはばかる潜伏時代、琵琶にあわせて語る余裕があったかどうかうたがわしい。「天地始之事」の内容は、創世記とキリスト一代記をあわせたものとおもえばよい。たといどんなに貧弱であっても、世界の創造と終末が語られるには、トータルなイメージが必要である。完結した世界像をひき出すためには、孤絶した世界のすべてが連想作用に動員されねばならなかった。そこで、時間が教義を蚕食し、説話を変色させたのを埋めあわせるために、神道や仏教の世界観や説話を借り出し、身近かな民俗伝承と気ままに習合した。しかしわたしがとくに注目したいのは、キリシタン時代の失われた記憶を回復しようとするうごきが、無意識のなかに作用していることである。たとえばアニマ（霊魂）はアリマと発音される（現代はなれキリシタンは霊名を「アリマの名」とよんでいる）。これはたんに発音上の転訛にすぎないものなのだろうか。アリマが有馬と宛字されているところをみれば、キリシタン時代にセミナリオのあった有馬、また当時領主であった有馬氏、さてはそののち島原の乱に蜂起した有馬村への記憶が、知らず知らず癒着しているのではなかろうか。

またたとえば、マリアはルソン国のまずしい娘であって、ルソン国の帝王ゼススの求愛を受けるというふしぎな物語が同書に挿入されている。豊臣秀吉がルソン国になみなみならぬ野心を抱いていたこと、また秀吉がキリシタンの美女に懸想したが信仰堅固のために失恋した。それがキリシタン迫害のきっかけとなったという言い伝えが、ルソンの帝王と美女との組合せになって、微妙に変化したのではないかというのが、田北耕也氏の説である。ルソン教会のために祈る文章が、潜伏キリシタンのオラショのなかにのこっている。ルソンは日本に渡来したフランシスコ教団の活動の本拠であり、キリシタン大名高山右近がながされた地でもある。記憶はどうしてもルソンへとひかれていったのであろう。

マリアはルソン帝王の求婚をしりぞける。夏の土用のさなかに、帝王のまえで雪をふらせてみせ、帝王はじめみんながおどろくひまにマリアが昇天する箇所は「天地始之事」のなかでも劇的な場面である。「雪のサンタマリア」の話はすでにキリシタン活動時代にも知られていた。ただし舞台はローマで、ある信者夫婦が、雪のふった場所に自分の教会をたてよと、夢のなかでサンタマリアからお告げをこうむった。はたして、夏の土用、雪のふりつもったところをローマ郊外の地に見出し、そこにサンタマリアの教会をたてたという話である。土用の雪というイメージがマリアの清浄さをきわだてるものとして、「天地始之事」に変形されてとり入れられている。

キリシタン時代の祝祭日の呼称には「御身《おんみ》のなたる」（キリスト誕生日）、「かなしみ節《せつ》」（四旬節）、「パスカ」（復活祭）など日本語として愛惜すべきものが多いが、なかでも「雪のサンタマリア」の語は、季節感にするどい日本人信徒にとくに愛好されたとおもわれるふしがある。一六三四年(寛永十一)の浦上信者の日繰暦には「雪のサンタマリア」の祝日の箇所に、「サンタマリアの雪どの」と注釈がしてあるそうである。この「雪」が「サンタマリア」の形容ではなく、転倒されて、人名となるにおよんで、童貞女マリアはいっそう情緒化し、キリシタン思想の日本化は完成する。

「天地始之事」ではマリアは「そこもとのすずしき、きよき御体をお貸しあれかし」と大天使から受胎の告知をうける。精霊は蝶のかたちになって、マリアの口のなかにとびこみ、マリアは受胎する。たましいや心を意味するプシケが、蝶の羽をもつ美女であったギリシア神話を想起するが、日本でも死者のたましいが蝶になってとぶという民間伝承がある。早春、薄暮のひかりをうけながら、蝶が若い娘に近づく光景は、それがルソンであることをわすれ、五島か平戸の農漁村の話であるかのように、わたしたちは錯覚する。この感情は、マリアが陰暦霜月の大雪の夜、牛小屋で御身《おんみ》(イエズス)を生むという段になって高まってゆく。生まれたばかりのイエズスがこごえないように、牛や馬が左右から息をはきかけてあたためたとして「御身のなたる」の祝日に、牛小屋を掃除し、牛には赤飯や煮しめをくわせ、飼桶に水をいれておくという習慣が、禁教時代のいつ頃からか、つたわっている。

「天地始之事」ではイエズスは、ヘロデのために子供たちを殺されたつぐないとして、十字架にかかる。ここにはまびきをいましめたキリシタン信仰のかがやきがのこっている。また、幼児狩をおこなったヘロデの罪のためにではなく、殺された幼児の不幸を背負って死んだと解釈するところに、ヒロシマの惨禍を自己犠牲のなかに変容させたアヤマチはふたたびくりかえさないというあの有名な碑銘の考えの先駆がみられるのである。

3

「天地始之事」では、デウスがあいかわらず宇宙の主格であるが、唯一神のつよみをもっていない。独裁的な勢威をふるわない。イエズスにいたってはいっそう影がうすくなる。潜伏時代にイエズスはむしろジュワン信仰にとってかわられたとわたしはおもう。文化年間、天草の高浜村で潜伏キリシタンが発覚し拷問をうけたが、女の信者一一五名はすべて霊名がマリアであり、男一四〇名のうち一二九名がジュワンの霊名をもっていた。

キリシタン迫害時代にジュワンまたは寿庵を名のった信徒はすくなくない。伝説によると、ジュワンは海上をあるいて消えた人物である。ときには日本人の信徒でもあり、ときにはまた殉教の危険をのがれて追放帰国した紅毛人であるが、ガリラヤの湖をわたってゆくイエズスを彷彿させる。ジュワンは帰国にあたって、弟子のバスチアス（セバスチアンのセが自然に脱落）という日本人信者に、宗教暦の繰り方をおしえた。バスチアンは伝道をつづけたが、ついにとらわれて斬首されたとつたえられる。

こうしたことからジュワン信仰がおこったのだろうが、それよりもむしろ、サンジュワンバウチシタ（洗者聖ヨハネ）への親しみが、もっとつよくうごいているのであろう。潜伏キリシタンのもっとも大切な仕事は幼児に受洗することと、祝祭日の日どりを教会暦からわり出すことであった。潜伏集団の指導的な役わりは、日繰帳をつかさどる「帳方」と受洗役の「水方」がにぎっていた。この水方につながる洗礼者ヨハネ（ジュワン）はとくに尊重すべき聖人であった。ジュワンの泉とかジュワンの井戸とかがのこっているのは、民間の太子信仰と癒合して、弘法清水がいたるところに生まれたのとおなじいきさつをたどったものであり、デウスを信仰する唯一神の宗教が、多神教へと変ってゆくすがたがここにうかがわれる。

キリシタン活動時代に、外国宣教師がインド管区長にあてた手紙によると、多いときはポルトガルの本国に五万枚の聖画をおくれと注文している。日本にはこばれた数はわずかであったろうがそのうちに聖セバスチアンの殉教図がまじっていたと空想するのは、たのしい。両手をしばられ樹に裸身をくりつけられた若者が、矢を射こまれ、血をながし、苦痛に身をよじらしながら空を見あげている。その眼は猟犬にひきさかれた瀕死の鹿の眼そっくりだ。聖者ジュリアンの物語がそうであるように、聖セバスチアンの殉教図にも、狩猟時代のおもかげがやどっている。犠牲の獣が殺されるまえ、人間がいけにえとして神にささげられた時代があったことをある学者が示唆しているが、聖セバスチアンはそうした意味で殉教者の原型なのである。おそらく迫害時代の日本の信徒たちは、殉教への道をたどりながら、それを本能の血のなかで理解し、セバスチアンの名まえへのつよい親近感を抱いたのではないか。「致命人の血は奉教人の種なり」とは鮮血遺書のことばである。ジュワンの弟子であったバスチアンは、殉教のまえに、「七代たったら宣教師が大きな黒船にのってやってくる。世はふたたびキリシタンになる」と予言したという。この宣教師はジュワンをおもわせる。

明治になって、潜伏キリシタンに開国がおとずれた。しかしその後の日本におけるカトリック文化は「天地始之事」にまさる思想の土着化の遺産をまだ生みだしていないのである。

（「ことばの宇宙」一九六七年四月号）

イエスとユダヤ賤民の実体を解明——土井正興『イエス・キリスト』ほか

アラビア半島の遊牧民は絶対に自分の非をみとめず、責任を他人に転嫁することにかけては世界に類をみないそうである。その正反対が日本人であるという（本多勝一著『アラビア遊牧民』）。アラビア半島の北端で独自な歴史を生きた古代ユダヤ民族は、アラブ遊牧民にまさるともおとらぬほどの頑固で反省のない民族であるが、それにひきかえて日本人は、ヒロシマの有名な碑銘が示すように、他者からうけた損害を、自己犠牲のなかに変容させることのできるふしぎな能力をもった民族である。

この両極端の民族性の差は、日本人には隣人愛の書としてうけとられてきた新約聖書が、もともとは正反対に、自己正当化の主張と他者への論難につらぬかれた書物ではないかという疑問にわれわれをみちびくに充分である。新約聖書にばらまかれた否定詞につまずかないものはさいわいである。

敵対者にたいする事実の誇張、歪曲、否認などをもののかずともしない、すさまじい攻撃ぶりは、新約聖書がユダヤ民族の所産であることを証明している。自然であれ人間であれ、他者の脅威にさらされたことのない極東の小民族は逆説的言辞を駆使したオール否定の表現を、そのまま自己否定と隣人愛のしるしとかんちがいしているのである。

しかしもし、キリスト神話化をめざす原始キリスト教団の主観的な意図をはなれて、新約聖書をみるならば、そのなかで確認できるイエスの歴史像は、おそろしく簡明である。イエスなる人物はユダヤ賤民のなかで、宗教活動をおこない、時の政治権力と衝突し、十字架で処刑された敗残のメシアということにつきる。

あらゆるイエス伝の土台でありイエス伝のすべてでもあるこのわずかな事実にメスを入れた野心的な労作があらわれた。『イエス・キリスト』の著者土井正興氏は、歴史学者の立場から、イエスとともに活動した賤民の実体の解明にそのねらいをしぼった。

イエスの受けた十字架刑は、ユダヤ古来の刑罰ではなく、反ローマの政治犯にたいするものであるという点を手がかりにして、土井氏はイエスの衝突した政治権力はユダヤの最高法院であるサンヘドリンではなく、ユダヤ統治にあたっていたローマの権力であるとする。イエスは反ローマ運動のかどで処刑されたのである。ピラトがイエスの同情者であったとする福音書の叙述は、原始キリスト教団が、ローマ帝国の権力に迎合するための擬態にすぎない。

イエスのひきいた賤民の主体は反ローマ闘争をつうじて、神の国を地上にうちたてようとするゼーロータイ（熱心党）の影響下にある下層民であった。それに、悔いあらためをとおして神の国に入ろうとするヨハネのバプテスマ運動の参加者が流入した。この参加者は、律法を知らぬ呪われた者としてもっとも抑圧され差別された下層民アム・ハ・アレツならびに、サマリア人、ユダヤにすむ異邦人からなりたっていた。

ゼーロータイとバプテスマ運動の二つの流派は、ともにイエスにメシアとしての期待をよせたが、両者の間の分裂から、イエスは賤民をひきいてエルサレムにいったん入城したものの、力を結集することなく敗れ去った、というのが土井氏の所論である。日本の説としてはめずらしく大胆な推論であり、分析は明快である。同時に最下層の民衆によせる著者の共感が背後に脈動していて、日本人の書いたイエス伝のなかでもっとも良質のものの一つとなっている。

福音書のなかのイエスについての叙述に確認できる事実はわずかであることはまえにのべた。したがってイエスの生涯を再構成するには、歴史学をはじめ、古文書学、考古学、民俗学、地理学など他学問の傍証を必要とする。戦後、死海写本が発見されて、聖書研究をおしすすめたのは有名であるが、こうした諸学問の成果の上にたって、アンドレ・パロは『キリストの大地』を書いた。パロは四十年ちかく近東地方の発掘に従事した聖書考古学の一人者である。彼の著書は、『聖書の考古学』『ニネヴェとバビロン』などの題名で邦訳されている。『キリストの大地』は、イエスの生涯の言行のあとを追って、その背景となる歴史と風土を、考古学、歴史、地理などの知識をとおして解説している。同書に挿入された多くのうつくしい写真が、われわれのイメージを豊富にし、また修正するのに役立っている。

（「日本読書新聞」一九六七年四月二四日）

「煉獄」の心を抱いた人の強靭さ——川俣晃自ほか編『三好十郎の仕事』

本書は、最初に「生涯からのノート」と題する彼の幼少時の断片的な思い出（大正十二年、二十一歳のときに書いたもの）がのっており、つぎに中学時代の俳句や短歌、大震災当時の手紙、そのあと雑誌や新聞に発表した数篇の詩や恩師の日夏耿之介論というように、昭和三年に最初の戯曲を書きはじめるまでの三好十郎の精神形成を知る上で手がかりとなる材料が並んでいる。

戯曲作品は「疵だらけのお秋」（昭和三年）をはじめに「熊手隊」（七年）「斬られの仙太」（九年）「妻恋行」

（十年）「幽霊荘」（十年）「彦六大いに笑う」（十一年）「地熱」（十二年）それに「おスミの持参金」（シナリオ）が収録されている。彼の作品覚書や「バルザックに就いての第一のノート」など、作品理解に役立てられる文章がそのあいだに挿入されている。「三好十郎という作家が辿った一筋の道を、できるだけ正確にたどりなおす」（巻末解説）という編集方針に立って、編者は一般の選集がとる分類形式によらず、執筆年代順にこだわらず、若年期の思い出に触れたものは、後年の文章も採録する方法をとっている。

初期のゴッホの画がいいようのないほどに暗かったように、彼の作品は暗い。出発からして、彼の精神の内面も疵だらけであったろうことは「疵だらけのお秋」という題とその内容から察し得ることである。しかし、その暗さは、強烈な外光のもとでも黒く冴えかえっている鉱石のようだ。手ごたえはずっしりと重い。

彼の作品の特性は、言葉が存在の根につながっていることである。そこには飾り気をそぎおとした人間言葉の突進がある。存在から切りはなされた言葉が、言葉は言葉として、生まにえの観念の仮装行列であったり、たんなる綾取り遊戯におわったりするのが多い新劇作品のなかで、彼の作品が奇蹟的にその臭気を免れることのできた理由は何か。

それは彼自身「幽霊荘」の作品の暗さの原因についてのべているように、満州事変がやがて中日戦争に拡大しようとする当時の日本の暗さを背景にして、彼がアナーキストからコンミュニストになり、さらにそれを捨てねばならなかったという苦悩に直面して、三好が終始「煉獄」の心を抱いた人であったことによる。煉獄にあるものは絶望することができず、しかも確信を抱くこともできない。とすれば、ひとつの疑惑を他の疑惑で打ち消し、その疑惑をもう一つの疑惑で克服するという無限の螺旋運動をつづけていくほかないが、それによって三好十郎は強靱な思考の位置を獲得したのである。

「生涯の時々において、一作一作を書きはじめ、書き終りながら右にゆくべきか左にゆくべきかとさまざまな方向を模索しつづけ……（中略）……模索と選択を繰り返しながら作家三好十郎の辿った一筋の道」という言い方で、解説者の川俣晃自がのべていることもこれ以外ではあるまい。螺旋塔をのぼるとき、一つの風景がたえず見えかくれしながら高みへとあがってゆく。そのように、彼の作品も、時間をおきながら、さまざまな主題を反復させている。曲りくねった道ではあるが、しかしそれは三好十郎にとっては「一筋の道」なのである。

彼が煉獄のなかで自ら空洞化せず作品を荒廃させなかったのは何故か。彼の疑惑の螺旋運動を下層大衆への愛が支えていたからだと私は考える。三好は「青少年時代の労働の中で、土方、線路工夫、炭坑夫、百姓などの人びととなじみになる機会が多かった」（「地熱」について）と回想しているが、彼の作品に登場してくるのは、おおむねこうした下層の民衆であり娼婦たちである。それにたいする作者三好の態度は彼らを自分の同類として受け入れることであった。

そこに三好の作品が、浅薄な左翼主義や、悪しき人道主義を超えて、今日まで残り得た原因の一つがあるが、それと同時に、彼は、引き裂かれた民衆のもつどうしようもない不条理な運命を凝視することによって、それを人間そのものの実存的な不条理へと高めた。その萌芽はすでに初期に胚胎していたことを、われわれは本書の作品をつうじて知ることができる。

（「日本読書新聞」一九六八年八月五日）

無名のヒーローへの共感――池田晧『漂民の記録』

日本に多くの文化をはこんできた黒潮は、鎖国下では船のりたちを翻弄する恐ろしい流れであった。冬の季節風が吹きまくるとちっぽけな船はひとたまりもなく、笹舟のように日付けも方向も見当のつかない大洋へおしながされるほかなかった。人間を錯乱のはて死に追いこむ孤独と飢餓という極限状況の中で生き残ることのできた漂流民の記録は何を物語るか。本書に収められるのは一年五ヵ月も漂流しつづけた督乗丸の船長重吉の記録、無人島である鳥島に二十年生きのびてついに脱出した三人の船びとたちの話、それから半世紀後おなじ鳥島に漂着し、波打際にながれよる板片をあつめて一そうの小舟をつくるのに、三年とも五年とも七年とも伝えられる年数をついやし、三百枚もの板ぎれをはぎ合わせた舟で青ヶ島にたどりついた男たちの話。さては漂流百一日目にミンダナオ島に漂着、同島やボルネオ島で八年間の奴隷ぐらしを送ったあげく、帰国した孫太郎の話。

これらは地獄図絵にみちた悪夢のような体験談であるが、だからといってアンチ・ヒューマンの記録ではけっしてなく、平常心を見失うことなく自分とたたかって勝ったものだけが生き残ったことを告げるヒューマン・ドキュメントである。絶望に直面してもおそるべき冷静さと忍耐とをもって人間らしいふるまいをつらぬいた記録は、これをたんにすぎ去った前近代の物語として好奇の目で読むのは正しくないことを私たちに訴えている。

著者は『日本庶民生活史料集成』第五巻・漂流の編者であるが、本書にはそれに収録されなかった仙台石巻の津太夫の話や肥後の漂民寿三郎の哀切な手紙にも言及している。その筆致は簡潔で、苛酷な人間記録にふさわしく、まったくムダがない。本書の底に一貫してながれるものは、科学的知識の皆無な、しかも貧弱な船を建造することしか許されなかった時代においても、庶民はけっして自然の意のままに屈服したのではなく、また人間性を放棄したのではないという無言の主張である。

みんなの心をふるいたたせながら自分のことはもっとも後まわしにしてきびしい運命に打ち克った無名のヒーローへの共感である。現代人が孤独とたたかって生きぬくための手引き書とみるとき、この漂民の記録は、人生論や宗教の入門書よりもはるかに多くのことを示唆することはまちがいないとおもわれる。

（「東京新聞」一九六九年九月二二日）

「標的」より──「朝日新聞」夕刊コラム

山東出兵の教え

「アジアの友」九十号（アジア学生文化協会刊）が奈良女子高等師範学校（現奈良女子大学）に留学していた中国人学生の山東出兵反対の檄《げき》文を掲載している。山東出兵といっても知っている人はもはや少ないかも知れないが、北伐をめざす中国の革命軍に対して、日本の田中義一内閣が露骨な干渉の姿勢をみせ、一九二七年に、日本軍を中国の領土である山東半島に出兵させたことをいう。

＊

中塚明（奈良女子大助教授）の解説によると、これに対する反応はすばやかった。岡山県の中国人留学生団体から奈良女高師の中国人留学生に反対意志の表明を呼びかけてきたのは、日本政府の山東出兵に関する声明が出たあくる日、もしくは数日のちのことであった。打てばひびくはこのことをいうのであろうか。奈良女高師の中国人留学生は「我国民苟《いやしく》も速かに起ちて反抗し、最後の決闘を為」すことを宣言した。

＊

これに対して奈良女高師の学校当局や日本人学生は無反応であった。主権をおかされる危険にある被侵略民族の敏感さとあざやかな対照をなしている。日本の軍国主義の進出に対する危惧《きぐ》がアジア各国にたかまっている今日、われわれは侵略民族の鈍感さをきびしく自省する必要があるのではないか。その痕跡《こんせき》は半世紀やそこらで消えるものではない。

（「朝日新聞」夕刊　一九七一年七月六日）

告発者の原点

「五・二八チッソ株主総会乗込み行動は総会屋と暴力ガードマンによって救われた、といっても過言ではないだろう」という書出しで、水俣病裁判支援ニュース「告発」第二十五号（水俣病を告発する会刊）が「水俣病闘争の原点に返れ」という提言をおこなっている。「甘い情況認識の上に設定された、具体性と実行力とそして何よりも不退転の決意を欠く戦術などは、茶番を通りこして危険でさえある」と警告している。

＊

この文章は、会社のやとったガードマンにむかって、むやみに手を出したらかえって損をするという皮肉な教訓をたれているのではない。一株主運動がわは、戦術的にも無策であり、思想的にもあやふやな態度で株主総会にのぞんだが、たまたまチッソのなりふりかまわぬ暴力的反応がおこったおかげで、ジャーナリズムの同情をひき、チッソ非難の目的をとげることができたということの自己批判である。

現在、公害反対運動は「多分にジャーナリスティックな性格を」もっている。「この運動からうわついたお祭り気分を一掃する必要がある」と前号（第二十四号）の「告発」は強調している。他人を告発する資格を有するものは、自分自身の内部に告発の刃《やいば》をつきつけるものである。この原則からの逸脱を自分たち仲間にきびしくいましめている点で、「水俣病を告発する会」は、告発者としての資格をまだうしなっていない。

（一九七一年七月一三日）

ふるさと喪失

「最近、国電に乗るときまってしゃれた観光ポスターを見かける。〈DISCOVER・JAPAN〉と刷りこまれた一連のポスターである」「しかし、現実の田舎はこのポスターのように美しくロマンティックなものだろうか」と「新鐘」第十七号（早稲田大学学生部発行）で、山川真紀子という人が疑問を投げかけている。

＊

彼女のふるさとは徳島県の東南部。そこを走るただ一本の国鉄ローカル線である牟岐線《むぎ》が、赤字線として問題となり、廃止されるかも知れないという現実をどう受け止めればよいだろう、と自問している。ローカル線は、それを利用する人も車窓の風景もほぼ一定している。このローカル線がバスにとってかわられるとき、住民に親しまれてきた独特のふん囲気は消え、風土ととけ合ったローカルな風景文化は消滅する。

＊

彼女はまた徳島の「阿波踊り」がすべて中央の資本の手で企画演出されるのをなげく。阿波踊りは、今日観光客のためのスケールの大きなショーに変貌《へんぼう》してしまった。八月中旬には、人口二十万余りの小都市に十倍近い人があつまるという。「そこではもう郷土的な素朴さは失われ土くささも汗のにおいもすでにない」。ディスカバー・ジャパンとはなにか。田舎から東京に出てきた多くの者が彼女とおなじ目つきで、このポスターをながめているにちがいない。

（一九七一年七月二〇日）

もう一つの世界

五体満足な日常生活を送っている者たちには、身体不自由な人たちの世界は壁にさえぎられて分らない。だが仕切られたもう一つの世界のスキ間から噴き出す光景は、私たちを驚かせる。そこには切実な問題が、思いもつかぬ複雑な様相で展開している。

＊

「ボランティア・じゃーなる」（現代ボランティア研究会準備委員会刊）七月号が訴えているのもそのことにほかならない。身障者施設の多くの看護婦たちが腰痛症のために悩んでいる。身体の不自由な人たちの排泄の世話までしなければならぬ。腰をまげる回数が家庭の主婦の十倍であるということから、身障者を看護する者が、身障者の仲間入りをしていく悲惨な現実がある。おぼれる者を助けようとして、自分も共倒れになるのと同じである。

＊

問題はどこにあるのか。同誌六月号は、身障者の福祉施設が、結局は身障者を外側の健康人の世界と隔離するための機能を果しているることを指摘している。身障者にとっては、彼らの自由をうばうこのような福祉施設は、ていのよい刑務所にほかならぬと言えるのかも知れぬ。健康だが、単調で常識的な私たちの世界の裏側に、もう一つの深い、多様な世界があることを思い知らされる。

（一九七一年七月二七日）

公害列島と鳥

トキの人工飼育は可能かという疑問を「Nipponia nippon」（動物の科学研究会刊）第三巻第四号が投げかけている。野生の世界では百羽を割ると自然繁殖は望めないと言われていることから、現在八羽しかいない野生のトキを人工飼育したら、という意見に対して、この雑誌は反対している。その理由はこれまでトキの人工飼育が成功したためしがないからだ。

＊

自然繁殖にまつべきか、人工飼育にふみきるべきかという議論は、手術しても助かる見込みのほとんどない患者を前にして、医者同士が取りかわすやりとりに似ている。

＊

トキに限らない。日本産コウノトリも最後の一羽となった。埼玉県浦和市野田のサギも、近年は農薬や排気ガスの影響で減少しているという。沖縄では世界的珍鳥とみなされるノグチゲラが山林伐採やアメリカ軍の演習のために絶滅寸前に追込まれている。宮古群島の伊良部島にパイロット訓練場ができたら、ユリワカ伝説でなじみ深いサシバ（タカの一種）も飛ばなくなるだろう。エコノミック・アニマルよりは、こうしたかれんな鳥たちこそ日本列島の真の主人公ではないかと考えている筆者にとって、ニッポニア・ニッポン（トキの学名から取ったそうだが）とは、いみじくもつけた誌名と思われてならない。

（一九七一年八月三日）

自衛隊の沖縄配備

全日空機と自衛隊機の空中衝突は、これまで隠されていた自衛隊の本質を国民の前にさらけ出すことになった。自衛隊がはたして国民を守ってくれるためにあるのかという疑問は、沖縄への自衛隊配備に対する通切な疑問にもつながる。「青い海」第一巻第四号（おきなわ出版刊）が「自衛隊の沖縄配備をめぐって」を特集している。

＊

これをみると沖縄側は自衛隊配備に不安と警戒心を捨てていない。米軍にかわって日本の国土を防衛するという自衛隊側の主張にもかかわらず、沖縄は戦争中のにがい体験を忘れていない。沖縄戦では沖縄本島とその属島の沖縄県民が三人に一人は死んだ。しかも日本軍は沖縄県民に目をおおうような残虐行為を平気でおこなった。

＊

沖縄県民の納得できる説明がないままに、自衛隊の沖縄乗込みが強行されようとしている。自衛隊が沖縄を守るために進駐するといったところで、それを信用する沖縄県民がはたして何人いるだろうか。もしそのことを深く考えないとすれば、自衛隊はあまりに無神経で、楽観的すぎると言わねばならない。

　沖縄を背負ってアジア近くなり

これは「青い海」が紹介する自衛隊員の作った川柳である。自衛隊の目がどこを向いているか、これでも明らかであろう。

（一九七一年八月一〇日）

時代と想像力

日常の社会生活では、ささいなことがらがかえって重要である。「私、外からよく自分の会社へ電話をかけてみますがね、交換手の応対のいい悪いは、ファースト・インプレッションとして非常に大事なことですね。自分の会社の水準がよくわかります」と、日興証券社長の渡辺省吾が「ダイヤル」（ダイヤル社刊）八月号で述べている。

＊

会社の交換手の責任は、賃金や地位に比べて重大だということになるが、さてこれはどういう理由によるのだろうか。それは交換手の姿が見えなくて、声を通して判断するほかないからだ。つまり想像力を働かせる領域がそれだけ大きいのである。テレビ電話が実用化したら、こうしたことは解消してしまうに違いない。

＊

かつて電報が想像力を刺激した時代があった。今の中・老年層は、電報配達の声を聞いただけで、不吉な思いが一瞬かけめぐり、胸さわぎした経験を持っている。しかし雑誌「ダイヤル」によると、電話が普及するにつれて電報の性格が変ってきたという。昔は「チチキトク」などといった緊急電報が多かったが、このごろでは全体の三％ほどしかなく、その大部分は商業電報と社交・儀礼的な慶弔電報だそうだ。しかし電報につづいて電話ももはや想像力を刺激しない時代が来るにきまっている。これは人間にとって進歩なのか。もしくは後退なのか。

（一九七一年八月一七日）

孤独な認識者の目

県民不在の返還協定に反対する沖縄現地の声は、一九七二年復帰をひかえて異様に高まっている。しかしこのときほど、一方では冷静な沖縄の目が必要なことはないと思われる。沖縄の作家大城立裕が「がくせいつうしん」（三省堂刊）八・九合併号に次のことを書いている。

＊

「日本の原型をもっているといわれる沖縄が、戦後アメリカ文明と二五年も接触してきたというところから、日本文化の創造発展のために独特の意味をもつはずである、ということを自覚しているひとは、きわめてすくない」しかし「沖縄でも本土でもこれを認識するならば……本土から沖縄を同情の眼でのみ見ることの誤りであることをも知り（事は沖縄だけのことでなく、日本文化の問題であるからだ）、また沖縄から本土のひとに、『理解を、理解を』とヒステリックになることからも解放されようというものである」。

＊

ひところ沖縄に対して「同情でなくて理解を」ということばが言われたが、大城はさらに「単なる理解よりもいっそう正確な認識を」と呼びかけているようにみえる。そのためには沖縄内部の文化を掘下げることを、まず沖縄人に求めてやまない。熱い情念のうずまく沖縄では、大城のように孤独な認識者は貴重である。彼のドライな反状況的発言は反発を受けやすいが、懐疑精神の旺盛なこのさめたリアリストの目に期待するところは大きい。

（一九七一年八月二四日）

参観日の「父と子」

「『参観日』に教室で見る娘はなんと私自身の幼い日に似ていることか。手をあげようか、あげまいか。先生にあててもらいたくもあり、もらいたくもなし。違っていたらどうしよう――。〝肩のへん〟どころか、脇腹のあたりで、ハムレットのような手が迷っている」。これは「家庭と教育」（東方出版刊）九月号にのったある父親の文章である。

＊

同誌で、別のある父親は、授業参観をしたのは子どもの一年生の始めと六年生の終りの二回だったと書いている。それは幼稚園時代から「親が見に行くことを好まない」ハニカミヤの子どもの心を尊重したい気持からだった。この父親は六年生の終りの参観日の様子を次のようにしるす。「自分の子どもに対する期待と不安の入りまじったおかあさんの顔、自分の小学校時代の姿を目の前の子どもの姿から投影されて、苦笑をかみ殺したシブイ父親の顔が廊下にまではみ出していました」。

＊

参観日の是非はともかくとして、ハニカミヤの子とハニカミヤの父親とが参観日にうろうろと落着かないでいるのは、どこでも共通にみられる光景である。だが、学校でわが子と対面することにためらいのない大方の母親のほうは、参観日が苦痛でしかない「父と子」のこうした気持はわからないようだ。母親を責めているのではない。父と子、母と子の関係のちがいを言いたいのである。

（一九七一年八月三一日）

私は見た……

「私はあの患者の顔を忘れることはできない、初めて往診に招かれたとき……脈をみようとして手をとると持ったところがポキリと折れた。あわてて手をはなしたが、患者は『イタイ、イタイ』と絶叫した」。

この「私」はイタイイタイ病を告発した医師の萩野昇である。「健康会議」一一六八号（医療図書出版社刊）によせた彼の一文は「今まで大学で習ったこともない、また医学書で読んだこともない悲惨さ」にはじめて接したときのおどろきをつたえている。

＊

萩野でなくても、さわった人間の身体が枯木の枝のように折れるなら、衝撃を受けずにはすまない。ただ萩野は、それまでの経験や知識ではかれない「悲惨さ」に固執した。見たものにひたすら忠実であろうとするひとりの田舎医師の勇気が、多くのものを救った。

＊

「現地に一度も歩をはこんだことのない学者、イタイイタイ病を一度も見たことのない学者、これらの御用学者が、鉱毒説をもみ消さんとしている」ことを萩野は指摘する。このことは、世の中には、見なければわからない悲惨さがあることを告げてはいないか。萩野は見た。「全身数十ヶ所の骨の折れた患者が、アクロバットダンスをしているような恰好でうごめいていた」すがたを。彼はおなじような患者たちをつぎつぎに見た……。

（一九七一年九月七日）

変身への願望

町かどや電車のなかで、モトの顔が推測できないほど化粧した若い女に出会って、なんとも無気味な不安感におそわれることがある。化粧の本質はモトの顔を引立たせるのではなく、変身術の一種だといわれてみると、変身への欲望はだれにでもあるだけに、なんとなくわかった気になる。ところが問題はまだそのさきにひかえている。

＊

「さろん」（さろん出版刊）九月号に詩人の富岡多恵子は書いている。「上等のフランス人形のような長いマツゲをつけ、それこそお人形のような大きな目になるために隈取りし」ても「本人がそれによって人形の世界に生きなければ変身ではないのだ」。だから「わたしは変身のプロである役者というのは、なんともおそろしい存在に思えて、ことに女優なんていうとたいへんコワイ」。それは年齢や立場を問わず、どんな役にも変身できる人たちのコワサである。

＊

変身とは自分でない他の何者かになることであり、複数の自己を同時に存在させることである。女たちのかつらや、つけまつ毛や整形手術とおなじように、蒸発や陶酔や推理小説の流行は変身への欲望から生れる。現代社会はこの傾向にいっそう拍車をかけるだろう。なぜなら、自己が自己でない（自己疎外）ことからのがれるために、自分を変えて、真の自己にめぐりあいたいという衝動に事欠かないからだ。

（一九七一年九月一四日）

甘い生活

現代風の食物の特徴は昔風にくらべて「甘く」「やわらか」であるという柳田国男の説を杉浦明平は具体的な食物の話の中で展開している（「食の科学」第一号、日本評論社刊）。彼の文章をよむと、しだいに気持がわるくなってくる。もとより杉浦の文章のせいではない。その話の中に登場するかずかずの食物が、いかにも「甘く」「やわらか」なせいである。

戦後の酒が甘くなったことは、多くの辛党を失望させている。ビールも例外ではない。そばやうどんの「つゆ」の甘さに閉口するのは杉浦だけでない。くだものもいっせいに甘くなった。野性の味である酸味を取ってしまうことに努力をかたむけているからである。杉浦は言う。「戦後大衆の嗜好をつかんだ業者は、その舌におもねって甘いものを提供し、甘さにならし、それによってますます甘味への傾向を強めていく」。

＊

これは食物にかぎらず戦後文化の特徴ではないか。人間の精神は「辛く」「かたい」抵抗感を愛することをとおして強められる。この平凡な教訓が忘れられたとき「甘く」「やわらか」な文化への、なだれ現象が生れる。甘ったるい生活は、自然の野性味を捨てて、かえりみない。しかし、口あたりのよいものは、けっして真の文化の名に値しないことを、今一度考えてみる必要はないだろうか。

（一九七一年九月二一日）

どろんこ公園

都会人にかぎらず日本人の生活は土を離れ土をいじる感覚を失いはじめている。素足で大地を踏むよろこびをよみがえらせる必要がある。平和への一歩は平和をさけぶ前に、こうしたところから始めねばならない。そしてそのためには、小さい子どもの時から土をいじる感覚がどんなものかを教えておく必要があるだろう。

＊

「保育のちえ」（学習研究社刊）十一月号は、子どもたちにねん土遊びをすすめている。「ねん土は、押せばへこむ、引っぱれば伸びるというように、自分の思い通りの形やものを作ることができます。たとえ失敗しても、やり直しは簡単。形からいろいろなものを想像したり自分でものを作り出す力を育てるのに、大いに役立ちます」と解説している。コンクリートの壁や堅い舗道は子どもに何を教えるか。思い通りにならず、やり直しのきかないことだけを思い知らせるのではないか。そうして育った子どもがしあわせと果して言えるだろうか。

＊

できれば「どろんこ遊び」のほうがさらにいい。「服もくつも、手も足も、そして顔までドロだらけにして夢中で遊ぶ。終って帰るときの気分そう快さは、たとえようもないほど」。そうだとすれば土に接触するよろこびを持たない都会の子どもたちのために「どろんこ公園」を作る必要がないだろうか。子どもたちのよろこびは、土を離れてはないはずだ。

（一九七一年九月二八日）

世相を映す三行詩

三行広告くらい単純で無味乾燥なものはなさそうに見える。しかしそこには世相を反映する「詩」が意外に漂っている。「言語生活」（筑摩書房刊）九月号で山中正剛が三行広告を紹介している。そのなかから幾つか拾ってみると、こんなのがある。「嫁度廿四高卒女芸支度十分有高聞の令嬢極上品美人」「求妻四〇帝大出無係累資産数十万。月収千円洋行帰好紳士」。このうさん臭い広告はどちらも昭和四年のもので、「理想的」な良縁を求める男女の欲望が熾烈《しれつ》でありながら、その機会の得られにくかった社会を映し出している。

あわれなのはいつも子ども。「女児血正体健美児慈愛深き方へ差上度し」（昭和三年）、「男児生後一ケ月血正体健御面談の上慈愛深き方へ差上たし」（昭和五年）。これは昭和初頭の不況時代の「詩」にとどまらず、「軍用双眼鏡豊富取揃」（昭和十七年）のころまで続く。

＊

「語」がしばしば「騙《かた》り」に通じることを山中は指摘している。だます者とだまされる者との協力関係がこうしたあやしげな広告を成立させる。その仲介者は「時代」である。最近の広告は「明るい」「豊かな」「美しい」という形容詞をふんだんにちりばめているが、これとても庶民のせっぱつまった欲望がいまだにみたされていないことを裏返しに示すものだ。ともあれ、世相を鋭く反映する三行広告という短詩で、現代史の一面をつづることは可能である。

（一九七一年一〇月五日）

「あお」の世界

交通信号機の緑色を「あお」と呼ばせることは子どもの不審を招くというので、最近は信号機の緑色が青色に変りつつあるという。しかし「あお」が緑であることには相応の理由がある、と富家直は「国際文化」（国際文化振興会刊）九月号で言っている。富家のあげる理由というのは「安全色彩使用通則」に緑は「安全」「進行」「救急」「救護」を表示し、青は「用心」を表示すると定めてあるからだ。また青を緑と同じ明るさに見えるようにするためにはより多くのエネルギーが必要である。いきおい青光は緑光よりも暗くなりがちであり、見にくくなってしまうことがある。

＊

しかしそればかりでない。日本語は古来、「あお」の中に緑色をふくめてきた。むしろ緑色こそが「あお」の中核であった。それは「あお」が植物の成育に深い関係があるからだ。ここで富家は、常見純一のおこなった沖縄調査の成果にもとづいて「あお」は生、「あか」は死を意味するという。「き」いろは生にも死にも属する。

＊

「あお」が生、「あか」が死、「き」が生と死に両属することは、交通事故が激増している今日、力説するまでもなく、だれでも肌で知っている。とすれば、平和、安全、安息を象徴するだけでなく、また植物のみどりをも表現する緑色を、信号機の交通標識からはずすことは再考に値する。

（一九七一年一〇月一二日）

国土はだれのもの

日本列島の自然破壊が急速に進んでゆく中で、地域住民の抗議が目立つようになった。これらの抗議の声のゆきつくところは、国土はだれのものか、という一点にしぼられる。観光業や工場が私権をふりまわすとき、その私権そのものが問われなければならない。

＊

「国立公園」（国立公園協会刊）第二六一、二六二号で浦松佐美太郎が「上高地を中心とする北アルプスの山岳地帯が、国立公園に指定されたとき、私はこの上なく嬉しかった。……ところが現実はそれとは反対で、国立公園になったがゆえに有名となり、あとからあとから美しい林の木は切り倒され、ぶざまな建物がひしめき、今日のような無残な風景になってしまったのであった」となげいている。浦松はさらに「指定をするのが国立公園行政で、指定してしまったあとは利権屋まかせというのでは、国立公園の法律を作った目的はどうなったのかと言いたくなる」といきどおっている。

＊

どの県政も「開発と保護との調和」をとなえている。これを「業者と地域住民との調和」とおきかえてみるとき、両者の調和が果してできるだろうか、という疑問をもつ。世に観光業者ほどセンスにとぼしいものはいない、と言えるほどに自然景観の破壊はひどい。法律の規制も必要だが、そのまえに、日本の国土はだれに属するものか、この問いの究明があいまいに放置されることは許されない。

（一九七一年一〇月一九日）

「無為」の効用

朝起きて新聞をよみ、夜テレビを見て寝るまで、現代人は日常の時間の連続の中にいて、そこから抜け出すことはない。しかし時たまだが、自分の存在が家庭や職場などの日常の時間の外に投出されていることを感じることがある。そのとき、たとえば一所不住の放浪の俳人であった尾崎放哉《ほうさい》の無頼な生き方が非常によく分る。

＊

「小浜市史紀要」(小浜市史編纂室刊)第二輯に、放哉が小浜市の常高寺に住みこんでいた寺男のころの紹介がある。筆者の岸部光宏によると、放哉はそこで五十日間をすごし、彼の句集に六十三句をのこしている。

寺に来て居て青葉の大降りとなる
するどい風の中で別れようとする
乞食に話しかける我となつて草もゆ

＊

何気ない句ばかりだが、現代の最先端に生きる思想をしのぐすさまじい速度をもっているとみることができる。

今日来たばかりで草ひいて居る道をとはれる

この句は、時代の落後者とみえた放哉に、いま道をきく多くの人びとがあることを物語っているようにも受けとれる。「無為」の中に人生を終った放哉が、多忙な社会の人びとに道を聞かれる時代となった。自分を見詰めるのがイヤで、「仕事」にかまけることの少なくない今日である。

(一九七一年一〇月二六日)

あるエピソード

三島由紀夫の一周忌がそろそろ近づいた。「月刊新信州」十月号に、東京都内で料理店をいとなんでいるという吉田吉之助が三島の思い出を語っている。

＊

それによると、三島はとても味にやかましい、扱いにくい客だったらしい。三島に出す肉は特に吟味するのだが「ちょっと焼き過ぎるとナイフを入れたまま食べずに金を払って帰ってしまう。もうこないかと思うと、二、三日たってくるんです。ですから、そういううるさいお客がくる店でないと、料理人も給仕人も腕が上がらない。三島さんのお陰でたいへん勉強になったわけですが、彼はそういう点、料理屋とのつきあいを心得ていた。ナイフを入れて、さっと帰ってしまうところなどは、なかなか味がある。道楽者ですけれども、相当な極道者でした彼は（笑い）……」。

＊

食通三島の一面をうかがわせる話だが、現代の武士道の鼓吹者でかつ実行者であった彼は「一汁一菜」の質素なくらしを旨とし生きたかつての武士たちとは大分違っていた。戦後文学の騎手で、ノーベル文学賞の有力候補、一方、映画の自作自演、歌手、親衛隊の結成と閲兵などマスコミをたえずにぎわした。戦後思想の空虚とギマンに堪《た》え得なかったというのは、まぎれもなく三島の本音である。だが、彼なりに脚光を浴びた戦後生活を享受《きょうじゅ》しなかったはずはない。とすれば、彼の痛ましい最期は、美食の果ての死という気がしないでもない。

（一九七一年一一月二日）

進化の袋小路

人間を含めた動物には、おなじ種の個体どうしが反発しあう攻撃という行動がある。たとえば熱帯の海に棲むチョウチョウウオは自分の仲間と戦う。しかし、この攻撃的な動物はどんなに激しく戦っても、相手を殺すことはない。「彼らは相手の致命的なところはねらわないし……その和平の身ぶりをしている者に対しては、どんなに怒り狂っている者も襲いかかることができない。……これを守らない者たちの数が増せば、たとえ自分たちは生き残ったとしても、種全体の数は減っていき、やがてその種は滅び去る」と「月刊百科」(平凡社刊) 十一月号で久保和彦が書いている。

＊

「そういう進化の袋小路へ迷い込んだ種」の例として、久保はドブネズミやハツカネズミをあげる。これらのネズミは「大家族が集団をつくって暮らしていて、匂いによって、同じ家族のメンバーであることを確かめ合う。もし別の集団のちがった匂いをもつメンバーがまぎれ込むと、追い払われずにいきなりかみ殺されてしまう」。その原因とは何か。

＊

「ネズミは、異った党派の仲間を倒す能力が種内で進化してきたために、こうした結果を招いているのである。わたしたち人間に働いている淘汰は、このような種内の競争ではないだろうか」と久保は指摘する。人間には「生物の種としての未来は保証されていない」とする久保の警告は「攻撃の狂ってしまった機能」を取りもどせないでいる人間社会の中で、今後いっそう有効性をもつと思われる。

(一九七一年一一月九日)

政治のフィードバック

沖縄では水不足で困っているが、水がなくて一番困ることは何かと問われた中学生が、トイレの水がなくなって困る、と答えたというエピソードを引きながら、「現代教育工学」（明治図書出版刊）十二月号で岸俊彦が、水の欠乏が生命の危険につうじることを感じ得ない本土の日本人の盲点をついている。

＊

水や空気とおなじように人間の生命に不可欠のものでありながら意識されないものにフィードバックがある、と岸は言う。フィードバックとは、岸の説明によると「トーフをハシでつかむのはむずかしい。強くつかめば、トーフが切れてしまうし、弱ければ、トーフがハシから落ちてしまう。トーフが切れず落ちない、ちょうど良い加減の筋肉の緊張を大脳に知らせる」ことである。フィードバックがなくなったら「多分、一歩も歩けなくなり、ものをつかむこともできなくなる。話そうとしても、おかしなカン高い声になるかも知れない」。

＊

今の日本の政治にもっとも欠けているのはこのフィードバックの機能である。それを意識していないという点では、沖縄の水ききんからトイレの水不足しか考えない中学生と同然である。沖縄返還協定に反対する沖縄現地の声は政治のフィードバックを求める声である。やり直しも修正もきかないもの、それは真の政治ではない、ということをアメリカも中国も日本に教えている。沖縄の叫び声は今水ききんのときの水を求めるものの声だ。

（一九七一年一一月一六日）

そこをなんとか

日本人同士のあいまいな人間関係は日常生活の場ではかならずしも悪徳とはいえない。しかし、情緒的に相手を「分っ」たり、相手から「分られ」たりする関係は、国際的には通用しない。アメリカが日本の窮状を「分らず」あくまで自国の立場を押しつけてきたり、中国に「分ってもらえる」つもりの保利書簡が突っかえされたりする。

＊

「グループ」（日本信販KK刊）第一号の座談会で加藤秀俊はいう。

「『そこをなんとか』って言葉があるでしょう。日本の実業家なんかが貿易で『今はドル不足ですから、これキャンセルします』なんていわれると、『そこをなんとか』って。『通訳しろ』といわれて、通訳する人だって困るっていうんです。どうにもならない。日本国内だとね、『そこをなんとか』でいくでしょう、大抵のことは……」。

大抵のことはうまくゆく。沖縄返還協定の強行採決にたいする与野党のなれあいが取沙汰《とりざた》されている。自民党が「そこをなんとか」といって、野党の同意をとりつけたのではないか。野党もあくまで政策をもってあらそわず、相手に貸し借りの関係をつけるつもりで動いたのではないか、という疑惑がある。政治家だけの取引で、国民はなんのことか「分らぬ」まま、その法案を押しつけられようとしている。政治の場での論理を抜きにした「そこをなんとか」は明らかに悪徳である。

（一九七一年一一月三〇日）

合図する色

色彩が〝音楽〟的効果を持つことが生活の中にどれだけあるだろうか。最近の洗剤の中には、ピンクの色素粒子が、溶けたとたん、水がブルーに変るという視覚的演出をほどこしているが、せんたくが進み、洗浄力が下がると、そのブルーが脱色されて無色になるものがある、という。

＊

このことに触れて「色彩情報」（カラープランニングセンター刊）二十五号は「合図する色」という題で、その洗剤の特性を紹介している。これまでも「水に洗剤を溶かすと水全体がブルーに変るものとか、見た目には白い洗剤が水に溶けた瞬間、パッと青くなるという色の演出をねらった例があった。しかしこれらの例は視覚の心理効果を利用してはいるが、色を機能として使う点ではネガティブな使い方といわざるをえない」。それに対してその洗剤は「洗滌力の低下状況をブルーの色が消えるという視覚的なチャイム――つまり警鐘として応用した処に画期的な着想の新しさがみられる」という。

＊

これは、洗剤が水に溶け、よごれが落ちるまでの時間を、色彩の変化に結びつけたものであると言えよう。つまりそこでは、夕焼け空のように、色が時間の経過を知らせる〝音楽〟としての役目を果しているのである。

（一九七一年一二月六日）

開発という名の収奪

長野県下伊那郡南信濃村および上村は遠山地方と呼ばれるわびしい山村であった。その遠山で、昔から伝わる旧暦霜月の祭が今たけなわである。「冬くると　たれが告げつら　北国の　しぐれの雲に　乗りてましますと」。これは霜月祭の神楽歌である。きびしい冬を迎える前のおよそ半月、遠山の各村々は祭の熱狂の渦にまきこまれる。

＊

この遠山地方には南北に貫く古街道があったが、東西に結ぶ道は容易にひらけなかった。大正の中期ごろまでは、冬の積雪期には馬方が日用物資を馬の背に積んで往復するほかなかった、という。「伊那」（伊那史学会刊）十二月号によると、遠山までトラックの通行が可能になったのはようやく昭和十六年。下伊那の中心である飯田と遠山を結ぶ赤石林道が開通したのは、やっと昭和四十三年になってからである。「遠山谷に木霊《こだま》するエンジンの音は、まさに遠山谷に交通革命をもたらしたといえよう」と、林登美人は同誌に書いている。

＊

しかし、こうして半世紀を越える地元の努力の結果、やっと開発された交通路を通ってマイカー族がレジャーのためにどんどん遠山に入りこんで来る。遠山川の豊富な水も他県からねらわれている。地元の熱望にむくいる利益の還元率があまりに少なすぎるのだ。へき地や辺境の開発が地元のためになるどころか、中央集権主義を促進させるだけに終ることが多い。開発という名の収奪が行われないように監視するのは、地元の義務であろう。

（一九七一年一二月一四日）

歌による対話

「戦さ世に当て　帰らん道や　生き抜くる妹の　体　お願《ね》げ」これは今度の沖縄決戦で戦死した沖縄の学徒兵の遺書に記されていたものである。この学徒兵は最後の思いを沖縄独特の琉歌に託したのであった。沖縄では今でも即興の琉歌を作ることがさかんである。「毛遊び」と称して、若い男女が野原や海岸で即興の琉歌でかけあいをする歌垣が終戦後まであった。

＊

この琉歌について、土橋寛は『日本庶民生活史料集成』第十九巻月報（三一書房刊）の中で「古代の中国や日本の歌謡から、現在の東南アジアの民謡に至るまで普遍的に見られる歌掛き的な対立構造の伝統が、沖縄の古い民謡を経て琉歌にも流れ込んでいるのではあるまいか」と述べている。とすれば古代アジアに共通な庶民の感情の形式は、現在の沖縄にも脈々と流れていることになる。それは沖縄ばかりではなかった。

＊

土橋はさらに、秋田県仙北郡六郷町でおこなわれる掛け唄大会や、六郷町に近い金沢町（今は横手市に編入）で、かつておこなわれていたという例を挙げる。金沢町では若い男女が、八幡宮で夜通し歌を掛け合い、娘たちはこれに参加しなければ、嫁にゆかない習慣だったという。だが、このような集団生活の人間くさい感情のざわめきは、断絶や孤立をうたう今日の和歌や俳句にはもはや見られない。歌による対話を、もう一度日本の伝統的な詩形式の中によみがえらせる必要があるのではないか。

（一九七一年一二月二一日）

アイヌの叫び

北海道には何万かのアイヌ系日本人が北方の流砂のように住んでいる。アイヌといえば熊祭《くま》とか踊とか熊の木彫とかを連想しがちである。しかし観光客のためにのみアイヌが存在するかのような誤れるイメージが、心あるアイヌ系日本人をいかに苦しめているか。

＊

「日高文芸」（盛時計店刊）第九号は、鳩沢佐美夫の遺稿を掲載している。その中で鳩沢はいう。「ぼくは是が非でも観光をアイヌ俗化ときめつけ誅断を下すものではない。ただアイヌ古来の民族文化というものをなんとか定義付けて永劫の擁護を図りたい。現状のまま放任されることは非創造的で怠惰な民族としての汚名に甘んじなければならないように思う。その顕著なあらわれは今日のアイヌ系住民の貧しさの強調と、観光地での媚びではあるまいか。……そこにこそ、人間性の喪失と無視の〝差別〟の原点がうかがえるのではなかろうか」。鳩沢は観光用アイヌであることと同時に、学者の研究用のアイヌであることも拒絶する。そしてアイヌ自身の内部の奮起と創造の火をつよく求めるのである。それは今年の夏三十五歳の若さで死んだアイヌ人鳩沢の最後の叫びであった。

＊

国も名も家畑までもうしなうも　失わざらむ心ばかりは

これはアイヌの歌人向井八重子の歌である。ちなみに、ここに云う「国」は「日本国」ではない。アイヌの国、すなわちアイヌモシリである。

（一九七一年一二月二八日）

闘いの日常的根拠地に――水俣病センターの任務

患者の生活の場

水俣病患者の自主運営による水俣病患者のためのセンターを水俣の地に設立する計画に私は賛同します。ミナマタの名前は今や、その限りない不幸さによって、世界的に有名になりました。加害者であるチッソ資本の兇暴さと日本政府の無理解がミナマタの名前を世界中に知らせるのに役立ちました。だが私にはそれが水俣病患者のひとりびとりにとってよろこばしいことだとばかりは、けっしておもえません。どのように世界中の同情の眼があつまろうとも、失なった身体と心とをもとにもどすことはできません。むしろ水俣病になった人たちは、世間に引きずり出されるのではなく、ひっそりとくらしたかった人たちでしょう。私は、センセーショナルな見出しのない新聞を作ることを、新聞編集者は目標とすべきだとかねがねおもっていますが、それとおなじ意味で、不幸だけが事件となる現実の風潮にたいしてはどのように警戒してもしすぎることはないと考えます。

水俣に生き、水俣を生活の場と考えた人たちが、水俣の中にくらす場をこれから作ることに協力することが、水俣病に関心をもった私たちの仕事とおもえます。なぜセンターを水俣におくかということは、水俣病患者の生活の場が水俣にあるから、ということの上に、これからもあたらしく水俣病患者に認定された人たちが水俣周辺にどんどん出てきているからです。胎児性の患者の可能性も強く残されているとすれば、数世代、つまり半世紀か一世紀は水俣病は地上に存在することになります。水俣病はいまなお活火山の状態にあるのです。新旧の水俣病患者たちの連帯がどうしても必要です。こうした不幸な可能性にたいして、私たちはとうぜん対応と配慮とを考えるべきでしょう。

もう一度水俣へ

水俣からミナマタへと水俣病告発のたたかいが全国的なひろがりをみせるなかで、実在としての水俣は、しだいに象徴とかわり、記号と化していくようにみえます。ミナマタが符牒となるときに、水俣病患者の生活者としての視点は欠落します。また怨念という日本的な伝統心情を逆手にとって突きつけた運動も、その心情を強調するだけではいつしか風化をともなわずにはすみません。水俣病には関心をよせながらも、心情の肥大症にはなりたくない、という人たちもいるとおもいます。そしてこれらのことは、渡辺京二さんや松浦豊敏さんはじめ告発の会の人たちが、再三警告ずみのことです。むしろ水俣病闘争を他の公害闘争から引きはなす特色はそうした自省の上に成り立った運動であったし、これからもある、ということでしょう。悪しき代行主義の陥穽にたいして水俣病闘争ほどに鋭敏な運動はないということができます。

どのようにするどい告発も患者の不幸を救うことはできない、という自覚をもつ果敢な告発運動が水俣病闘争であるとすれば、支援者の目と心とが水俣病患者の人たちの生活をどのように再組成するかという方向にたちむかうのはきわめて当然です。水俣病が起らなければ地縁や血縁でむすばれて生涯をおくった人たちが、水俣病のおかげで自然の紐帯から切断され、放り出されました。しかし根こそぎにされた人たちは、自然の紐帯にかわるあたらしい紐帯を手に入れました。たまたま、そこで生まれ、そこでくらしてきた自然の風土としての水俣が、患者どうし、あるいは患者とかかわりあいをもつ人たちとの結束によって、必然的な風土と変りました。水俣の名が象徴と化するというのは、それが一つの名辞となることではけっしてなく、水俣という風土が偶然のものから必然性をおびたものへ、実在しつつしかも二重の意味をつよめてきたことにほかならぬと私は考えるのです。ミナマタという象徴的風土にセンターが設けられるというのは、これまで遠心化の方向をたどってきた水俣病告発支援闘争をもう一度ミナマタに求心しようという試みでもあると私は理解しています。いわば、それは非日常的生活を強いられてきた水俣病患者の日常的根拠地の役わりを果します。したがってセンターは象徴的な存在であると同時に、現実的な生活の場でもなければならないと考えます。その具体的な内容については多くの人たちの多くの意見があつめられることでしょう。古い木の葉が落ちて新芽がめぐむように、水俣病闘争も一ヵ所に停滞することなく、古い時間の衣をぬぎすてるための準備をする必要があるようにおもえます。

生活者の闘い

水俣病闘争は、それをとおして社会の変革をめざす政治闘争ではけっしてなく、人間の復権を相対死（心中）の論理をひっさげて加害者の、相手にせまる運動だといえます。したがって加害者が暴力をもって打ちのめそうと、あるいは陰謀をたくらもうとも、それが所詮ムダであることを思い知らせる運動です。それと同時にさまざまな縁によってつながった人たちの友情の党でもあります。このフラターニティはすでに、原始キリスト教徒のまねびを実行した花岡山バンドにおいて、あるいは神風連において色濃くみられたものでしたが、水俣病告発闘争の運動が、これらの友情のつどいの伝統を意識し、また激越なたたかいを果敢にたたかった大正炭鉱闘争の思い出と無縁でないことは、さまざまな人たちが印象として述べているところです。ただこれらの先駆的運動とちがうところは、水俣病闘争が思想運動として完結することを許さぬというところにある、と私は考えています。つまりそれはあくまで身体不自由な、生活者のたたかいだからです。センターが必要であるというのは、水俣病に関心をよせる私たちにいわば逆説的な形で強制された課題である、と私はおもいます。

（水俣病裁判支援ニュース「告発」第三七号、一九七二年六月二五日）

国家を潰しても自由はこない——大沢正道『ロマン的反逆と理性的反逆』

かつて、何物も信じない盗賊団がいたという話を、なにかの本で読んだことがある。その盗賊は何物をも信じないでも、腕力だけは信じたにちがいない、と書いてあったことをおぼえている。

私はアナキスト大沢正道の本を読みながらそのことを思い出した。というのも、彼は暴力の初体験を本書のなかで考察しているからだ。一九六七年の暮れのことだが、「ぼくは、勤務先の近くの路上で、組み伏せられ、一方的に殴りつけられる、という不運な事件に出会った」「時間にすれば数分にすぎないこの体験のなかで、ぼくは、いくつかの想像外の、不思議に出会った」「まず最初に、ぼくは加害者が殴りかかってきたとき、殴りかえそうという衝動に駆りたてられなかった」「加害者が、ぼくの顔や頭をやむことなく殴りはじめたとき、いま一つの不思議が起こった。いまでも鮮明に記憶しているが、そのとき、殴られることの快感とでもいえるような感覚がぼくの体のどこかしらを走っていた。それは、最近ではめったにみられなくなった自然のままの自然の素顔に接したときの感覚に似た、一種の自然的存在への回帰感であった」。

暴力否定論者ではないと明言している大沢が、自分の身に受けた暴力をどのように理解しているかの興味ある告白が、こうしてつづいてゆく。「それは動物感覚への回帰である。しかし、動物感覚への回帰ということは、人間の動物への後退を意味しない。まったく逆であって、むしろ人間の人間への復帰を意味しているのである」。

こうして、大沢は暴力を肯定するのだが、それはどうやらなぐった相手の暴力に対して、というよりは、なぐられた自分が受けた衝撃の快感に対してというのが真実のようである。大沢はここで、戦後民主主義は暴力のすべてを否定し去った、それが偽善と欺瞞と退廃を生んだ、と述べているが、大沢のこの指摘は私的体験にもとづく反省なのか、一般的反省なのか不分明である。

謙遜についてつつましく語るのはむずかしい、とはパスカルの言葉であるが、暴力について、活気にあふれて、たとえば大杉栄のように語るのはむずかしい。大沢はその点あまり成功していない。読者はなんとなく腑に落ちない、あいまいな気持のまま取残される。

さて、本書の題名となっている「ロマン的反逆と理性的反逆」の内容については多少の説明が必要である。抑圧されたものは、その現実とは無関係に、自分の主観のなかで、敵を粉砕する武器として賛美され、美化され、一つのロマンに仕上げられる。このロマンを最後のよりどころにして敵に反逆するものを、ロマン的反逆と大沢は規定している。大沢によれば、ロマン的反逆は詩人の萩原恭次郎に代表される。しかし萩原は後年、日本の帝国主義戦争を賛美する詩を作って終った。それはなぜか。ロマン的反逆を克服できなかったからだ、と大沢はいう。

つまり、これまでは抑圧と自由というかたちで問題が提出されたにすぎなかった。しかし、国家という抑圧物がかりに取除かれたとしても、人間の心は、結局国家、もしくは国家の類似物へと回帰してゆかざるを得ない。その世界史的な例がロシア革命であり、個人的な例が萩原恭次郎である。その意味で必要なのは抑圧と自由との中間項を認めることだ、と大沢はライヒの説を借りて主張する。この中間項は、ライヒによると「サディズム、貪欲さ、好色性、羨望などで構成される」反社会的な層である。

だから、そのような中間項を度外視して最深層の自由な衝動がいっきょに国家という抑圧物を取除くわけにはゆかない、と大沢は考えるのである。むしろ、この度外視された中間項ないし中間層を逆に利用したとき、権威主義は再生される。つまり中間層の反社会的性格を、秩序のなかに巧みに取入れるとき、そこにファシズムが誕生する。ロマン的反逆は挫折せざるを得ない。

こうなると、理性的反逆に頼るほかないのだが、その理性も往々にして秩序社会の権威づけの道具に使われる。そこで大沢は、客観的理性が必要であるとして、「自然な生命の過程に内在している律動に耳を傾け、その光に導かれるほかに道はない」ことを力説するのだが、客観的理性がどのくらい実現されうるかということになると、彼自身おぼつかない、と告白する。

本書を一貫して流れるのは、著者のとまどいと苦渋にみちた表情である。それは抑圧物を取除くと、ただちに自由が到来するという楽観主義が、歴史の検証を経て、もはや通用しにくくなった時代に、私たちが生きていることを、はしなくも物語っている。

（「朝日ジャーナル」一九七二年八月四日号）

無念の死を自分の中にうけつぐ——上野英信『骨を噛む』

本書をよむと筑豊の小さな廃鉱部落に住む上野英信のところには、一九六六年の一年間だけで、じつに一五七三人の来訪客があり、その三分の一が宿泊客だったという。こうした状態が現在までつづいていることは、私もうすうす聞き及んで知っている。そしてこの一事をもってしても、著者が他人の真似《まね》のできない人物であることがわかるのである。彼がこうした大勢の客に毎日自分のスネをかじらせている理由は何か。著者自身の「あとがき」に語らせよう。

「私もまた、この十年あまりというもの、来る日も来る日も、骨噛みの連続であったような気がしてならない。むろん、それは単に、炭鉱とそこで働くひとびとの骨噛みであったばかりではない。ほかならぬ私自身の骨噛みでもあったのである」。

では骨噛みとは何か。筑豊の炭鉱労働者のあいだでは、葬式に参加することである。これによって著者が来客に自分のスネをかじらせるのは、彼自身の葬式、つまりは骨噛みの行為のあらわれであることを知る。ついでに申し添えると、骨噛みということばを使うのは筑豊にかぎらない。たとえば沖縄や、本土でも伊豆あたりで「骨をかじりにいく」といえば葬式に参加することを指す。つまり、もともと死者の骨や肉をかじり食べて、自分の体内に入れることによって、死者の生命をうけつぐ行為である。著者の毎日も炭鉱夫の無念の死を自分の中にうけつぐための骨噛みの連続にほかならぬ。著者の関心は人間以外にはない。自然や文学の中に逃避することがない。著者は彼のふれあう人間の森をさまよってあきることがない。その成果が、朝日新聞連載の「流域紀行」の中の「遠賀川」で、そこには無煙炭のようにかざり気がなく、重く、うつくしい挿話がつまっている。

本書においてはまず冒頭のエッセイのまえに私は立ちつくし絶句した。著者は納戸《なんど》の闇について感想を洩《も》らしているのだが、日本の農婦にとって、まっくらな納戸だけが頼りにすることのできる密室だと語るときに、私はそれ以上につけくわえることばを知らない。

「闇――それはけっして空間ではない。しいたげられた肉体と魂が、そこにおのれをひたすことによって救いと力をくむことのできる、唯一のたしかな実質であり実体である」と彼はいう。誰も闇についてこのように語ったものはなかった。このようなみごとな文章を語る人間とはだれか。

使命果たした「告発」紙――終刊・再出発に寄せて

(「東京新聞」夕刊、一九七三年六月九日)

熊本の正統を継ぐ運動

水俣病患者の支援運動は全国の名もない無数の人たちの心情と行動とに支えられた。その人たちはだまって、しかし決定的に被害者である水俣病患者の味方として、運動のゆくてを見守った。水俣市出身の私もまた、できれば、そうした一人として「水俣病」につきあいたいとねがってきた。

私は「告発の会」には加入していない。したがってその機関紙である「告発」とは一定の距離をおいている。しかしその運動に無関心であったわけではなく「告発」紙をよむ機会にもめぐまれた。ここに「告発」が終刊をむかえ、装いをあらたにして再出発するという。そこで一文を草することを求められた。

「告発」を終刊にするという話を聞いたのは、たしか七月十二日、患者代表たちが水俣に引きあげるというときであった。支援団体の代表である本田啓吉さんからそう告げられたときに、私はうなずいた。私は「告発」はその使命を十二分に果たし得たと思ったからである。こうした運動は引きぎわがむずかしい。とくに一定の成果をおさめたときには、その成果の上に居座るのは世間的にみれば楽である。あぐらをかくということがどうしてもでてくる。「告発」はそれをやらなかった。それが私の意にかなった。私の胸に一陣のさわやかな風が吹きこまれた。熊本県人らしいやり方だと私は合点した。そして水俣病告発運動が依然として健全な域にとどまっていることを再確認した。

「義によって助太刀いたす」とは本田啓吉さんのことばであるが、このことばは熊本人の精神を的確につかみ出している。「見殺しにはできぬ」。ただそれだけで立上がった人たちの胸には、熊本の正統な伝統と通いあう何ものかがあったはずである。そこからして水俣病患者を支援する運動が、世の「前衛主義」や「市民運動」といかに無縁なものであったかということがはっきりする。

もう一つの別の運動

この精神は機関紙「告発」にみごとに反映された。まかりまちがえば「前衛主義」者たちの運動や「市民主義」者たちの運動に拡大解消されてしまう危機を「告発」はきりぬけてきた。そのことによって水俣病告発の運動はもう一つの別の運動であることを全国に知らせた。

水俣病患者の悲劇は賃金労働者の悲劇でもなければ、知識人の悲劇でもない。ましてべ平連といったたぐいの市民運動にかつがれる筋合いのものでもない。水俣の海や山を相手に一生を終えることを悔いなかった生活者の悲劇である。民俗学でいう「常民」の悲劇なのである。「告発」はこの事実をあやまりなくつかんで運動の核にすえた。そこには観念や情緒に還元されない「常民の存在」がしかと受けとめられていた。

「告発」紙は運動の核を守り通す困難な仕事をよくやりおおせたと私はおもう。告発の会の精神を形に表現するのに、それの編集者の腕もなみなみならぬものであった。私は十数年ジャーナリズムのめしを食ってきただけにそのことがよくわかる。

引き裂かれた患者の心情

おもうに「告発」とは怒りや怨《うら》みにまかせて、どす黒くぬたくればそれですむものではあるまい。告発者がどのようにみじめな立場に追いこまれていようとも、その精神においては相手より優位に立っていなくてはならない。それを要求するのは酷であるが、しかしそこをくぐりぬけねば、真の相手を撃つことにならぬ。「告発」はその困難さに耐えた。

告発行為は加害者チッソに対してはまことに有効である。患者にとってもカタルシス（排せつ作用）としての意味をもつ。だがそれだからといって、告発によって患者自身が幸福になることはない。告発は告発者を満足させない。そうした意味では、告発は相手への先鋭な肉迫であるとともに、告発者になにものも加えない行為なのである。殺人者を告発してやまぬ気持ちと、告発したくないという気持ちに被害者は引き裂かれる。

「水俣一揆」の患者たち

そのことを痛感したのは、裁判判決後、チッソ本社にのりこんだ患者たちが、チッソの幹部と対決したときの記録映画「水俣一揆」をみたときであった。そこではチッソの社長に迫る患者たちの発言だけを追っていたが、一人ひとりの患者がぬきさしならない形で映し出されていた。それは名優の演技さながらであった。

けっして怒号ではなく、いやされぬ悲しみと怒りとがつつましくのべられていた。しかもそれはものすごい緊張の人間劇であった。私はそれを見終わって、プロデューサーの高木隆太郎さんに「傑作ですね」と言った。高木さんは「谷川さんがはじめてほめましたね」と言った。

ありふれた生活人である水俣病患者たちがあの映画にみるような人間的な高さにまで到達し得たことに私はおどろくとともに、そのためにどのような苦悩と悲しみのなわはしごを必要としたかに思い及ばずにはすまなかった。「事小主義」が患者追随主義ではないかというようなこざかしい論議がいかにくだらぬものであるかを、この映画はあますところなく伝えている。

巨大な悲劇の影

私が「水俣一揆」という映画を引き合いに出したのはほかでもない。水俣病患者とそれを支援する会の「告発」の位相がどこにあるかを具体的に言いたかったからである。自分の生活を守ることに一切の関心を集中させて生きる常民は、他人から生活を侵害されてもがまんできるあいだは、なんとか妥協して生きようとする。生活者が立ち上がるときは、よくよくのことである。親兄弟や妻や子どもが殺されてはじめて、相手に立ち向かう。生活者の告発はそれだけに重いのだ。しかも、告発では解消できない悲劇を背負っている。

この巨大な悲劇の影を追って今「告発」は再出発しようとする。それがどのような形をとるにせよ「告発」の精神が生かされることはまちがいない。熊本の一角に生まれ出たこの運動を、私はこれからも見守っていきたいとおもう。

（「熊本日日新聞」夕刊、一九七三年九月一七日）

本あとがき

『常民への照射』

私は柳田国男に二度会ったことがある。

たしか一九五五年だったとおもう。私は柳田の『桃太郎の誕生』を手にして、ひさしぶりに昂奮した。それまで日本民俗学の書物に触れたことがなく、日本の内部への手がかりをもたなかった私は、柳田のその書物が与えた感動を持続させ、発展させてゆくことに自分の方向を見出したのだった。このとき私は人生の半ばに達していた。その後、私は日本民俗学の書物にしばしば触れる機会があったが『桃太郎の誕生』だけは一度も読みかえしたことがない。それほどに印象は強烈だった。それは火傷をするような体験であった。それまで進歩史観によって不当におとしめられていた常民は、柳田のその書によって私の中に復権した。いわゆる五大お伽噺に欠伸をする幼時を送ってきた私は、ステロタイプ化した絵本の中のお伽噺を、常民が奔放に自己流の筋書にしてしまっていることにおどろいた。その自在な発想は、昔話の枠をとりはずして延長すれば、中国共産党やベトコンがありとあらゆる方法を駆使して強敵をなやますときの発想とつながるのである。日本でも密造酒部落の人たちが税務署員を相手にするときの秘術は、私たちのあらゆる意表をついている。既成の観念の枠組にとらわれない常民の発想があることを教えた柳田の書物は、私の中の根源的な何物かを刺戟した。かつてはどの村にでも、昔から今につたわる村のしきたりを知っているだけでなく、経験知から生み出された物の見方にも通じている老翁がいたが、判らないことを聞けば「ああ、それはこうだよ」と事もなげに答えてくれる老翁のような存在として、私は柳田の文章と対することになった。

あるとき、紹介する人がいて、私は成城町にある日本民俗学研究所に出かけていった。その研究所の主宰者である柳田は小柄な老人であったが、なぜか池の主か沼の主かのような気がしてくる存在であった。私はひそかに「世《ゆ》の大主《うふぬし》」という尊称を彼にたてまつった。もう一度は、この研究所のわきにたてられた彼の私邸に病気見舞にいったことがある。柳田は、頭巾をかぶったまま寝ていた。それが「常《じょう》かぶり」とあだ名された菅江真澄の頭巾すがたを思い起させた。病人は時々白足袋を穿いた足を蒲団の裾から出した。それが二枚貝のちらちらと出す偽足のような気がするので、そちらに眼をやるとすぐ足を引きこめた。そのときの柳田から受けたのは神経質なスタイリストという印象だった。と同時に側近の人たちのふるまいから、柳田の周辺には眼に見えぬ統制が敷かれている雰囲気を感じた。私は柳田の家の玄関を出ると、庭樹の緑を眼でむさぼった。

柳田と前後して会ったのが宮本常一であった。宮本は柳田とちがって、その風貌からしてあふれるような庶民感覚を身につけていた。彼の豊富な体験に裏付けられた常民の生活についての知識は、たった今、海からとってきたばかりの潮水にぬれた海藻のようにいつも生き生きとしていて、私をおどろかした。しかもこの人物はひとたび口を切ると、たいてい、五、六時間位はひとりでしゃべるというおそるべきエネルギーの持主で、南方熊楠の手紙におとらない長広舌をふるった。

当時出版社につとめていた私は、宮本常一を中心に『風土記日本』や『日本残酷物語』の企画をすすめたが、彼は、和服の布地を黒くそめて洋服に仕立て直したものを着こみ、布製の靴をはいていた。旅館を借りて会議をするときなど、最初のうちは女中がどんな人物をつれてきたかと怪しんだものであった。私は柳田の書物や宮本とのふれあいを通じて、常民の生きざまの中には、かならずそれなりの理由があることをまなんだ。この理由というのは、近代主義者が近代の尺度をもって過去をはかるとき、その尺度に合わないものとして切り捨ててかえりみないものの中にこそ存在するのであった。各時代には固有の価値の尺度があり、固有の意味が賦与されていることを前提としないかぎり、人間の幸とか不幸とかの問題を解決することはできないと私はまえから漠然と考えていたが、その考えはいっそう明確になった。

私は進歩主義者がひところ使った「封建的残滓」ということばが嫌いであった。彼らが「封建的」とみなしているもの、それはよくしらべてみると日本近代が作り出したもの、あるいは日本近代になっていっそう強化されたものが大部分なのであった。「近代」主義や「進歩」の観念は人類史においては、おそく生まれた思想である。それをもって日本の過去をはかることに私は疑惑を抱いていた。腐臭を発する近代日本を、その近代化の志向のゆえに肯定するというのが、私にはどうしても合点がゆかなかったのである。おなじ現象とみえても、近代と前近代ではその意味の指標が逆になることが多い。近代を起点とする遠近法によってのみはかろうとするものには、それが分らない。人民の名を呼号する階級史観も、常民の実体については無智を恥じることがない。宗教思想にしろ政治思想にしろ、外在的なイデオロギーを個々の歴史にあてはめるときにとうぜん起るくいちがいは、それが普遍性をもっているから適合しないというのではない。むしろ普遍性のよそおいをしているが、じつはそうではないということのほうが問題なのである。これまでのマルクシズムがロシアや中国と癒着したものであったことはしばしば指摘されている。カトリシズムが普遍的《カトリック》と称しながらも西欧の歴史と不可分であり、それが異国の神の貌をもっていることはだれしも否定することはできない。こうして外在的なイデオロギーの普遍性の仮面にたいして、あまりにも無警戒であったのが日本の知識人である。柳田の民俗学はこのことへの有力な反措定であった。彼は、外在の「普遍的」な価値概念を拒絶し、知識人から相手にされない常民の世界をきわめることで、既成の価値概念をてんぷくさせた。そのやり方はさりげないだけに、いっそうあざやかにみえる。

さて、私が常民の世界に関心をふかめて、常民の思想の原型を追っていくときにあらわれたのが折口信夫である。私は柳田や宮本に劣らぬほどの影響を折口から受けた。ここでふしぎにおもわれるのは、柳田、折口、宮本のようにどう考えても異常人物の能力をそなえている人間が、民俗学ととり組んだことである。異常人物が常民をすこしも軽蔑せず、もっともありふれた人たちのくらしの解明に一生をついやしたことである。そこには異常人物を引きつけてはなさないものが一見平凡そうな常民の生活にふかくかくされていることを考えねばならぬ。

しかも柳田と折口がおなじ民俗学者でありながら、あらゆる面で対照的であることが私の興味を引いた。本書の第一部を「柳田学と折口学」としたのはそのためである。この二人は一対として考えてみるべきである。第二部と第三部は、私をして魂を腐蝕させ、窒息させるようなものを感じないではいられないできた、日本近代社会への抗議にあてられる。私の中には「小さき者」を扼殺してかえりみない日本近代にたいする復讐のやむを得ぬ衝動がある。

「いと小さき者」の世界、それは、農夫、漁民、娼婦、浮浪人などが形成する世界である。こうした小さき者をつまずかせるくらいならば、ひき臼を首にかけて海の底にしずめたほうがましである、ということばは、おそらく私が民俗学に接近していった根本の動機である。こうした「小さき者」への私の親近性は、彼らが悲惨な生涯を送っているからだ、というだけではけっしてない。私はそれらの人びとのエネルギーに驚嘆するとともに「小さき者」たちの気楽な生活にもあこがれたのである。その気持は今も変りはない。

本書は私がこの十年に書いた文章の集成である。冒頭の「『海上の道』と天才の死」が一九六二年に書いたものである。この一文に見るように私はジャーナリストとしても物書きとしてもその職業を意識してとり組んだことはまったくない。身すぎ世すぎの方便として選んだものにすぎない。しかし職業は何であれ、私の追い求めたものは一つである。私は本書の題には、ありふれた人々を指すコモン・ピープルの訳語である、常民という語を使用することにした。本書は常民の主題をさまざまな素材をとおして、さまざまな角度からとりあつかっている。

本書を刊行するにあたって、秋山法子氏に装幀していただいた。冬樹社編集部の高橋徹氏の手をわずらわした。付記して感謝する。

一九七一年七月朔

（冬樹社、一九七一年八月）

『埋もれた日本地図』

私はこの数年間、旅行と執筆とを交互にくりかえしてきた。旅行は取材のためのものが主である。私にとって旅行とは何か。それは取材するまえにあらかじめ描いていたイメージが現地でくつがえされるときの新鮮な衝撃を手がかりにして、思考をすすめること以外の何物でもない。その誤差が私の思考のバネである。現地はつねに文献以上の何物かをもっている。しかし、問いがなければ、現地は何も答えてくれないこともたしかである。それが私にたいする「現地」の不断の教訓である。

私が日本国に生を享けたことは、幸福とか不幸とかいう以前のことである。しかし、古いものが途絶えることなく、森かげや海のほとりに、いまもつつましく息づいていることをありがたくおもう。伝統とはことごとしいものを指すのでなく、注意ぶかく観察するならば、むしろそうしたひそやかな生のいとなみの中に、百年千年もくずすことのない生き方として、つづけられているものではないか。

古いものを中途で断絶せずに今日まで守り抜いてきたということ、そのこと自体が人間のしるしである。中央の高級社会にだけあると信じられてきた優雅さや高貴さや幽玄も、すべて庶民の生き方の中にこそある、と今は言い切ることができる。中央はそれを洗練し、様式化したにすぎない。本書の「第一部」は以上のことを、自分に確かめるためにおこなった旅行のささやかな報告である。

＊

本書の「第二部」には、「琉球の宇宙観と他界観」という傍題をつけた。それは私の今後の関心のあり方を示している。この主題については、学者の調査研究も少なくない。

だが、宇宙観、他界観と言うばあい、その「観」ということばからして、全体性への配慮もしくは感覚が不可欠なものであると、私は信じている。宇宙観や他界観は無意識と化した習俗の形式で、人間を背後から強力に支配するが、それには一定の法則をもった論理がつらぬかれている。したがって表層にあらわれた個々の事象の羅列にのみ眼をうばわれるとき、習俗の背後にある全体性は見失われてしまう。

私はかつて名嘉正八郎氏とともに、沖縄戦で最激戦地であった沖縄本島南部の国吉部落の元区長の話を聞いたことがある。その男の一家は、追いつめられて三日間のあいだ、食物は一切食べずに南端の喜屋武《きやん》岬の断崖をさまよった。その男は生後三ヵ月の長男を抱えていた。そのとき従軍看護婦になっている彼の妹がやってきて、みんなの眼のまえで青酸加里を飲んで自殺した。自殺の直前に妹は男にむかって「私は死んでかならず兄さんの長男を助けるから」と言った。

私はこの話を聞いて、こうした発想が沖縄戦の只中にもあらわれるのに心を打たれた。死者が他界から生者を見守りつづける守護神となる、という他界観は、本土では消え失せたが、沖縄では今でもきわめて鮮明なものである。その他界観が、沖縄戦の中でも若い娘の生と死を支配したのである。

*

ふりかえってみれば、私の沖縄旅行の中でもっとも示唆をうけたのは琉球弧をくまなくあるきまわっている地理学者の仲松弥秀氏と宮古島の若い民俗学者である岡本恵昭氏であった。本書はこの二人にたいする感謝の意味をこめている。なお本書の刊行にあたって、筑摩書房の元展望編集長・中島岑夫氏ならびに古川清治氏にお世話いただいた。ここに記して謝意を表する。

一九七二年一月

（筑摩書房、一九七二年二月）

『孤島文化論』

哲学が自己自身の認識から出発しなくてはすまないように、日本論および日本人論も、私たちが生を享けている日本という風土の分析から出発しなくてはならない。最近盛行する日本論と日本人論も、日本人の自己認識がいかにして可能かという一つの問いにつづめられる。これを不問にした日本文化論は所詮よそ事にすぎないのである。風土とは自己とのかかわり合いにおいて存在するものであり、はじめから対象化し得るものではない。その対象化しにくいものを対象化する方法はいかにして可能であるか。

本書で私は島という概念を用いて、日本人の風土的規定をこころみた。この概念はすでに柳田国男において親しいものであった。他方、島尾敏雄の発想にかかわるヤポネシアという概念がある。私は「島」という概念と「ヤポネシア」という概念とをワンセットにして日本を見ようとした。この二つはたがいに倒立した概念でありながら不可分の一体をなし、辺境をめぐる考察もここから誕生する。日本という国は「ヤポネシア」的側面と「島」的側面を両方もっていると私は考える。世界の辺境としての日本というばあいは「島」のほうから引き出されてくる。日本の内部での辺境の概念はむしろ「ヤポネシア」のほうから引き出される。「ヤポネシア」は異質性を強調するが、それはヤポネシア内部での各地方、各辺境がそれぞれ異質の文化から成り立っているという前提をもっている。これにたいして「島」は同質性を強調する。日本本土と沖縄には「島」という点では同質の特色をもっている。しかし「ヤポネシア」としては異質である。この双方をふまえて、これからの日本文化は考えてゆかねばならない。

たとえば日本語の「かなし」には悲哀と愛着の両方の意味がこめられている。これは日本の昔にさかんに使われたことばであり、現に南島では日常の上で両方の意味に使っている。「悲《かな》しい」というのは島という風土から、「愛《かな》しい」というのはヤポネシアの風土から生まれた語であろう。孤島の悲哀と、島国ののびやかな日常にたいする愛着とは不可分に一体をなす感情なのであった。それを切りはなすことのできないところに日本という風土がある、と私は考えるのである。そして本書に収めたエッセイは、この二つの入りまじって一つとなった感情からわたしたち日本人が逃れ得ないことを示している。

自己認識と自己解析とはおなじ作業である。数年まえ「ヤポネシア論」を展開した私が、今ここに日本人の事大思想、群れの思想を含める「孤島文化論」を書いた。そこには自己剔抉《てっけつ》の苦痛をくぐった認識があったはずである。

最後に、本書の刊行にあたって潮出版社出版局の吉田博行氏の御尽力に心からお礼をいいたい。

一九七二年十月

（潮出版社、一九七二年一一月）

『原風土の相貌』

柳田国男の民俗学への出発点に『遠野物語』があったことはよく知られている。この陸中遠野はしかし、彼にとってはたんに一つの地方ではなかった。その序文をよめば、彼が『遠野物語』を拡大再生産させようとしたことは明らかである。地方の特殊性を濃厚に含んだ物語の中から普遍性を抽出することなしに、その拡大再生産が不可能であることを柳田はよく知っていた。秘境または辺境の色どりをもつ地方が、そのままでは普遍性のひろがりをもつことはできないことを心得ていた。柳田がもう一つの遠野を、もっと多くの遠野を、と呼びかけるときに、彼は特殊性を剝がれた普遍的な人間の土地、すなわち常民の世界を透視していたことはたしかであった。

すくなくともそのことを想定して彼は『遠野物語』を書いた。柳田は、その物語に触発されて、読者の想像力が刺激され増幅されるように、物語自体を装置した。したがって、現実の遠野はかえって、その想像力を凋《しぼ》ませる役割を果たすことにもなる。あるいはまた早池峯山、六角牛山、笛吹峠、仙人峠、さては猿ヶ石川などの物語の「額縁」さえ残っておれば、残余の痕跡は消滅してもかまわないとさえ言い得る。私も三度遠野の地を踏んだが、物語に縁由のある小道具を見せつけられて、かえってわずらわしい気になることが常であった。

風土がそれにかかわる者に二重の眼を要請し、想像力を触発するとき、それを原風土と呼ぶことができよう。よく原体験という言葉が使われる。そうしてこの原体験は通常なにがしかの風土とかかわりをもつ体験を指すのである。この原体験が個人のものに終らず、普遍的な体験にまで昇華する力をもつときに、それとかかわりあう風土は原風土という名に値する。

柳田にあっては遠野と沖縄がそうであり、折口信夫にあっては沖縄と壱岐がそうであり、南方熊楠にとっては熊野の山中が、そして柳宗悦にとっては沖縄と朝鮮がそうであった。彼らはそうした風土とのめぐりあいによって、自分の想像力を飛翔させたのであり、風土をとおして独自の確信を手に入れたのであった。

風土ということばが奈良朝の前後から歴然と存在していたことは『風土記』によって判然としているが、『風土記』をひもとけば、それが地名の由来を説明する記事で終始していることに誰しも気がつかずにはいられない。説話が土地とむすびつき、その結果、現在の地名が起ったとするのであるが、その説明は後世の付会であるとみられるものがほとんどである。にもかかわらず、それは日本人が地名に異常な関心をよせてきたことを物語っている。地名のみならず、土地の特徴である造化の妙にたいして少なからぬ興味を抱いていたことは、『出雲風土記』や『常陸風土記』の随所に発見できる。日本人の風土感覚はすでに古代から外国にみることのない特別なうごきを示していたと私は考えている。

ヨーロッパにおいては人間は主体であり、自然の風土は客体である。しかし日本ではそうではない。むしろ、風土がシテであり、人間がワキであるような日本独特の文章表現がある。本書にも収録した上田秋成の「白峯」の冒頭の文章がそうである。風土と人間の行動意識が分離しがたいかたちで捉えられているが、それは歌枕を楔としてである。日本で人を呼ぶのに場所をもってその代りとするのもその一端である。たとえば天子を御門《みかど》とよび、あるいは皇親を宮とよび、日本人の姓の大部分が土地の名を背負っていることもその傍証である。

信州遠山の霜月祭のときにうたわれる神楽うたに次のうたがある。

冬来ると　誰《たれ》が告げつら　北国《きたぐに》の
しぐれの雲にのりてましします

このうたは遠山谷の冬のわびしさを伝えるとともに「隠れたる神」の存在をも表現している。「のりてまします」という敬語は、その主語が神であることを物語っているが、しかし「しぐれの雲」にのってやってくるのは「冬」でもあることを暗示している。「神」と「冬」とは切りはなせないものなのである。そこにパスカルのいう「隠れたる神」でありながら、一方では「自然」でもある日本の神の独自のかたちがたしかめられる。

　こうした日本人の風土感覚は、日本文学の主題の一つである「旅」の形式を作ることになった。その旅はけっして荒野をさまようのではなくて、先人の跡をたずねる旅なのである。先人の跡は風土に刻まれていると日本人は信じたのであった。大太法師の伝承ならずとも、その足跡の化石は地名と方言にみることができる。しかも地名は町村の大字小字と果しもなくこまかく、方言もまた際限もないニュアンスにみちみちている。

　それぞれの土地の名が小さな神や精霊の住みかとつながるものとすれば、その精霊はかつては無数であった。方言が土地の言霊《ことだま》であるとするならば、その言霊もまた無数であるにちがいなかった。こうして一つの土地をおとずれることは、その土地の言霊に触れ、土地の精霊とのめぐりあいをすることであった。日本の風土はけっして冷たい、死んだ空間ではなかった。このことを前提とせずには、中古や近世の文学は生まれなかったであろう。

　それの証拠の一つは古代において国魂《くにたま》をまつる習俗があったことである。大和、淡路、尾張などに国魂神社が現在もみられるが、風土にたましいがあるという考えは、外国人にはなかなか諒解しがたいであろう。しかもそれが神社にまつられるとあっては、一層理解は困難であるとおもわれる。しかし土地に精霊があり、それを鎮めるという考えは日本人にとってはけっして奇異な現象ではない。

　このようにして、日本の伝統を相手とする思想は風土とかかわりをもたずにはすまない。その中でも柳田国男によって創始された日本民俗学は、常民と風土とのかかわりあいを研究する学問であると規定することができる。なぜならば、狩猟や漁撈にせよ、農耕にせよ、常民の生活はその生活の場である風土とは切っても切れないものであるからである。

だがしかし、その土地に生まれ、結婚し、子どもを生み、死んでいく生活者にあっては、その伝承は習俗化している。そのために、伝承は無意識にうけつがれていく。したがってその風土は意識にのぼらない風土、あるいは自生的な風土である。生まれながらにして与えられた伝承者の風土は、どのようにして意識的な風土へと転化するか。慣習的な風土を自覚的な風土に変える契機とは何であろうか。

それは既知のものを未知なるものへとかえすことによると私は考える。日本民俗学が日本の風土にたいして取った態度はまさしくそうであった。柳田や折口の著書をひもとけば既知のものが既知でなくなり、未知なる世界へとみちびかれる文章の展開に、いたるところで出会う。それは謎解きの逆であって、分り切ったとおもわれていたものがまず霧に包まれたような未知の貌を呈することを目指している。そうして読者を困惑させたのちに解答が与えられるのである。それはどうして可能かといえば特殊的なものをかぎりなく細分化するという過程をとおしてである。所与の風土を未知の風土、偶然な風土を必然的な風土に転化させるのには、特殊から普遍への道をたどるほかない、というのが柳田や折口のとった断乎とした方法であったと私は考える。

柳田は尨大な民俗語彙の蒐集家であった。すなわち風土と密着した特殊な方言を彼は生涯かけてあつめた。だがその一方では、柳田は固有名詞を一つもつかわないで日本人の歴史を書くことを提唱した。この二つのことは彼にあっては相反するものではない。つまり彼は特殊的な名辞を普遍化のために役立てようとしたのであった。風土と原風土の精神の関係もこのあたりにあるとおもう。柳田には風の土地言葉を分類考察した「風位考」という著述がある。漁師の話を聞けばすぐ判ることであるが、どんな季節にどんな方角から吹く風かによって、そのカゼは漁師には異なった利害を与える。したがってアナジとかダシとかヤマセとか風の種類に一々名まえがつけられている。ただ風と言っただけでは、漁師の生活には何の役も立たないのである。この風言葉を蒐集し、調査分析し抽出してはじめて常民の生活における「風」という普遍的な言葉の観念を捕えることができるからである。

こうした方法論に準拠する柳田や折口の民俗学は、ディテールを指でたどらないではつかむことのできない日本の思想の風土にもっとも適したものであった。その効用はそれだけでなかった。こうした微妙に変化する風土に膚接するかぎりにおいて、その思想が過剰な精神主義に陥いる危険がないということである。抽象的な観念は左右を問わず、精神主義をまねきよせる。そしてそれが日本の近代思想の百年の軌跡であった。柳田は用心ぶかく、民族学の名称を使用せずに民俗学とし、また民間伝統の語を避けて民間伝承という呼称を用いた。民族とか伝統とかことばが政治的に利用されるのをおそれたのであった。一方では庶民とか平民とかの語が戦前にはある種の蔑称であったことから、常民という語をもって、彼の研究対象を呼んだ。このようなことばの選択に慎重な配慮をもってのぞんだということは、柳田が日本の風土の陰影にきわめて忠実であったからだと私は考える。だからこそ、それぞれの風土の体験を更に高く昇華し定着することができたのである。

＊

本書は人物に関するエッセイをあつめたものである。頼まれて書いた文章ばかりであるが、私の対象とした人物の大部分には共通の要素があり、私の関心の在り方が分ってもらえるとおもう。それは第一に時代と情況のいかんにかかわらず、一貫した思想の持主であるということ。第二に政治的判断を拒否するという反政治的姿勢によって、時代の代弁者であり、かつ時代の批判者となり得た人たちであること。第三には風土をとおして、風土とかかわりながら自分の感情や思想を表出していった人たちであるということ。

この三者はけっして無縁でないことはすでに述べたとおりである。そして私は第三番目の要素をもっとも重視して本書の表題をつけた。

本書の刊行にあたっては大和書房の小川哲生氏の世話になった。なお装幀は小川氏のすすめで、司修氏、中島かほる氏の手をわずらわした。ここに記して感謝の意を表する。

一九七四年八月

（大和書房、一九七四年一〇月）

『民俗論の原像――谷川健一対談集』

フォークロア（民俗学）というのは、炉辺での会話とは無縁ではない。話好きの人たちが昔話や村の出来事を伝えていく場所は、つねにこの炉辺であった。しかし、こうした人たちも見知らぬ他所者には口をつぐんでしまう。フォークロアが好きな私にも、おなじような気質があって、小人数の会話はたのしめるが、講演や放送のように一方的な話をしなければならぬのは苦手で、自分の言葉がつめたくなっていくのがはっきり分かり、途方にくれてしまう。

小人数の会話が好きなのは、相手の出方次第で、いくらでも話の筋道が変わり、話が発展しておもわぬところに出ることがあるからである。台本を読むような、はじめからきめられたコースでないことが望ましい。

そこで私は座談会や対談のときに、あらかじめ用意をしていったということが殆どない。せっかくの即興的なやりとりの快楽が消えてしまうのを惜しむからだ。

気の合った相手との知的な主題をめぐっての会話は私の快楽の一つである。相手の考えと自分の考えが空中でぶつかって眼に見えぬ火花をちらす。そうした緊張する瞬間をたのしむ一方では、機智やユーモアや地口やさまざまな精神が活性化するのを眼のあたりにあじわうのもまんざらではない。

モノローグのばあいはいつまでも蕾のままでしかない発想が、相手と話をしているうちに蓮の花が音を立てて開くように、開化するという体験は私だけでなく、多くの人たちがあじわってきたことにちがいない。そのとき、日頃は気の付かなかった自分のかくれた部分があらわになる。自意識の死角が、どこであるかを会話によって納得することが多い。

私は自分の人生観や世界観を生まな形で表現するのは好きではない。そうしたものは肉が骨をくるむように、くるまれていなければならぬと考えている。しかし会話のときには、それを不自然でなく出せる利点がある。会話の雰囲気には、そうした直接性をゆるすものがある。というわけで、この対談集は他の著書におとらず、私にとって愛着の深いものである。

本書には私が近年折りにふれて考えてきたことが端的に表出されている。それを一口に言えばフォークロアの思想ということになろうか。石田英一郎氏が司会をして柳田国男と折口信夫の対談である「民俗学について」という重要な対談はあるが、フォークロアなどという一見おくれた社会の現象を、思想としてとりあげて会話の場にのせることは、これまであまりなかったように私にはおもわれる。

このばあい、フォークロアを狭義に解する必要はなく、またそうしては会話のおもしろ味は半減する。むしろ日本のフォークロアの蓄積をふまえて、さまざまな日常の現象を考察することを指すのである。とはいえ、この対談集は私が「あるじもうけ」をして「まろうど」をもてなすといったやり方のものではない。横座も客座もこの炉辺の会話にはない。他の人たちと同等な資格でのぞんだものである。本書に対談を収録することをこころよく許された出席者の方々にお礼を申しあげる。

本書は収録枚数の上から量的制限を必要とした。私が収録したいと思い乍ら、枚数が比較的多いために収録し切れなかったものもある。心残りであるが致し方がなかった。

本書の刊行にあたっては、巌浩氏ならびに、実際の労をわずらわした林利幸氏に深く感謝する。この上は、出版界に風当りの強い今日、なるべく多くの読者によまれてほしいとねがう。

九月八日夜

（伝統と現代社、一九七四年一一月）

Ⅲ

人間イエス

［少年期・習作期の作品］

日曜の朝

「健一来てごらん。」と言ふ小父さんの声が聞えた。「はい。」僕はペンを下して庭下駄をつゝかけながら庭に出た。小父さんは身動きもせず何かじつと見ていらつしやる。僕は「何だらう。」と不審に思つて「なんですか。」と訪ねると「しつ〳〵、黙つて。」と小声でおつしやつた。よく〳〵見ると毛虫を枯竹の細い先につゝかけて、がまにたべさせて居られる。僕は持ちまへの好奇心にかられて「一つして見よう。」と思つて、梅の木にくつゝいて葉をかぢつて居た親玉らしいひげむくじやらの毛虫を竹の先につゝかけて何度も地面に落ちさうになるのをやうやく持つて来た。そしてがまの近くにさしのべた。やつはじつと見て居たが、やがてがまが迫つたのを見ると、断念したのかそれとも計略なのか、死んだふりをして居る。がまは決して死んだものを食べない。だから今まで生きて居た毛虫の野郎が、ひよつくり死んだ様子をしたので、気味悪がつて目玉をくる〳〵と廻し始めた。そして、じり〳〵と近寄つた。毛虫はばた〳〵としばらくもがいて居たが、又いぼだらけの褐色の前足で一寸さはつた。此の時はがまよりも虫の方がよつぽど胆が冷えたに違ひない。毛虫は動き出した。其の所をじつと見定めて居たが、ぱくりとくはへた。毛虫は断末魔の苦しみにあへいで居たがやがて飲込まれてしまつた。がまは飲んでからしばらく目玉をくる〳〵して居たが、一緒に飲んだ木の葉を吐き出して前足ではねやつた。そして自分のすみかへとつてかへした。僕はがまに飲まれた虫の運命が何となく可愛さうでたまらなかつた。

初夏の陽が若葉を通して薄緑の光を地に移して居る。ふと見ると大きなとびが大空に輪を画きながら、何方へともなく飛んで行く。

（熊本中学校国漢科編輯「江原文集」第二三号、一九三四年七月）

井寺の古墳を見る

浮島を匆々《そうそう》と引揚げた一同は井寺の古墳を見るべく春雨の路を急いだ。うすく曇つてはゐるけれど遠い国の響を感ずるやうな空からは、絹糸のやうな細い雨が白く走りながら音もなく私等の頭上に灑《そそ》いだ。路傍の草は、いつもより青々と萌えて、春の野は見渡す限り目にしむやうな緑の色の中にひたされてゐた。

やがて、ほの暗い灌木の林を通りすぎると、赤くさびた鉄の扉があつた。井寺の古墳！「此処だ」と猟奇の心に一杯であつた私等ははつと思つた。門を開いて行くとくづれかゝつた石垣があつた。そしてその周囲は深い草で覆はれてゐた。先づ先頭の者から順次に、石垣にめぐらした穴の中に這入つて行つた。私達は躍る呼吸を抑へて其の順番を待つた。やがて其の時は来た。私は狭い穴を匍ふやうにして入つた。ひやりとした冷い空気を感じた。そして穴一杯にかび臭い香が流れた。誰かゞ照らす懐中電燈が黄色な円を画いて凸凹な石の壁を示した。色の移つた赤色の壁には石斧できざんだやうな線や円がかゝれてあつた。奇怪なその線、先生のお話によると、円いのは鏡を象徴り、線模様は織物を表はしてゐると云ふ事である。

人々の頭には、淡い幻想がよび起された。外界としやだんされた暗い畳二畳敷の石室の中で、人々の心は遠く原始の時代に走つた。

獣皮一枚の姿で暗い石室をつくり、火打石をかち〳〵とあはせ、或は木と木と磨り合せておこした火を木の枝にともし、煙の濛々《もうもう》と立こめる中に石を切つたやうな斧で壁の中に刻む奇怪な不可思議な原始人の姿！或は狼火をあげてお互ひに通信をしたり、大熊と戦つたりする原始時代の異様な有様があり〳〵と目に映つた。

白日五分間の夢、けれど原始時代にも、立派な文化があつたのではあるまいか、石を以て宮殿を造り大理石の壁に様々の獣の絵を画く原始文化、思へば彼等は謎の国の人である。謎の国の人が画く謎の絵、何と云ふ神秘な対照であらう、突如かさ〳〵と云ふ音に幻想は破れた。

見ると、天井一杯にげじ〳〵や百足が蠢めいてゐる。無数の触手が動いてゐる。星くづ一つ見えぬ闇の夜ともなればある異様な線の羅列が数知らぬ虫となつて、天井を蠢めきはひ廻るのではあるまいか。私は言ひ知れぬ感じを覚えた。暫くしてから、石の室を出るとすが〳〵しさにほつと、太く息をついた。そして、感激の高調に達した後の寂寥感が沁々と胸に迫つた。

（「江原文集」第三二号、一九三六年五月）

旅心

有明の沖の彼方にいさり火の瞬く頃は人も眠りぬ
すがすがし窓を開けば朝霧のひえびえとして眼に沁みにけり
石路を曲りて折れて詣でつる寺は煉瓦の色の赤さや
赤壁の色美しけれど堂中《ぬち》に箔落ちし像寂しく坐《おは》せり
潮ぐもる港の町の夕雨にさびし汽笛の音《ね》も微かなり
赤々とブイは浮べり真青に湛へし海の色にもしまず
機械には心なけれどそを見ればわれの心のゆらぐが如し
大空を圧せむとする起重機を仰ぎて見れば胸おののきぬ
土産物買はむと思ひ出でたれば赤きテープを売る店もあり
今日買ひし和蘭陀船は真夜中に畳の上をひとり走らむ

（「江原文集」第三三号、一九三六年七月）

梨

（一）

道有老人は琥珀色の薬匙で白い粉末を頻りに調合してゐた。その前の明窓から流れ込む朝の光は、曇りかつた山葵《わさび》色の薬戸棚の障子を透して、彼の不屈な顔を照らしてゐる。今迄憂鬱な黒点の様に部屋を飛び廻つては時々障子に突きあたつてゐた蠅が、日光の当つてゐる彼の頬骨にとまつた。何となく、むづ痒い様な苛立たしさを覚えた老人は、無意識にそれを払ふと急に明るい眩しさに眼を射られた。すると彼は思ひ出した様に、六畳の部屋の隅に踞《うずくま》つて、凝乎《ぢつ》と壁の一隅を見詰めてゐる四十がらみの小男の方を振り向いた。

「今茲《ことし》御父上はお何歳《いくつ》ぢやな。」

老人は此の男の姿に生命の疲労を感ずると、何故か痛ましい気持になつた。

「もう、七十の坂を越えかけて居ります。で、この度の病も何と云つても老人の事と諦めかけてゐるやうな次第で御座います。」

「全く。御老体だからね。病返りがなければいいが。」

老人の言葉には名医に有勝ちな或る鋭さがあつた。

半生の嵐に磨かれて苦痛に対する感覚が著しく鋭敏になつてゐた一茶は、その言葉を聞くと自分では父の病が駄目だと知りつゝも今更のやうに大きい重いものが胸をしめつけるやうに感じた。

「到底駄目で御座いませうね。」彼は悲しさうに眉を曇らせた。

「なに、望がない事はないが――たゞ衰弱が烈しいから。」断定に近い言葉を仄かす老人には如何にも長い経験から生ずる侵し難い厳粛さがあるに相違なかつた。

――傷寒……あれでは駄目だな――幾多の殞命《いんめい》を知つてゐる彼はさう思ふと、日に透いて美しく光つてゐる鼈甲の薬匙を置いて、傍の高机の上の仙人掌《さぼてん》を見た。支那の奥地の沙漠で天日に真赤な花を咲かせてゐたと云ふ仙人掌は、蠹魚《しみ》のくつた内経、本草などの医書の傍で、毎日病人の青白い魂と冷い薬の匂を嗅いだ。

古希の今日迄妻も娶らず、一心不乱に仕事への精進を続けて、名誉と地位とを贏《か》ち得た道有は、年を経るに随つてその成果に対する或る安堵と余裕とを見出すと共に、なんとなく淋しい物足らなさを感ずる様になつた。世の中を知り尽した老人が小さいものを溺愛する様に、今迄すべてに抹殺されてゐた愛は、独り身の彼の心に烈しく燃え始めた。その頃彼は唐渡りの或る薬種商から仙人掌を得た。彼は、毎日、水をやつて丹念にその成長を眺めた。そして日ましにぐんぐん伸びてゆくのを見るとき彼の心は今迄一度も経験しなかつた快い楽しみを覚えた。併しそれも長くは続かなかつた。水が多過ぎた為か、仙人掌はぶよぶよとその根元から腐り始めたのであつた――。

今老人は銀色になつてゐる筈の棘の先が一面茶色になつてゐるのに気が附いた。もう幾何もないな。老人はさう思ふと堪へ難い迄苦しく又淋しくなつて来た。焦燥が骨ぐみの逞しい彼の胸の中に拡がつた。すると暗い影の様に坐つてゐた一茶が急に云つた。

「先生。病人が頻りに欲がつて居ますが梨は喰べさしてもよう御座いませうか。」

それを聞くと、気の弱くなつてゐた彼の頭には、二十幾年振り父に会つた喜びも、今は死の床の父を看《み》とりせねばならぬ悲しさに変つた一茶の事が浮んだ。長い時の流れと、その中にぽつかり浮び上つて色々な小さい事をやつては又ぽつかりと沈んでゆく人間の世界の事を思つた。さうして見ると俺の仕事も結局何もないではないか。彼はぐらぐらと中心を失つて、頭の中が空虚になつてゆくのを覚えた。色々な事が一度に彼の頭に浮んだ。そして、その果、苦しい一茶の半生と、苦しい父の最後の願ひ――之を遂げさせてやるのが総てに対する幸福ではないか。かう考へた。で

「あ、い、だらう」と彼は答へた。

（二）

一茶は枯木の様につ丶立つてゐる道有の姿を見て居たが薬合せをして貰つた煎薬と飲薬の二貼を持つて、甘草の匂が頻りに匂つて来る家田家の療室を出た。外は善光寺の大通である。法悦の日の光の中に善男善女が、きらびやかに大通を歩く、その一挙手一投足は信念に満ち充ちてゐる様に思はれた。

「御免下され、梨はありませんか。」彼はとある青物屋の軒をくぐつた。

「まだ早いでな。来月になつたら越後から参りませうが。」薄暗い奥から、こぼれ松葉の手拭を鉢巻にした男が、胡散臭さうに彼を睨んだ。一茶はまた小走りに一町許り先の乾物屋に入つた。

「御免下され。梨はありませんか。」外を通る黄牛の背に明く芽ぶいた楊柳が乱れてゐる。

「お気の毒で御座いますが、まだ早う御座いますよ。山の雪が消えませねば。」

彼の身なりを蔑む様に愛想笑ひを作つた下婢《はしため》を後に一茶は黯然《あんぜん》として外へ出た。そして居堪らぬやうに町を歩いた。が、どの肆《みせ》もどの店も季節外れに梨のあらう筈はなかつた。彼は疲れ切つた体で、とぼ〳〵、善光寺の町を出た。さうして北へ山道を歩いた。牟礼《むれ》と云ふ里まで来た時は、真赤に焼けた鰯雲が空一杯に流

れて、もう日は春めいてゐた。峠から眺めると、青葉がくれを飯縄《いいづな》、黒姫、戸隠などの連亘《れんこう》に白い雪が見えた。彼の身に吹きつける風も、まだ寒い頃であつた。一茶はさらさらと松を渡る寂しい風の音を聴いた。そして遥かな二十四年の昔を想つた。

——継つ子や涼み仕事に藁叩く——

暗い影を曳いた一茶の一生は既にその少年時代に芽生えた。彼は十五歳の春、母との葛藤に堪へ切れず、はるばると下国《かこく》の奥信濃から江戸に出た。その時父は此処の峠迄見送つて呉れた。一茶は——また何時の日かあらう——さう云つたあの日の父の寂しい微笑を思ひ出した。さうして今瀕死の床にあり乍ら、一茶と継母及び仙六との醜い争に魂を悩まし、苦しめてゐる父を思つた。その父が今熱に浮かされて、乾いた唇に一茶の帰りを待つてゐるのだ。旅から旅へ、流転放浪の日を、見ず知らずの人の中で耐へ続けた一茶は今泣きたい様な頼りなさを覚えて峠を下つた。父にはまたの日はないのだ。梨はないのか。たつた一つの梨もないのか——。彼の心は暗かつた。

(三)

その夜遅く就寝した道有は老人の性癖から長く床の中で眼を覚して居た。そして色々な事を考へてゐる中、ふと今朝のあの小男の事を思ひ出した。

「俺はいゝ事をした。」

微笑が自ら口を出ようとした途端、彼の顔は急に引締つた。突然道有の心は自分に対する憎悪の念に烈しく動いた。(馬鹿な。俺は梨を喰つていいと云つたな。病人を助けるのが俺の仕事である筈なのに、何故命にも係はる様な事を云つて得々としてゐるのだ）。纔《わづ》か一瞬の事であつたにしろ、再び昔の己に帰つた彼の良心は今一倍の烈しさを以て、彼の心に再燃し始めたのである。（俺は今迄何故独身で押通して来たか。ある人々からは冷い人間と誹謗されつゝも、何故此の道をやつて来たのか。仕事の成果が俺の生命であつたからではなかつたか。それも僅かに感情を交へたばかりに今朝の一些事に依つて見事に破られて了つたではないか。縦令《たとひ》、傷寒が陰性の疫病であつたにしろ、柿田宗兵衛殿の様に助つた者さへもある。若しも彼の男の父の命が助かる筈であつたら如何するのだ。一時の望、一時の幸福の為にそれよりもずつと大きい生命と、生命に依つてのみ生ずる大きい幸福を俺は失はしめたのだ。重湯と薬餌のみの熱病に梨。俺の拭はれ難い失策だ。縦令他の人々が知らなかつたにしろ、俺の心を如何する事が出来よう）。名誉と「我」とそれに伴ふ自信を過信してゐた彼の心は危い動揺を続けた。一方その反動として十四年前の彼の姿が今更の如く、はつきりと脳裏に蘇つた。

＊　＊　＊

天明七年の七月下旬の事であつた。善光寺一円の領主柿田宗兵衛は鷹狩の帰宅後烈しい熱病に罹つた。病勢は日一日と進んで、二、三の医師がさじを投げた後、道有は急の召に柿田家に駆付けた。彼を迎へた家令に依つて、今巫女が来てゐると云ふ事を聞いた道有は直ぐ座を立つて宗兵衛の病室に行つた。彼が、がらりと襖を開けると、屛風を張り廻した病人の枕許で怪しい呪文を唱へてゐた巫女はぎよつとして彼の方を振向いた。

「一刻も争ふ命ぢや、拙者に此の場を譲り下されい。」

「巫女の祈りを邪魔するものは直ちに神祟りに会ふぞ。」

緋の袴が鋭く彼の眼に映つた。が彼は厳として云ひ放つた。

「ほう。面白い。神祟りぢやとな。では拙者を此処で祈り殺してから病人の病をなほし召されい。」

彼は直ちに宗兵衛の枕許に行つて薬を調進した。それを見た巫女は苦々《にが》しげに、「退れ、神の御怒に触ると申すに――、神の使たる巫女に対して無礼を働く奴はかうして呉れるわ」と云ひ乍ら傍の祈禱用の御幣を持ち直すと、彼の眉間を強たか打つた。が彼は一心に検脈を続けた。巫女は部屋を出て家令に何か云つてゐる様子であつた。（俺が助けねばならぬ貴い人命ぢや）彼はその日から夜を徹して、最大の力を尽した。甲斐はあつた。宗兵衛は一ヶ月余りで全快した。そして前の一事は宗兵衛の心を深く動かした。法橋の官位が授けられ、間もなく彼は善光寺の抱医者となつた。

＊　＊　＊

彼は今、烈しい仕事への情熱を持つてゐたその頃の自分を思つた。張合のあつた過去が枯れ果てた彼の心に浮んだ。今の俺はどう云ふ事だ。玩物喪志《がんぶつそうし》。さうだ玩物喪志だ。順調な日を送つてその心に確《かた》い道義の根を張つてゐた老人は強い衝動を受けた。

（四）

それから八日経つた享和元年旧四月十九日、柏原から家田家に急の使が来た。一茶の父弥五兵衛が危篤だから急いで来て呉れと云ふ文面であつた。

併し道有は病と称して行かなかつた。毎日々々、苦しく暮して居た彼は極度に恐れてゐた報知《しらせ》を受けたのであつた。（どうしても当然な結果だ。そして当然俺の罪だ）道有は仙人掌を植ゑた青磁色の鉢を摑んで力一杯庭石の上に叩きつけたい衝動をじつと抑へた。さうして濡縁の柱に倚りかゝつて、信濃の山々に落ちるうす赤い夕陽をぼんやり眺めた。

（五）

三日程経つた二十一日の朝、一茶は泣き腫らした顔で筆の穂先を噛み乍ら死亡通知を書いてゐた。（道有先生が来られたならば、こんな事にはならなかつたらうに――之も俺が貧乏だからだ。つまらない俳諧師だからだ）彼はさう思ふと、総ての人間に対する憎しみで、悔し涙を流さずには居られなかつた。

＊　＊　＊

同日夕刻柏原から道有に使が来た。

愚父弥五兵衛遂に今朝卯の刻永眠致候。故人病臥中は僻地にも不拘折角御世話下され有難く存候。猶葬式の儀は塩崎康楽寺の導師に依頼し置申候。不取敢先づは御報知迄斯くの如くに御座候。頓首

五月二十一日

小林弥太郎

家田道有先生

寝すがたの蠅追ふも今日がかぎり哉

父ありてあけぼの見たし青田原

道有老人はそれを読んでゐる中不覚の涙を覚えた。彼はその後好きな独酌さへもやめて、専心刀圭《とうけい》の道に

進んだ。

（六）

それから幾年かたつた後、道有老の名声は愈々挙つた。「華陀《かだ》・巫彭《ふほう》の上にたつ妙手ぢや。」人々の誉めそやす声は御薦刈《みすずかる》信濃の隅々迄ゆき渡つた。

（「江原」第四〇号、一九三七年一二月）

英雄

土偶人形は肩を張つて
広い野原の真中に立つてゐる

日焼した粘土のひゞは
思ひ切つて繁殖してゐるが
土偶人形は大空をむいて
誰かと話してゐるやうだ

犬と蛙が食ひすぎて
寝ころんでゐる真昼間
土偶人形の心臓は
土のやうに微かにうつてゐる

影と過去を持たない土偶人形は
希望の眼を輝かし大空をむいて
誰かと話してゐるやうだ

星が斬りつける様に流れた或る夜
土偶人形は何者かの為殺された

翌日太陽は何もなかつた様に
山々を照した
山々は黙つて永劫の時を貫いた

（「江原」第四〇号）

去る日又去る日

七面鳥

七面鳥の卵抱きてうら赤き入日の丘に立てる苦しさ

動物園

ひそひそと茶色の獣にもの云ふ男のありて夕《ゆふ》近し動物園

薄暗き檻の奥より猫属のけものひそみぬ我が魂《たま》とらむと

時々は大《おほ》けき音を立てゝも我をにらむよこれのけものは

陰性のけものひそみて一心に影となりゐる一心に影となりゐる

うす暗き匂の中ゆ人を恋ふむじなの子にし愛憎のわく

真黒き熊の子二匹相撲とる動物園に人疎らなり

相撲やめて奥に入りゆく熊の子はゆふべの闇に見えずなりけり

疲労

へとへとの疲れの中に睡りては寝言云ひ出づ人居らぬ午後に

疲れはて身を横たへて血に燃ゆる薔薇を見るは親しきものか

ものを云ふ力もあらずぼんやりと硝子戸越しの落日《ひ》を眩し見る

麦秋

曇空低く降りて熟麦《うれ》の淋しき野辺は遠く続けり
若き日の夢打捨てゝ故郷に帰る子の汽車麦の野をゆく

秋一日

鱶ゐるとふ遠き岬のその果を天草通ひの汽船にして見る
夕陽今小さく赤し鱶ゐるとふ遠き岬に波かげりゆく
秋の江に水光りしてひともとの桐爽やかに実をふふみたり

朱欒

南《みんなみ》の夕陽《ひ》をかしこみて一心になれる朱欒《ざぼん》か港の丘に
真実のその光かやひつそりとなれる朱欒のこの静心
ひたすらに陽に染りつゝまろまろとわびしく太る朱欒の実はも

涯

赤土のひろがりつゞく涯になにものこらぬ赤土の匂
工夫等が鶴嘴上げてゐる国の涯に去らんと思ふ日もあり
遠き境に仏像あまた在《おは》しまし踊つてゐられるやうな気がする

悪

悪ぞ誇るじつと見詰むるスペードのK夜更《きんぐ》――
しのびかに足音《あのと》ひそめつ黒猫の闇にまぎるゝ夜となれりけり
夕まぐれ逢魔が時の背戸裏に猫ひとりゐて何考ふる

何ものに怯えしものぞ捨犬の深夜の街をひた走り行く

深夜

起きてゐるものは君と俺だと郵便局の電気時計と深夜に語る

終電車ごうと音して過ぎ行きぬ終電車は眠むたげなるかな

広告灯

枯れ果てし心抑えて仰ぎたる広告灯は明るかりけり

臘月も終りに近き夜の街の凩の中に見る広告灯

町かどに友を待ちゐて手袋のぬくみ親しく見る広告灯

冬の夜

冬の夜の机の隅の小さき蜘蛛を親しみ乍ら吾《わ》が起きて居る

瀬戸物の火鉢に手をば翳しつゝ何思ふとなきこのたまゆらも

うすうすと背中の寒さ覚えつゝ読み飽かずゐるこの唐詩選

向日葵

羊住む牧舎のまはりところどころ秋日を浴びて向日葵咲けり

その実喰はば心狂ふと人の云ふ大向日葵の花を甃しぬ

小さき友へ

うるはしき童心《おさなごころ》のその瞳変らずもあれと告げやらましを

世の濁り知りそめむ日の花の色美しからむとゆめな思ひそ

雑詠

遠き日の葵畠《あふひ》の眼にも見ゆ運動場に涌く夏雲に
なんとなく我を殺せと云ふ如くころがる虫の性《さが》を憎みき
ひとことを考へつめつ今日も亦くるしき儘に日を送りけり

（「江原」第四〇号）

元旦・鬼瓦

元旦

うま酒の味覚えつゝ庭を見る
幾山を経て春来るや小さき町
ものは皆静かに暮るゝひと日かな
元日や食欲なきを父愁ふ

鬼瓦

春の日や関せず焉と鬼瓦
夕月や蝙蝠小さし鬼瓦
空高く何をか笑ふ鬼瓦
落日をまともに笑ふ鬼瓦
鬼瓦時日の色の深さかな

（「江原」第四〇号）

雑詠抄

ひむがしの野原の闇に出会ひたる馬上の兵は時を聞きける
故郷の遠田近田にくぐみ鳴く蛙の声も忘らえにけり

県立図書館

帰らむと外《と》に出で立ちてしばらくは夕焼雲の流るる見るも
耽読に疲れてあれば夕雲も眼に親しかりしばらく仰ぐ

悼野田君父上御死去

今日よりは父在せねば四時絶えず轟き落つる瀧の音聞ゆ
死にませる父の愛子《まなご》は日もすがら裏山の緑写生しにけむ

阿蘇野外演習

ほのぼのと夜は明けぬらし幕外に友二人居て語る声聞ゆ

根子岳遠望

青雲の遠《とほ》のきはみに尖り秀《ほ》の並みたつ山はかしこきろかも

（「江原」第四一号、一九三八年五月）

人間イエス

いつか記憶のかへらぬ砂漠の夜に
死の星空はしづかに降《くだ》り
暗黒の額……彼の祭壇に柊《ひいらぎ》の炎を焚いた
人間の双生児　神よ　二重の心音が
一つとなるとき　人の子の恥辱は
お前の光栄だ

二月の南風《みなみ》が邪慳な大地の脇腹を吹いた
オリーブの苦痛が眼覚めた
彼の火は家畜の群集の毛を焼き
偽りのレース細工の愛を灰にし
天使らの歌の死ぬ海のかなた
珊瑚礁の短い光を貫いた
彼のゆく荒野の砂が
新しい刑罰を歌つた

断ち切られた時間は
蜥蜴の尾のやうに　煌き跳《おど》つた
棕櫚の審判者　人間の王

ああ肉体……大空の湖底に沈んだ
苦痛の竪琴よ
石だけが夜明けを呼ぶ刑場の地平に
お前が低く懸るとき
薔薇色に匂ふ最後の吐息をくぐり抜け
彼のつるぎは
双頭の絡《もつ》れを　素早く切り落した
エロイ　エロイ　ラマ……
神は死んだ。

（「母音」第三巻第一号、一九四九年二月）

谷川雁詩集『大地の商人』批評

頌

（1）

詩人、谷川雁は、わたしの血、わたしの細胞にもっとも近く生れながら、わたしの知るかぎりもっとも魅力ある一人物であり、わたしが彼の影響の圏外に立つことを不可能ならしめた――わたしの思想変移の上でのもっとも重要な存在であった。すくなくとも、彼は幼年時代から、硬い鱗の子であった。はやくも少年時代から、決闘をもって人生につきすすんだ。そして敗戦前後の混乱した青春の季節が、彼の自我を喚問し、決定的な力と美で突然の開花を強いた。それも束の間、彼はあらゆる才能を約束させる自我をひきずりだし、それを処刑することに立向った。〈おのれと戦うこと〉ここに彼のもっとも特質とよぶべきものがある。劇をもっとも嫌悪した人間のわれ知らずつくりだした劇がある。才能と戦う努力――そこにたわ言の煤煙で空を汚してなんらの自責も感ずることのない連中――なま温い培養基のなかでたやすく発芽する詞華集には発見できない才能がある。一つの苦痛は更に奥ぶかい苦痛で扼殺しながら、根へ、下方へと動いていくふしぎな植物の運動に似た動態がある。そこに彼の詩に接するものの感動を、胸のうちがわへ波紋のようにしばってしまう力づよさがあるのだ。それは彼とおなじ立場に立ってはじめて見ることのできる暗黒の底に設けられた展望台である。彼の計算しつくされた構成、あまりにもたくみにえらびだされ、見事に措かれた詩句の配置、そしてそのなかをつらぬくすさまじいエネルギーにみちた力は、地鳴りのような無気味さで、わたしたちの卑小な現実を盲目にし、さるぐつわをかませてしまう。煉獄の詩である。深夜をわかたずたたかい抜き、頌歌をたやそうとしないものの詩――石女の出産の陣痛にもたとえられる詩である。

わたしは長い間、彼の詩だけを日本現代詩とみなしてきた。他の自称詩人の詩についていえば、それは雑然となげこまれた言葉のごみ箱であり、手袋なしには触れ得ぬ代物と思ってはばからなかった。それから十年たった。〈青春のかがやきは羽ばたきをやめ〉、更にきびしい霜の季節、〈毛のぬけがわり〉の道が彼の前にもおとずれた。十年を二分するならば、詩集〈大地の商人〉はすべて後半期に属する詩篇である。彼の言動、手紙、断片――おそらくこの詩人が忘れさってしまっただろうそれらのものを思いはかって、この詩集が彼の全貌をうかがわせるほんの氷山の一角にすぎないことを知っている。にもかかわらず、まぎれもなくもっとも個性ある魂は、印刷され、活字となった。著者の手をはなれ、公共物の一つとなったこの詩集に対して、わたしも答えねばならぬ義務をもつというべきであろう。価格はジャーナリズムの手にまかせればよい。それは寸々の変動が決定する。

（2）

雁君

君の未刊行の前期詩篇に見られる――正しい格調ときびしい律動をともにそなえた、古典的とよぶことのできる完成の域に達したかずかずの詩の特色は――この詩集にも映しだされています。たとえば、商人、母、毛沢東、異邦の朝――というように。つまり、君の詩作の過程からでなく、日本の現代詩の立場にたって見るとき、君が古典的形式と象徴的手法の二つの伝統を継承しながら、流れやすい日本語を弓矢のようにきたえ、するどくし、それに精密な知性をもって言語の映像内容を増殖させた功績は――もはや誰も否定できるものではなくなりました。いわば君の詩は過去と未来のかけ橋をわたす重要な役わりを果しているといって差支えないと思います。それにもかかわらず、わたしが受取ったのは、この詩集全体をつらぬいて、君が困難さとたたかい、現実に躓きながらたどっている印象でした。一篇は一篇としてそれなりに完結しながら、読むものに陰影をのこす。地下へ、下方へとすすんでいった根の運動は――いま無数の毛細根となって社会の不幸と悪の岩石のなかに、わけ入り、ひびをつけようとしています。その倫理的姿勢、現実を結晶させる前に現実を解晶させなければならない困難さと苦渋が、遠く去っていく者の印象、いいかえればうしろ姿の陰影をのこすといえるのです。この詩篇のほとんどが、君の決意と、その折々の決算報告書から成り立っています。それはいうまでもなく見事であり、見事である以上に、感動で読むものの心を洗ってやみません。しかし、ひるがえって陰影を分析するとき、この詩集は、〈行動の詩〉というよりも、〈行動の場の詩〉――もう少しくわしくいうならば、行動にすすもうとしているもの個人的な立場の色あいが勝っています。それぞれは強烈に歌いあげられながら、全体としては中間色をおびた感じをもつのは、この事情からだと思います。いわば、これは処女詩集ではなく、第二詩集であります。すなわち、数人のものがわけもっている写本肉筆の第一詩集と、これからあらたに編まれるべき第三詩集との中間に位置するものとして、そのたしかな地位を要求するものといえます。この点からわたしは第三詩集にむかって次のことを期待し、希望します。

これまで君の詩は瑣末な現象に酔いどれた者たちの目を覚まさせ、それを麻酔のない世界で、醒めたまま釘つけにしてしまうふしぎな力がありました。謎のごとき君の力の前に立ちすくんだ人びとを、彼ら本来のすがたにかえし、自発的な行動の面に立たせる詩を——そのためには、現実の王である矛盾の見えざる手を参加させる詩、多くの人びとがじぶんの鏡をそのなかに発見することのできる詩を——そのためには、行動のさいの具体的世界の個別的事物の記入を——別の云い方をすれば象徴をささえる事実の世界を一段と明らかにする方向をねがうのです。古典的手法はすでに君の手中の支配に帰し、詩句の運用は爛熟しました。といって君の素顔があらわれにくくなったというのではありません。一本の根が毛細根になったとすれば、人間AがBまたはCである世界は、〈世界の天才に比べればわたしの天才などいうに足りない〉といったゲーテのファウスト第二部の世界への入口だからです。

君はこちらの世界にかえってこねばなりません。それには君がすでに殺しおえた苦闘の歴史と才能のすさまじい色彩を、もう一度、わたしたちとその世界の前によびだす寛容さが必要であるといえましょう。わたしはしばしば君の詩の立会人として、君の詩が即興詩のように、ほとんど一瞬のうちに誕生するのを知っています。君においては作詩の速度と、詩自体の速度が一致しています。この速度こそ、君がこれまでの短詩形から——その完成した詩形を引き継ぎつつ、いっぽうでうちやぶりながら——長詩の形式へむかうことを暗示する重要な鍵であります。

私見によれば、一篇の詩が完結するということは、詩人の頭脳の内がわにのみ起り得るものであって——詩が現実の反映であり、その意味で世界と等価値だという場合、詩自体の生命はあくまで現実の断片を反映させているにすぎません。そして君の現実または世界は、もはやこれまでの短詩型をはみだしています。

ここまで書いたとき、詩学三月号の君のエッセイを手にしました。このなかでは日本現代詩における主題は暗く力づよく醗酵しています。この主題は叙情詩というより叙事詩に近いものです。日本近代文学がこれまで掘りあてることのできなかった地下の鉱脈がここにはあります。苛酷な煤煙に空をうばわれた人びとが、土地を収奪された人びととの血縁をよびおこしながら、〈大地の子　太陽の子〉となっていく過程――それこそ、わたしが〈拡がりをもった文学〉という漠然とした名目の下に、藤村―啄木―多喜二のなかにその反映を推量させていたものに外ならなかったのです。この道を血肉とさせていく道は遠くまた至難です。このことはだれよりも君自身が知っていることです。身体を大切にして下さい。

（「母音」第三期五号、一九五五年四月一一日）

付記

一、「谷川健一コレクション」は、小社より刊行された『谷川健一全集 全二十四巻』（二〇一三年五月完結）に未収録の作品を収載した。
一、各巻をテーマ別に分類、構成し、おおむね発表順に並べた。
一、「谷川健一コレクション1 小さきものへ」は、一九七四年までの草創期の評論を「民俗の眼」「無告の民」とし、少年・習作期の作品を「人間イエス」として構成した。
一、収載した論稿のほとんどが、今回初めて書籍としてまとめられるものであるため、本文は各作品末に掲載した初出紙誌に準拠し、単行本収録のものはそれを参考にした。また、発表時のタイトルを補足・変更したものもある。
一、収録作品には、今日の人権意識からすれば、不当・不適切と思われる語句を含むものがあるが、著者の被抑圧者・被差別者に寄り添った思想を忠実に再現することが大切と考え、原文どおりとした。
一、形式上の整理・統一は必要最小限にとどめ、なお次のような訂正・整理を施した。
1 明らかな誤記・誤植は訂正した。
2 漢字は原則として通用の字体に改めた。
3 難読字には振り仮名を付した。

装幀
難波園子

挿画
安仲紀乃

[谷川健一コレクション 1]
小さきものへ

2019年11月27日　第1刷発行

著　者：谷川健一
発行者：坂本喜杏

発行所：株式会社冨山房インターナショナル
〒101-0051　東京都千代田区神田神保町1-3
TEL 03-3291-2578　FAX 03-3219-4866
URL:www.fuzambo-intl.com

印刷：株式会社冨山房インターナショナル
製本：加藤製本株式会社

ISBN 978-4-86600-081-7 C0339

谷川健一全集

菊判　布表紙　貼函入り　全24巻

第1巻	古代1	白鳥伝説
第2巻	古代2	大嘗祭の成立　日本の神々　他
第3巻	古代3	古代史ノオト　他
第4巻	古代4	神・人間・動物　古代海人の世界
第5巻	沖縄1	南島文学発生論
第6巻	沖縄2	沖縄・辺境の時間と空間　他
第7巻	沖縄3	甦る海上の道・日本と琉球　渚の思想　他
第8巻	沖縄4	海の群星　神に追われて　他
第9巻	民俗1	青銅の神の足跡　鍛冶屋の母
第10巻	民俗2	女の風土記　埋もれた日本地図（抄録）　他
第11巻	民俗3	わたしの民俗学　わたしの「天地始之事」　他
第12巻	民俗4	魔の系譜　常世論
第13巻	民俗5	民間信仰史研究序説　他
第14巻	地名1	日本の地名　続 日本の地名　他
第15巻	地名2	地名伝承を求めて　日本地名研究所の歩み
第16巻	地名3	列島縦断 地名逍遥
第17巻	短歌	谷川健一全歌集　うたと日本人　他
第18巻	人物1	柳田国男
第19巻	人物2	独学のすすめ　折口信夫　柳田国男と折口信夫
第20巻	創作	最後の攘夷党　私説神風連　明治三文オペラ　他
第21巻	古代・人物補遺	四天王寺の鷹　人物論
第22巻	評論1	常民への照射（抄録）　評論　講演
第23巻	評論2	失われた日本を求めて（抄録）　評論　随想
第24巻	総索引	総索引　年譜　収録作品一覧